文明的历程

春秋

THE COURSE OF CIVILIZATION

李学勤 主编

田旭东 周苏平 王美凤 著

上海科学技术文献出版社
Shanghai Scientific and Technological Literature Press

图书在版编目（CIP）数据

春秋 / 田旭东，周苏平，王美凤著. —上海：上海科学技术文献出版社，2020（2024.4重印）
（文明的历程丛书 / 李学勤主编）
ISBN 978-7-5439-8134-8

Ⅰ.①春… Ⅱ.①田…②周…③王… Ⅲ.①文化史—中国—春秋时代 Ⅳ.① K225.03

中国版本图书馆 CIP 数据核字（2020）第 061331 号

策划编辑：张　树
责任编辑：王　珺　詹顺婉
封面设计：留白文化

春　秋
CHUN QIU
李学勤　主编　田旭东　周苏平　王美凤　著
出版发行：上海科学技术文献出版社
地　　址：上海市长乐路 746 号
邮政编码：200040
经　　销：全国新华书店
印　　刷：常熟市人民印刷有限公司
开　　本：650×900　1/16
印　　张：23.5
字　　数：261 000
版　　次：2020 年 6 月第 1 版　2024 年 4 月第 4 次印刷
书　　号：ISBN 978-7-5439-8134-8
定　　价：68.00 元
http://www.sstlp.com

序

这套书的诞生,有着时代的背景和特定的机缘。

近年间,随着中国国势走向振兴,中国传统的历史文化越来越受到世人关注。这对于中国这样历史悠久、文化基础深厚的国家来说,是必然的。绵延连续,从未断绝,乃是中国传统的特性,因此要深入理解中国,不能不求诸历史,而且必须向上追溯其源头,以追寻其形成奠基的根本,也便是上古的先秦时期。自从二十几年前的"文化热",自到最近盛兴的"国学热",贯穿着对中国传统的反思和探究,也总离不开先秦时期种种问题的讨论。

1996年,作为国家"九五"重点科技攻关计划项目的"夏商周断代工程"启动。这一自然科学与人文社会科学交叉结合的大型科研项目,总目标是使作为先秦时期重要部分的夏、商、西周的年代学进一步量化,为更好地研究古代历史文化、探索中国文明的起源及早期发展打下良好基础。2000年新世纪降临之际,"夏商周断代工程"阶段性成果通过验收,公布了"夏商周年表"。中国先秦史学会不少同仁参加了有关工作,获有启发,一些出版界友人也受到激励。经过再三酝酿,于是拟定编写这套书的计划。这个计划幸能得到先秦史各分段多位专家的支持,终能将这系列之作呈献给读者。

中国久远的历史究竟怎么分期,是学术界长期探讨的问题,学者们见仁见智,各持己见,但是无论如何,先秦时期和秦汉以下之间总是有一条明显的分界线,在历史的研究方法上也有着较大的差异。先秦史研究有其本身的特殊性,由于传世文献的有限,不能如秦汉以下那样以载籍为主体,而是年代越古,越需要依靠考古学等学科的成就。

具体来说,先秦史又可大致划分两大阶段:从远古至唐、虞,是所谓传说时期,与后来的夏、商、周三代有所不同。这只是根据现有研究情况来讲的,两阶段间并没有很清楚的界限。比如唐、虞有没有可能划下来,和三代合为"四代",像《大戴礼记》说的,便很值得斟酌。

不管是传说时期,还是后来的夏、商、周三代,在研究途径上都需要多学科的交叉,主要是历史学与考古学(还有与考古学密切关联的古文字学)的结合。夏鼐先生曾在《什么是考古学》一文中讲道:"考古学研究的对象只是物质的遗存,这包括遗物和遗迹。所以它和利用文献记载进行历史研究的狭义历史学不同。虽然二者同是以恢复人类历史的本来面目为目标,是历史科学（广义历史学）的两个主要的组成部分，犹如车子的两轮、飞鸟的两翼，不可偏废，但是二者是历史科学中两个关系密切而各自独立的部门。"我个人体会，夏鼐先生不仅讲了考古学作为学科的独立性，也非常生动地说明了它和历史学（狭义）相辅相成的关系。多年来先秦史研究的前进，正是靠着这"两轮""两翼"。

即使是传说时期，情形也是如此。应该特别强调的是，古史传说也是古史的一部分，而且是相当重要的一部分。去年我有机会去河北省作一次演讲，谈及炎帝、黄帝传说和文明起源研究，曾引述王国维、徐炳昶、尹达等先生的观点。大家熟悉，王国维先生1925年在清华国学研究院讲授《古史新证》，针对当时关于古史的讨论，他指出世界各民族的古史总是史实和神话交综在一起，其间固然不免有后人增加的成分，但一定有史实的"素地"，即历史的背景。他在《古史新证》中，还专门提出文献与地下材料互相印证的"二重证据法"。到1936年，出版了两种有关这一问题的书，即徐炳昶先生的《中国古史的传说时代》和尹达先生的《中国原始社会》，两者都接续和发展了《古史新证》的观点，主张将古史传说的研究与考古学成果互相结合融会。

撰著的各位先生，对于各卷涉及的学术问题都能抒发多年心得，立足最新前沿，视野弘阔，精义纷呈。如果说有什么共同点的话，我想就在于把历史学和考古学紧密结合起来，努力为先秦史的进展开拓一个新境界。在这里，我谨代表中国先秦史学会，向各位作者表示衷心的感激，同时也要感谢策划和出版这套系列图书的出版社的各位先生给予的大力帮助。

李学勤

2007年3月12日于北京

目　录

绪　论 001
　　一　"春秋"名称的由来和春秋史的起止年代 001
　　二　春秋时期历史文献 003
　　三　春秋时期考古发现及其整理 012
　　四　二十世纪春秋史研究述要 021
　　五　春秋时期的主要特征 065

第一章　平王东迁后的政治形势 071
　　一　周王室丧失控制权 071
　　二　春秋初年各诸侯国的内乱和纷争 075

第二章　霸主政治的兴衰 083
　　一　齐桓公首霸中原 083
　　二　宋襄公图霸 087
　　三　晋文公称霸 088

四　秦穆公独霸西戎 091
　　五　楚庄王问鼎中原 093
　　六　弭兵运动 094
　　七　吴越争霸 096
　　八　大国争霸的实质及其意义 098

第三章　公室与私家势力的消长 100
　　一　三桓专鲁 101
　　二　田氏代齐 102
　　三　三家分晋 104

第四章　盟誓制度 108
　　一　盟誓的历史源流 108
　　二　盟誓的礼仪 114
　　三　盟誓的社会功能 121

第五章　军事制度 129
　　一　军队组织 129
　　二　作战方式 133
　　三　军事制度的变革 136

第六章　世官制度及其变革 143
　　一　宗族体系与政权组织 143
　　二　宗族政治与贵族世官制度 146
　　三　宗族政治的瓦解与官僚制度的出现 153

第七章 国野制度与村社组织 161
　　一　春秋列国的拓疆活动 161
　　二　县的设置 163
　　三　村社组织的变化 166

第八章 农业发展与土地制度的变化 173
　　一　铁器的出现和推广 173
　　二　耕作技术的进步和兴修水利 177
　　三　井田制的演变 180

第九章 手工业与商业的发展 188
　　一　铁器与青铜铸造业 188
　　二　玉石器、漆器和纺织业 196
　　三　手工业官营、私营制度 199
　　四　商业和金属货币的发展 204

第十章 社会生活 209
　　一　衣食住行 209
　　二　婚姻礼俗 220
　　三　城市生活 227

第十一章 各族关系与"华夷之辨" 235
　　一　各族分布 235
　　二　华夷关系 245
　　三　华夷之辨 249

第十二章 区域文化特质 ... 252
- 一 齐文化 ... 253
- 二 鲁文化 ... 257
- 三 楚文化 ... 262
- 四 秦文化 ... 264
- 五 晋文化 ... 268
- 六 吴越文化 ... 272

第十三章 春秋时期的士 ... 277
- 一 士阶层的出现 ... 277
- 二 士的职守 ... 282
- 三 士的特点 ... 284
- 四 士与"五霸" ... 286

第十四章 法律制度的变化 ... 290
- 一 各派法律思想的出现 ... 290
- 二 春秋时期公布成文法的活动 ... 295
- 三 公布成文法引起的争议 ... 298
- 四 成文法公布的意义 ... 303

第十五章 思想文化的过渡性质 ... 304
- 一 官学与私学 ... 304
- 二 "天人之辩"思潮的兴起 ... 305
- 三 朴素辩证思维的发展 ... 309
- 四 "气"的学说雏形和"物精"说的出现 ... 311

  五　礼治思潮……………………………………………313

第十六章　孔子及其学说……………………………………320
  一　孔子及其生平………………………………………320
  二　孔子及其思想研究状况……………………………322
  三　孔子的思想内容……………………………………324

第十七章　老子及其学说……………………………………335
  一　《老子》的成书时间及思想源流…………………335
  二　《老子》思想学说…………………………………341

第十八章　科学与技术………………………………………352
  一　天文历法的进步……………………………………352
  二　数学方面的成就……………………………………356
  三　物理学知识的产生…………………………………358
  四　医学的发展和传统医学理论的确立………………360
  五　地理学的初创………………………………………362
  六　第一部总结手工业技术的专著
    ——《考工记》……………………………………363

绪　论

一　"春秋"名称的由来和春秋史的起止年代

春秋时代是因鲁国史书《春秋》而得名。当时鲁国史官记录鲁国以及各国发生的大事时，是按照年、季、月、日记录的。因为一年中有春、夏、秋、冬四季，而又以春、秋二季最为重要，如《周礼·地官·州长》、《左传》僖公十二年等都以春、秋时节为朝聘、聚会时节，故以"春秋"代表一年。以"春秋"二字命名的史记，就表示逐年记载四季之事。当时，不止一国的史记以"春秋"命名，如《墨子·明鬼下》说："著在周之《春秋》""著在燕之《春秋》""著在宋之《春秋》""著在齐之《春秋》"。孙诒让的《墨子间诂》记述《墨子》佚文称："吾见百国《春秋》。"可见"春秋"是当时各国史记的通名，可是现在流传下来的，只有鲁国的《春秋》。

《春秋》记事起于鲁隐公元年（公元前722年），终于鲁哀公十四年（公元前481年），历隐、桓、庄、闵、僖、文、宣、成、襄、昭、定、哀十二公，共二百四十二年间的大事。其所记大事，大体上与中国古代社会的一个特定发展时期相当，加之《春秋》在中国历史上的重要地位，故历代史学家便把《春秋》这个书名作为这个特定的历史时代的名称——春秋时期。

关于春秋史的划限，历来较有争议。有人依据《春秋》来划限，从公元前722年叙述到公元前481年孔子绝笔，如顾栋高的《春秋大事表》；有人依据《左传》划限，由公元前722年叙述至公元前473年越灭吴，如高士奇的《左传纪事本末》；有人则依据《左传》续文划限，由公元前722年叙述到公元前453年韩、赵、魏三家灭智氏，如马骕的《左传事纬》。

20世纪40年代，童书业编著《春秋史》时，沿用了《左传》的纪年方法，将春秋史的起止时间定为公元前722年至公元前473年；吕思勉编著《先秦史》时，将春秋史限定在公元前770年到公元前481年；钱穆的《国史大纲》则将其定在公元前722年至公元前481年之间。

20世纪50年代以后，范文澜修订《中国通史简编》时，将春秋史的起止时间定在公元前722年至公元前481年。之后，郭沫若的《奴隶制时代》将春秋时代的上限定在公元前770年，下限则依《史记·六国年表》，定在公元前476年。此后，郭沫若在其《中国史稿》一书中沿用了这一分期方法。上述两种分期方法是目前最为通行、影响也最大的两种分期方法，范氏的分期方法在吕振羽的《简明中国通史》、白寿彝的《中国通史纲要》、张传玺的《中国通史讲稿》等多部著作中被采纳，郭沫若的分期方法则在目前我国大中小学的历史教科书以及各种历史普及读物中被广泛采用。

20世纪70年代以来，史学界对以上两种分期方法提出了异议，如金景芳在《中国古代史分期商榷(下)》①一文中提出以公元前453年作为春秋、战国的分界线,得到许多学者的赞同。罗勇在《春秋战国史断代新议》②一文中通过分析春秋战国时期的时代特征,结合大量的先秦史料,亦得出了相同的结论,即以公元前453年韩、魏、赵三家灭智氏,秦、楚、齐、韩、赵、燕、魏七国并存局面的形成作为战国时代开始。以公元前476年作为分界线,没有重大历史事件作为划分时代的标志,不符合历史发展的阶段性,故而缺乏科学性。而公元前453年的三家灭智氏而分其地之年,也是七国并立局面大致形成之年。同时,三家灭智氏之年也是《左传》记事的下限,以这一年作为分界线也与中国古代史学家们自觉以历史事件作为划分时代的标准相吻合。所以,我们认为以公元前453年作为分界线比较合理。此外,这一分期方法,也因其本身的合理性、科学性而成功地解决了长期以来史学界因采用传统分期方法所引起的自相矛盾,从而也证实了这一观点的正确性。所以,我们同意将公元前770年至公元前453年作为春秋时期的起止年代。

二 春秋时期历史文献

在中华民族源远流长的文化之中,修史活动可以追溯到久远的年代。传说三皇五帝时代就已经有了典籍,称作"三坟""五典",黄帝时代就有了名为仓颉的史官。这种传说虽然不能尽信,但至少

---

① 金景芳:《中国古代史分期商榷(下)》,《历史研究》1979年第3期。
② 罗勇:《春秋战国史断代新议》,《中国史研究文集》,陕西:陕西人民出版社,1990年。

可以说明修史是伴随文明而产生的一种活动。中国古代史官设置之早、职位之高,都为中国古代史家的诞生与史学的发展奠定了一定基础。从可查寻的文字资料看,历代统治者都设有掌管史料、记载史事、撰写史书的官员。商朝称作册,周代有大史、小史、外史、御史等职。北宋文史名家曾巩说:古代史官,必选"天下之才"而"圣人之徒"①。由于史官的职责是历记古今成败祸福及存亡之道,以辅佐统治者治理天下,这就要求他们博闻强记、疏通知远,而又中正不屈、直书其事以为惩劝,即有才、有学、有识、有德。所以,秉笔直书、书法不隐、疑则不言等成为历代史家必须遵从的修史原则。近年来一些新发现的考古资料也证明古代史官在记史的同时又兼负褒贬、惩劝的作用,如 1980 年在陕西长安县(今西安长安区)沣西出土的史惠鼎,其铭文就表明至少在西周晚期,史官就以教善为己任了②。

  我国修史活动还有一个不可忽视的传统,就是历代对"史鉴"的重视。所谓"前车之覆,后车之鉴",所谓"前事不忘,后事之师",在统治者们看来,"鉴形莫如止水,鉴败莫如亡国"③,修史活动的目的之一在于吸取兴亡治国的经验教训为本朝服务。《汉书·艺文志》载:"古之王者世有史官,君举必书,所以慎言行,昭法式也。"这种"史鉴"态度促使历代统治者都对修史活动极其重视,并对修史者有着严格的要求,于是便有了《左传》中"赵盾弑其君"而孔子为之申说、齐太史冒杀头之险直书崔杼弑君的故事。这

---

① 《南齐书·序》。
② 李学勤:《史惠鼎与史学渊源》,《文博》1985 年第 6 期,第 14—17 页。
③ 《资治通鉴·唐纪十一》。

些被后人称为"良史"或"史德"的原则,从某种程度上来看,为中国古代浩如烟海的史书提供了坚实的可信性。

春秋时期,在官修史书之外,又涌现出了私人的历史撰述;在编年体史书和记言体史书逐渐成熟的同时,又出现了纪传体以及典制体的萌芽,标志着中国古代史学开始迈向一个重要的发展阶段。

(一)《春秋》与《左传》

《春秋》,又称《春秋经》,是流传至今最早的史书,是春秋末年孔子在鲁国的国史《鲁春秋》的基础上修成的,为春秋时期各国国史的唯一幸存者,也是我国现存最早的编年体史书。《汉书·艺文志》著录《春秋古经》十二篇和《春秋经》十一卷。唐文宗开成二年(公元837年)刊定石经,经文载于"《春秋》三传"各传之前。宋以后列入《十三经》。

《春秋》记事上起鲁隐公元年(公元前722年),下迄鲁哀公十四年(公元前481年),历鲁国隐、桓、庄、闵、僖、文、宣、成、襄、昭、定、哀十二公,计二百四十二年间史事[①],约一万八千余字[②]。其记事形式为"以事系日,以日系月,以月系时,以时系年"[③]。十一年之下标有四时,每年之始在时、月之间有"王"字,日以干支记,按年、时、月、日记事。他虽为鲁史,但所记内容还包括周王室及其他各诸侯国的朝聘、会盟、战争等政治、军事活动,以及一些自然现象如日食、地震、水灾、旱灾、虫灾等。它以

---

① 今传《春秋》下迄鲁哀公十六年(公元前479年),与《史记·孔子世家》不合,后二年当系后人所续。
② 今传本《春秋》约有一万六千五百多字,流传中脱漏一千四百多字。见杨伯峻:《春秋左传注·前言》,北京:中华书局,1981年版,第23页。
③ 杜预:《春秋左氏经传集解·序》。

鲁国为中心，把春秋一代天下大事的演变作了较全面的记载，涉及一百二十二国。这在中国史学发展上尚属首例。《春秋》讲究用词造句，力图用不同的写法和措辞用字，反映出作者对有关的历史事件和历史人物的价值认识，蕴含所谓"微玄大义"，于一字寓褒贬，被后人称之为"春秋笔法"，对后世史学产生了深远影响。它记事极其简短，每条不过四十余字，最少的仅有一字，无法给人以具体的历史知识，是为此书的不足之处。但是，作为第一部私人撰述的历史著作，它标志着史学已从官府走向了民间，具有划时代的意义。

由于《春秋》记事过于简短，使得历代引申解释《春秋》之书不绝，左丘明的《春秋左氏传》就是一部解释《春秋》而又以记事为主的著作。

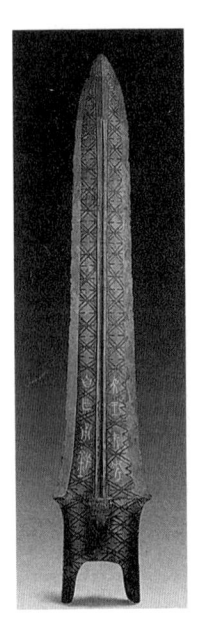

吴王夫差矛　春秋晚期

左丘明，春秋末年鲁国人，曾任鲁太史。太史之职，为记史事、撰史书，掌典籍、天文、历法之事。唐代人刘知幾在《史通·申左》中提到："《周礼》之故事，鲁国之遗文，夫子因而修之，亦存旧制而已。至于实录，传之丘明，用使善恶毕彰，真伪尽露。向使孔经独用，《左传》不作，则当代行事安得详哉！"认为左丘明和孔子二人不仅在治史观上相同，而且他同样为中国史学的创立和发展立下了不可磨灭之功。

左丘明的《春秋传》，虽然寓孔子之教而"不失圣人之旨"，但它所记述的范围却较《春秋》有所推广，记事之年代也较之《春秋》有所延长，可以说《左传》是我国第一部形式完备的编年体史书。其记事上溯周宣王二十三年（公元前805年），早于《春秋》记事八十三年，而止于鲁哀公二十七年（公元前468年），又比《春秋》记事长十三年。其书主要记述春秋时期各诸侯国的史事及其相互关系，内容涉及政治、经济、军事、外交、文化以及各方面代表人物，西周时的部分史事乃至夏、商以上的古史传说也间或涉及。其取材极其广泛，对各国之旧史、故志及典、语、令、世等书均有汲取。记事以晋、楚、鲁最为详细，而郑、宋、卫、齐、秦与周王室等次之。史事记述周密而系统，以记事为主，兼记言论，文字生动而简洁，尤以记战争最为见长。它在编年记事的总格局中，有集中记一件史事本末原委的，也有集中写一个人物活动经历的。这不仅丰富了编年体史书在记事、记人方面的容量，也有助于弥补事实经过、人物活动被年代割裂的不足，同时也增强了历史表述上的艺术性。《左传》还能吸收其他史书的长处，把其他史书的史料按年代顺序组织进去，使编年体达到基本成熟的程度，可以说是我国第一部真正成熟的历史著作。

《左传》同时又被奉为文学名著，其叙事生动形象，文辞简洁优美，其中不乏散文名篇，广为流传，脍炙人口。唐代刘知幾谓"左氏之叙事也，跌宕而不群，纵横而自得"[1]，而钱锺书则谓"左氏设身处地，依傍性格身份，假之喉舌，想当然耳"[2]。历代为《左传》作注者甚多，东汉的贾逵、服虔等人之注，今已不存。现存最

---

[1]《史通·杂说》。
[2] 钱锺书：《左传正义》，《管锥编》第一册，北京：中华书局，1986年，第164页。

早注本为西晋杜预的《春秋左氏经传集解》，唐人孔颖达为之作疏，名为《春秋左传正义》，宋以后列入《十三经注疏》之中。清代作注者及研究者甚多，顾炎武有《左传杜解补正》，惠栋有《左传补正》，沈钦韩有《春秋左氏地名补正》，刘文淇有《左传旧注疏正》等。日本学者竹添光鸿有《左氏会笺》，今人杨伯峻有《春秋左传注》等。

(二) 春秋时期的国别史——《国语》

《国语》又名《春秋外传》，相传仍为左丘明所作，由于与《左传》都为左氏所作，故汉儒称《左传》为"内传"，称《国语》为《左氏外传》。全书二十一卷。

《国语》作为春秋时期的国别史，分《周语》三卷、《鲁语》二卷、《齐语》一卷、《晋语》九卷、《郑语》一卷、《楚语》二卷、《吴语》一卷、《越语》二卷，依"先王室而后列国，先诸夏而后蛮夷"的顺序编次而成。这虽然体现了崇周尊王的思想，但却能突破春秋列国国史的局限，把周和鲁、齐等七国历史汇合在一起。其记事时间，上起西周中期祭公谏穆王征犬戎，下迄春秋战国之交晋国韩、赵、魏三家灭智氏，前后约四百多年，但基本上以记述春秋史事为重点。它以记君臣言论为主，也有一些记事，内容涉及当时的政治、思想、外交、军事等各方面，材料丰富，文辞雅丽。记各国之言，以晋国为最多，几乎占据全书的一半；郑国最少，仅郑桓公与史伯论兴衰一事。《国语》与《左传》同记春秋史事，内容大同小异，然而详略重点各不相同，其分国记事的体例对后世史籍的编纂有一定的影响。《国语》重人事，始于《春秋》的鉴戒史观在这里得到较大的发展。但《国语》所记各国事，起讫年代极为悬殊，这说明《国语》取材的多途与不具备严谨的体例，带有明显的资料汇编的性质。《国语》在文学史上亦有一定的影响，他对历史事件的描述、人物形象的塑造，尤其通过极富个性化的语言刻画人物形象等，都使它在文学史上占有重要的地位。

唐代刘知幾于《史通》之中将史学分作六家：《尚书》家、《春秋》家、《左传》家、《国语》家、《史记》家、《汉书》家。可见《国语》作为最早史家分类之一的重要性。三国时吴人韦昭作《国语解》，流传至今，成为极有价值的注本，清人洪亮吉、董增龄又为之作疏。近代有吴增祺《国语韦解补正》与徐元浩《国语集解》，大体集中了清代以来学者整理《国语》的成果。

（三）先秦史学的重要典籍——《逸周书》

《逸周书》本名《周书》，《汉书·艺文志》著录归"六艺略"，言"系周史记"，列在《尚书》诸家之后。唐颜师古注引刘向云："同时诰誓号令也。盖孔子所论百篇之余也。"东汉许慎《说文解字》中始称"逸周书"。先秦文献如《左传》等数引其文，皆言"《书》曰"，与引《尚书》之文无区别，可见当时视其与《尚书》同为一书。其书作者不明，盖为当时史官对朝廷大事及国君言论的记录，为我国古代历史文献的汇编。《汉书·艺文志》著录为七十一篇，今本十卷六十篇。相传为孔子删《书》之余。各篇成书时间不一，最初编定时间之上限，自然不能超过孔子删《书》之时，书中有些篇章从春秋战国到汉代迭被引用，至唐代时，此书仅存四十五篇。晋有孔晁之注，新、旧《唐书》均载"孔晁注《周书》八卷"，即当时的四十五篇。《隋书·经籍志》却载"《周书》十卷，汲冢书"，把此书说成是西晋汲郡战国魏襄王墓的出土之物。《新唐书·艺文志》遂有"《汲冢周书》十卷"与"孔晁注《周书》八卷"并列。《宋史·艺文志》把两书合而为一，称之为"《汲冢周书》十卷，晋孔晁注"，即今所见六十篇之本。《晋书·束皙传》载汲冢竹简有"杂书十九篇"，包括《周书》。竹简发现不久，当地建有太公望碑，碑文也印有竹书《周书》，且录有一段文字。可见《逸周书》与汲冢竹书有一定关系。今本《逸周书》实际有文五十九篇，其中四十二篇有孔晁注，十七篇无注。有孔晁注之篇，当为汉代以来传本无疑；无注诸篇，当系汲冢所出古本。因为汲冢为战国晚期魏墓，所出《周书》必与传世本有所差别，今本乃二本之删合，故有《汲冢周书》之名。

《逸周书》记事上起周文王、武王，下迄春秋末年周灵王、景王，其中记述周初文王、武王、周公史迹的篇幅约占全书的五分之四。虽然其中羼有后人窜补，但大多为先秦乃至周代遗文无疑。对《逸周书》的成书年代，近年来有学者经过详细考证，认为应定在春秋晚期为妥，具体时间当在晋平公卒后的周景王末世，即周景王十四年（公元前531年）至二十五年（公元前520年）之间①。

《逸周书》自晋代孔晁为之作注以后，仅有《王会》一篇多有学者讨论，其他部分几乎无人顾及。至清代乾嘉学派兴起考据之学后，有卢文弨、王念孙等家陆续对其加以整理，以后朱右曾著《逸周书集训校释》，为集成之作。又有朱骏声、俞樾、孙诒让，以及近人刘师培、陈汉章等家，校释拾补，各有所得。近年来有学者对《逸周书》进行了较为系统的整理与研究，先后出版了《逸周书汇

---

① 黄怀信、田旭东：《〈逸周书〉中有关商周年代、天象及都城诸篇之可信性研究报告——"夏商周断代工程"课题报告之一》。

校集注》①、《逸周书校补注译》②等书,为此书的研究提供了有利的条件。

(四) 汉代以后相关史料

自汉代以后,《春秋》被列入"五经",取得了儒家经典著作的地位。从此,对《春秋》及其三传《左传》《公羊传》《穀梁传》的研究日趋深入和精细,考证注释之书汗牛充栋。伴随着春秋学的形成,春秋史的研究也得到了发展。

宋代时,开始出现了春秋史的一些专著。如南宋章冲将编年体形式的《春秋左氏传》改编为纪事本末体的《春秋左氏传事类本末》,使春秋叙事趋于完整。唯该著被后人指出在内容上缺乏创新,不及袁枢《通鉴纪事本末》。

清代以降,开始出现了春秋史的一批专著。如顾栋高的《春秋大事表》、马骕的《左传事纬》、高士奇的《左传纪事本末》、姚彦渠的《春秋会要》等,成为我国古代春秋史研究的重要成果。

顾栋高的《春秋大事表》对《春秋》及其三传做了全面系统的分类整理和考证研究。全书共有五十篇,六十四卷,将春秋列国史事及相关天文历法、疆域地理、世系官制、田赋、五礼、战争会盟等均以表格的形式加以总结归纳、考辨,并加按语论述,可作春秋史研究的参考。

马骕的《左传事纬》,全书二十卷,分为一零八篇,另有附录八卷。此书以时间先后为序,不分国别,按事类立题做系统叙述,

---

① 黄怀信、张懋镕、田旭东:《逸周书汇校集注》,上海:上海古籍出版社,1995年。
② 黄怀信:《逸周书校补注译》,西安:西北大学出版社,1996年。

每篇后有评论，谈个人的见解，条理甚为清晰。其图表考证亦十分精详，是我们了解春秋史事的重要参考资料。

高士奇的《左传纪事本末》，全书五十三卷，以章冲的《春秋左氏传事类始末》为基础，按列国事迹叙，分列专题论述。又博采经史诸书，把"补逸""考异""辨误""考证""发明"等附于正文下面。凡春秋时期大事，逐一列出。这样，既汇集了春秋史的基本资料，又为研究者做对比给予很好的启示，有极高的史料价值。

姚彦渠的《春秋会要》共四卷，分列世系和吉、凶、军、宾、嘉五礼，共六门九十八事。内容取材于《左传》《国语》《公羊传》《榖梁传》等书及相关的注，虽然对查阅春秋世系、礼仪制度等方面史事的研究者而言较方便，但缺少本人的独立考证。

除此之外，马骕的《绎史》、陈厚耀的《春秋战国异辞》、顾炎武的《日知录》等书对春秋史的研究亦有重要的参考价值。

三　春秋时期考古发现及其整理

春秋时期遗址的考古工作在 1949 年前进行得比较少，仅在山西浑源李峪村、河南辉县和汲县（今卫辉）等地发掘了一些春秋墓葬。1949 年后，先后发现了许多春秋时期的遗址和墓葬，仅发掘的墓葬就有数千座之多，出土了一大批珍贵文物，为研究春秋史提供了重要的考古资料。下面就春秋时期的典型城邑、墓葬及出土文物予以简略介绍：

（一）城邑

洛阳王城是春秋时期周天子的都城，1954—1960 年间中国科学院考古研究所先后在此进行了一系列的考察，发现以小屯村为中心、靠近涧河西岸，有堆积很厚的东周文化层①。在中州路上，春秋时期的墓葬分布十分密集，在西段就发现了东周墓葬二百六十座，出土文物以铜器为主，包括祭祀用具、生活用品、武器等。有学者将这些出土器物按早、中、晚三期列表②，从表中我们可以看出，春秋时期的墓葬中，剑、戈、刀、镞等武器的出土数量和种类远在其他器物之上，由此可以窥视当时社会状况之一二。此外，在城址的偏南中部，发现有春秋时期宫殿建筑基址；在城址的北部，发现有制陶、制骨、制石和铸铜作坊遗存，系春秋时期的手工业区。

山西侯马古城遗址是春秋晚期晋景公都城所在地，该城建在汾河与浍河之间，由六个大小不等的城圈组成。白店、台神、牛村、平望四座古城连成一片，其东和东北分别为呈王和马庄两座古城。在这些城圈以南的浍河岸边，发现有制陶、制骨和铸铜作坊③。呈王古城的东南发现了盟誓遗址，曾出土数千片盟书。牛村和平望发现有建筑夯土基址，可能是当时宫殿所在地。距离牛村古城南墙外250米处，发现了晋国祭祀建筑遗址。该建筑布局规范，结构严谨，仅从清理的五十九座祭祀坑就可以看出是一处颇具规模的祭祀场所④。

---

① 中国科学院考古研究所洛阳发掘队：《洛阳涧滨东周城址发掘报告》，《考古学报》1959年第2期，第15—37页。
② 荆三隆、邵之茜：《中国古代文化论稿》，西安：陕西人民出版社，1994年。
③ 张彦煌：《侯马晋城遗址》，《中国大百科全书·考古学》，北京：中国大百科全书出版社，1986年，第201页。
④ 山西省考古研究所侯马工作站：《山西侯马牛村古城晋国祭祀建筑遗址》，《考古》1988年第10期，第894—909页。

陕西凤翔雍城是秦德公元年（公元前677年）至献公二年（公元前383年）间秦国都城的遗址。从1973年起，陕西省考古研究所对该遗址进行了勘察和发掘。勘探表明，整个城址平面呈不规则的方形，东西长3 300米，南北宽3 200米，面积约10平方千米。在雍城中部偏西的姚家岗曾发现春秋时期秦宫殿基址，并先后出土铜质建筑构件三窖六十四件，为大型宫殿壁柱、门窗等的饰件。在姚家岗高地的西部，还发现了冰窖遗迹。其平面近似方形的夯土基中部，有一个口部东西长10米、南北宽11.4米的长方形窖穴，据专家推断，可能是供储冰所用。在雍城中部偏北的马家庄附近，也发现了几处重要的建筑遗址。1号建筑遗址，可能属大型宗庙性质，整个建筑坐北朝南，四周有围墙环绕，可分为北部居中的祖庙、东部的昭庙、西部的穆庙、南部的门塾以及中庭五部分。布局规整，左右对称。前面中庭部分发现有各类祭礼坑一百八十一个，多数坑内残存有人骨或牛羊骨。3号建筑遗址可能是寝宫所在地[①]。

（二）墓葬

近二十年来，春秋时期的墓葬被发现的非常多，已发掘的就有数千座，有学者将其划分为六个区域：中原的周、虢、郑、卫；汾河流域的晋国；山东及其以北的齐、鲁、燕；南方的楚；关中的秦和东南的吴国与群舒。代表性的有陕西凤翔西南10千米处的南指挥村一带，为秦公陵国所在地。经考古钻探和试掘，共发现有十五个陵园、四十七座大墓，其中有十九座"中"字形秦公大墓、三座"甲"字形大墓和若干个中小陵墓。此外还有专门为大墓建起的二

---

① 张之恒、周裕兴：《夏商周考古》，南京：南京大学出版社，1995年，第314页。

"黄肠题凑"椁木　春秋中期　葬器

十一个车马坑，平均长 50 多米、宽 10 多米，最大的长 116 米、宽 25 米。现已发掘出的秦景公 1 号大墓是迄今该陵区内唯一的一座大墓，真实生动地再现了两千五六百年前的奴隶制社会场景。该墓虽然只占整个秦公墓总数的十九分之一，但却独霸我国考古史上的五个之最：总面积 5 334 平方米，是我国迄今发掘出的最大古墓；大墓中发现一百八十六个殉人，是我国目前已经发掘古墓中殉人数量最多的一座；大墓中的大型椁具"黄肠题凑"①，是我国目前发现最早、最为完整的高级葬具，堪称"黄肠题凑"的鼻祖；墓室"木碑"是目前我国发现的最早的"木碑"②实物例证；大墓中出土石

---

① "黄"是指椁材用柏木，柏木的颜色为黄色；"肠"指材心；"题"指头或者端，即用椁木两端的材心，砍出截面为 8 厘米×9 厘米、长 21 厘米的榫头各一，以便于搬运椁木；"凑"是指这些用柏木材心做的榫头，在椁室南北两侧凑成长方形的规范物。

② 木碑位于主椁室土圹的南北两侧，是一对又圆又粗的圆柱木，用于下放椁木的器具，《周礼》中有诸侯丧仪"四柠二碑"的记载。后世有人在这种做下葬用的木碑上刻写墓主的姓名和祭文，经过长期的演变后成了今天的石质墓碑和墓志。

磬是我国最早刻有铭文的石磬，其形制巨大，堪称"磬中之王"。

此外，河南洛阳中州路周墓群①、河南三门峡市上村岭虢国墓地②、河南新郑碧沙岗郑国墓群③、山西太原金胜村晋国大墓④、山东临淄（今淄博临淄区）齐故城东北隅河崖头齐国墓地⑤、山东曲阜鲁故城北部林前村的鲁国墓地⑥、湖南长沙和湖北江陵的楚墓群⑦、河南淅川下寺楚墓群⑧、安徽寿县的蔡昭侯墓⑨、河南光山宝相寺的黄国墓葬⑩、江苏丹徒（今镇江丹徒区）北山顶的吴国墓地⑪、安徽舒城的舒国墓地⑫等。这些墓葬反映了春秋时期各地丧葬礼俗的特点及其变化情况，也为我们研究当时经济文化的发展和社会变革提供了实物资料。

---

① 中国科学院考古研究所：《洛阳中州路（西工段）》，北京：科学出版社，1959年。
② 中国科学院考古研究所：《上村岭虢国墓地》，北京：科学出版社，1959年。
③ 河南省文物工作队第一队：《郑州碧沙岗发掘简报》，《文物参考资料》1956年第3期，第27—41页。
④ 山西省考古研究所、太原市文物管理委员会：《太原金胜村251号春秋大墓及车马坑发掘简报》，《文物》1989年第9期，第59—87页。
⑤ 山东省文物考古研究所：《齐故城五号东周墓及大型殉马坑的发掘》，《文物》1984年第9期，第14—19页。
⑥ 山东省文物考古研究所：《前进中的十年》，《文物考古工作十年》，北京：文物出版社，1990年。
⑦ 中国社会科学院考古研究所：《新中国的考古发现和研究》，北京：文物出版社，1984年。
⑧ 河南省丹江库区文物发掘队：《河南省淅川县下寺春秋楚墓》，《文物》1980年第10期，第13—21页。
⑨ 安徽省文物管理委员会、安徽省博物馆：《寿县蔡侯墓出土遗址》，北京：科学出版社，1956年。
⑩ 河南信阳地区文管会、光山县文管会：《春秋早期黄君孟夫妇墓发掘报告》，《考古》1984年第4期，第302页。
⑪ 江苏省丹徒考古队：《江苏丹徒北山顶春秋墓发掘报告》，《东南文化》1988年第C1期。
⑫ 安徽省文化局文物工作队：《安徽舒城出土的铜器》，《考古》1964年第10期，第498—503页。

(三) 文物

文物方面比较典型的首推 1965—1966 年之间在山西侯马晋国故城东南发掘的侯马盟书，该盟书出土器物共计五千余件，据专家推断盟书的主盟人乃晋国公卿赵鞅，其所主盟书的主要内容有五类：强调事奉宗庙祭祀的宗盟类，献身于新君主的委质类，盟誓后禁止扩充奴隶、土地、财产的纳室类，对不义行为进行诅咒、谴责的诅咒类，以及盟誓祭祀时进行龟卜和筮占的卜筮类等。这类盟书的出土，为我们研究春秋时期的盟誓制度以及了解当时社会的真实情况提供了重要的资料①。

其次，山西闻喜晋墓出土的子犯（狐偃）编钟铭文可补充有关晋楚城濮之战和践土之盟的一些重要内容。陕西宝鸡太公庙出土的秦公钟、镈铭文记述了秦襄公受封、秦文公以下世系及秦武公功勋，印证和补充有关的文献记载，成为研究春秋史的重要旁证资料。

(四) 文物考古资料的发掘整理与总结报告

关于春秋时期文物与考古发掘方面的著作主要有：安徽省文物管理委员会、安徽省博物馆《寿县蔡侯墓出土遗物》（科学出版社1956年版），郭宝钧《山彪镇与琉璃阁》（科学出版社1959年版），中国科学院考古研究所《上村岭虢国墓地》（科学出版社1959年版），山西省文物工作委员会《侯马盟书》（文物出版社1976年版），北京大学历史系考古教研室商周组《商周考古》（文物出版社1979年版），山东省文物考古教研所等《曲阜鲁国故城》（齐鲁书社1982年版），湖北省荆州地区博物馆《江陵雨台山楚墓》（文物出

---

① 陶正刚、王克林：《侯马东周盟誓遗址》，《文物》1972年第4期。

社1984年版),宜昌地区博物馆、北京大学考古系《当阳赵家湖楚墓》(文物出版社1992年版),《文物考古工作三十年(1949—1979年)》(文物出版社1979年版),《中国考古学会第一次年会论文集》、《中国考古学会第二次年会论文集》(文物出版社1980年、1982年版),中国社会科学院考古研究所《新中国的考古发现和研究》(文物出版社1984年版),李学勤《东周与秦代文明》(文物出版社1984年版),《中国大百科全书·考古学》(中国大百科全书出版社1986年版),《中国考古学研究》(科学出版社1986年版),《文物考古工作十年(1979—1989年)》(文物出版社1990年版),国家文物局考古领队培训班《兖州西吴寺》(文物出版社1990年版),安金槐《中国考古》(上海古籍出版社1992年版),《中国考古学论丛》(科学出版社1993年版)以及张之恒、周裕兴《夏商周考古》(南京大学出版社1995年版)等等。这些著作是总结春秋时期以及先秦时期辉煌考古成果的优秀代表。

关于春秋时期文物与考古发掘方面的总结论文:

早期主要有:唐兰关于河南郏县太仆乡郑国残墓的发掘报告《郏县出土的铜器群》(《文物参考资料》1954年第5期),山西省文物管理委员会、山西省考古研究所关于山西芮城晋墓的发掘简报《山西芮城永乐宫新址墓葬清理简报》(《考古》1960年第8期),湖北省博物馆关于湖北京山宋河坝苏家垅发现的曾国铜器和墓葬情况介绍《湖北京山发现曾国铜器》(《文物》1972年第2期),周永珍关于湖北随县(今随州)季氏梁等地发现的曾国铜器情况介绍《曾国与曾国铜器》(《考古》1980年第5期),吴镇烽、尚志儒关于陕西凤翔八旗屯的秦墓发掘报告《陕西凤翔八旗屯秦国墓葬发掘简报》(《文物资料丛刊》1980年第3期),宝鸡县博物馆、宝鸡县图书馆关于宝鸡西高泉村情况介绍《宝鸡县西高泉村春秋秦墓葬发掘记》(《文物》1980年第9期),中国科学院考古研究所宝鸡发掘队关于宝鸡福临堡秦墓情况介绍《陕西宝鸡福临堡东周墓葬发掘记》(《考古》1963年第10期),陕西省文管会秦墓发掘组关于户县3号墓发掘报告《陕西户县宋村春秋秦墓发掘简报》(《文物》1975年第10期),李蔚然关于江苏江宁(今南京江宁区)陶吴出土铜器情况介绍《南京发现周代铜器》(《考古》1960年第6期),南京市文物保管委员会关于南京浦口三河出土铜器介绍《南京浦口出土一批青铜器》(《文物》1980年第8期)。

中期主要有:山西省文物管理委员会侯马工作站关于侯马上马村M13、M5情况介绍《山西侯马上马村东周墓葬》(《考古》1963年第5期),河南信阳地区文管会、光山县文管会的《春秋早期黄君孟夫妇墓发掘报告》(《考古》1984年第4期),河南省博物馆、信阳地区文管会等关于发掘信阳平桥樊君夫妇墓的《河南信阳市平桥春秋墓发掘简报》(《文物》1981年第1期),山东省文物考古研究所、沂水县文物管理站关于沂水刘家店子莒国墓的《山东沂水刘家店子春秋墓发掘简报》(《文物》1984年第9期),荆州博物馆关于湖北江陵雨台山一、二期楚墓的《江陵雨台山楚墓发掘简报》(《考古》1980年第5期),江西省历史博物馆、靖安县文化馆介绍靖安出土春秋徐国铜器的《江西靖安出土春秋徐国铜器》(《文物》1980年第8期)。

晚期主要有:洛阳博物馆关于洛阳春秋墓和中州路三期墓情况介绍《河南洛阳春秋墓》(《考古》1981年第1期),山西省考古研究所关于长子东周墓 M7、M1 发掘情况介绍《山西长子县东周墓》（《考古学报》1984 年第 4 期），山西省文管会、晋东南工作组、长治市博物馆的发掘报告《长治分水岭 269、270 号东周墓》（《考古学报》1974 年第 2 期），山东省文物考古研究所关于临淄（今淄博临淄区）河崖头齐侯大墓的发掘报告《齐故城五号东周墓及大型殉马坑的发掘》（《文物》1984 年第 9 期），山东省博物馆、临沂地区文物组、莒南县文化馆关于莒南老龙腰莒国墓发掘情况的《莒南大店春秋时期莒国殉人墓》（《考古学报》1978 年第 3 期），敖承隆、李晓东的《河北怀来北辛堡出土的燕国铜器》（《文物》1964 年第 7 期），河北省文化局文物工作队《河北怀来北辛堡战国墓》（《考古》1966 年第 5 期），安志敏的《河北省唐山市贾各庄发掘报告》（《考古学报》1953 年第 6 期），李夏廷对山西浑源李峪村出土铜器的介绍《浑源彝器研究》（《文物》1992 年第 10 期），河南省丹江库区文物发掘队的《河南省淅川县下寺春秋楚墓》（《文物》1980 年第 10 期），河南省博物馆、淅川县文管会、南阳地区文管会的《河南淅川县下寺一号墓发掘简报》（《考古》1981 年第 2 期），郭德维的《江陵楚墓论述》（《考古学报》1982 年第 2 期），湖北省宜昌地区博物馆的《当阳曹家岗五号楚墓》（《考古学报》1988 年第 4 期），江苏省文物管理委员会、南京博物院的《江苏六合程桥东周墓》（《考古》1965 年第 3 期），南京市博物馆、六合县文教局的《江苏六合程桥东周三号墓》（《东周文化》1991 年第 1 期），吴县文物管理委员会的《江苏吴县何山东周墓》（《文物》1984 年第 5 期），安徽省文物工作队的《安徽舒城九里墩春秋墓》（《考古学报》1982 年第 2 期），山西省考古研究所、太原市文物管理委员会的《太原金胜村

251号春秋大墓及车马坑发掘简报》(《文物》1989年第9期),固始侯古堆一号墓发掘组的《河南固始侯古堆一号墓发掘简报》(《文物》1981年第1期)。

四 二十世纪春秋史研究述要

在继承与总结前人长期研究成果的基础上,春秋史的研究在20世纪的一百年间取得了飞跃发展。无论是在史料的整理与发掘,还是在理论的创新、研究领域的扩大及其研究水平的提高上,都大大超越了前人,取得了突破性的进展,而且在研究方法上也改变了中国古代学术研究的单一性,开始向多学科综合性研究转变。

20世纪初期,著名历史学家梁启超提出了建立"新史学"的口号,呼吁要改变中国传统史学的缺陷,方法是学习西方先进文化知识,包括西方先进的哲学体系,用西方先进的方法论来整理中国的传统文化,创造出一个全新的中国文化体系。梁启超的倡议受到了学术界的高度重视,出现了一批精通中西文化的著名学者,以王国维为代表的史学家们在认真研究西方先进文化的同时,也对中国的传统文化进行了整理研究。尤其是伴随着甲骨文的大量出土和甲骨文学的创立,王国维提出了对历史学产生深远影响的"二重证据法",即用文献资料与考古资料相结合的方法来研究中国历史,印证文明进程。从此,"新史学"理论和"新史学"方法在中国史学界得到了全新的发展与推广应用。之后,以郭沫若、范文澜、翦伯赞、吕振羽等为代表的一大批杰出的史学家,运用马克思主义的先进史学理论和方法概括总结中国历史的发展进程,认真归纳中国历史的发展规律,先后完成了数部影响深远的中国历史巨著,为新时期史学的发展奠定了坚实的基础。春秋史的研究在这种革命性的学术进程中得到了飞速的发展。

秦公 1 号大墓发掘图

上村岭虢国墓地发掘图

最早出现的春秋断代史著作是 20 世纪 30 年代顾颉刚、童书业编写的《春秋史讲义》。该讲义共分二十章,还有附编十章,以现代史学方法,按社会历史重心的发展变化将春秋史分为若干阶段,论述了春秋列国争霸的历史进程。该书还对春秋时期的社会性质、时代特点、经济状况、政治制度、军事制度以及哲学、宗教、文化教育等分门别类加以论述,成为春秋史研究进程中具有拓荒性质的著作。

1946 年,上海开明书店出版了童书业编写的《春秋史》。全书对春秋时期的政治制度、经济制度以及军事、思想、文化等一系列专题做了详尽的阐述,并对春秋以前中国历史上的许多重大问题进行了精确详细的考证,提出了自己独到的见解,成为一部具有极高学术价值的专著。该书问世以来,素受学术界赞赏,备受治史者珍

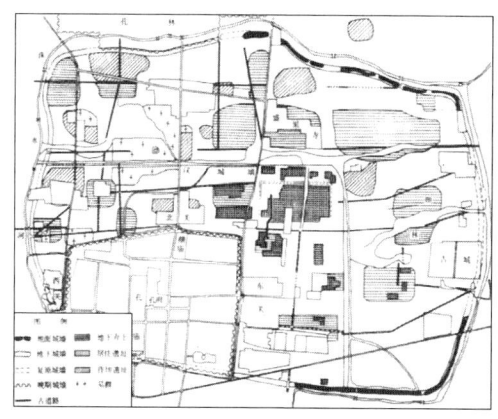

曲阜鲁国故城遗址图

视,吕思勉先生盛赞:"言春秋者,考索之精,去取之慎,未有逾于此书者。"

1980年,上海人民出版社又出版了童书业生前研究春秋史的有关笔记——《春秋左传研究》。该书分《春秋左传考证》和《春秋左传札记》等几个部分,将春秋时期的许多历史问题分别列项,然后将同一专题的历史资料加以汇总考证,他所引证的史料涉及《春秋》《左传》以外的诸多古代文献,为我们研究春秋史提供了较为系统的资料线索。

春秋史研究得到较全面的发展是在20世纪80年代。首先,研究的领域大大拓展,涉及政治、经济、法律、军事、思想文化、科学技术、民族关系、社会生活、风俗习惯等方面;其次,研究的成果亦十分喜人,出现了一大批综合性的学术论著和大量的学术论文。

(一)有关的学术论著

政治制度、国家形态方面。钱宗范的《周代宗法制度研究》

(广西师范大学出版社1989年版)一书对影响周代社会数百年的宗法制家族形态、宗法制与分封制的关系、宗法制在春秋战国时期的演变等问题展开了系统讨论,是一部全面论述周代社会政治制度的专著。郝铁川的《周代国家政权研究》(黄山书社1990年版)一书对国家政权的研究对象、国家政权的相对独立性与社会经济运动的辩证关系、亚细亚生产方式与周代政权研究等理论问题进行了分析阐述,指出周代是一个统一的、较为完备的封建王朝。赵伯雄的《周代国家形态研究》(湖南教育出版社1990年版)一书对周代国家结构形态、管理形态及周代早期国家的原始性等问题展开了讨论。赵世超的《周代国野制度研究》(陕西人民出版社1991年版)一书以周代国野制度为研究对象,着重阐述了周代国与野的区别,国人、野人的成分及其关系,国人、野人的政治地位、文化心态,以及春秋时期国野对立的演变,战国时期国野对立的消失,从而探索了周代八百年社会生产的进步、阶级关系的变化、经济结构的演进、政治组织和国家形态的发展。葛志毅的《周代分封制度研究》(黑龙江人民出版社1992年版)一书对分封制形成的历史必然性及其为巩固周代国家统治所发挥的政治功能及周代分封制解体的社会历史原因展开了讨论。

社会阶层、社会经济方面。余英时《士与中国文化》(上海人民出版社1987年版)一书对古代知识阶层的兴起与发展、中国知识分子的原始形态、中国古代知识分子的古代传统等做了探讨。王长华的《春秋战国士人与政治》(上海人民出版社1997年版)对活跃在春秋战国政治与思想学术舞台上的"士"进行了专门论述和总结,分析了士人的崛起及儒家士人、墨家士人、道家士人和法家士人与政治的不同关系和各自所起的作用，从独特的视角对春秋时期中国的政治、思想、文化予以阐述。傅兆君的《春秋战国社会经济形态史论》（黄山书社1998年版）一书是近年来专门研究东周时期社会经济形态的一部经济学专著。

社会婚姻、社会习俗方面。晁福林的《先秦民俗史》（上海人民出版社2001年版）一书内容涉及饮食、服饰、居住、交通、礼俗以及信仰和宗教迷信，对春秋时期的民风民俗予以了系统的阐述，是近年来关于春秋战国时期民风民俗的一部重要著作。李衡眉的《先秦史论集》（齐鲁书社2003年版）对先秦时期的婚姻家庭与昭穆制度做了研究。

地域文化方面。张正明的《楚文化史》（上海人民出版社1987年版）及《楚文化志》（湖北人民出版社1988年版）、何浩的《楚灭国研究》（武汉出版社1990年版）、刘彬徽的《楚系青铜器研究》（湖北教育出版社1995年版）等书，对先秦时期的楚史和楚文化做了较为深入的探讨。逄振镐的《东夷文化史》（中国社会科学出版社1995年版）、周阁森等的《齐国史》（山东人民出版社1992年版）、郭克煜的《鲁国史》（人民出版社1994年版）、邱文山等的《齐文化与先秦地域文化》（齐鲁书社2003年版），对这一时期的齐鲁文化做了全面的研究。林剑鸣的《秦史稿》（上海人民出版社1981年版）、马非百的《秦集史》（中华书局1982年版）、李孟存和常金仓的《晋国史稿》（山西人民出版社1988年版），对春秋时期的秦晋文化也做了系统的阐述。陈平的《燕史纪事编年会按》（北京大学出版社1995年版）及论文集《赵国历史文化论丛》（河北人民出版社1989年版），对此时活跃在北方地区的燕、赵文化做了总结。张永初的《勾吴史集》（江苏古籍出版社 1988 年版）、陈国强等《百越民族史》（中国社会科学出版社 1988 年版）、蒋炳剑的《百越民族文化》（学林出版社 1988 年版）对先秦时期南方地区影响十分深远的吴越文化做了全面的研究。童恩正的《古代的巴蜀》（四川人民出版社 1978 年版）、邓少琴的《巴蜀史迹探索》（四川人民出版社 1983 年版）、蒙文通的《巴蜀古史论述》（四川人民出版社 1981 年版）对西南地区的巴蜀文化做了探讨。

天马-曲村遗址

系列丛书。伴随着春秋史研究的不断深入发展，关于春秋战国时期的系列丛书在 20 世纪 90 年代也诞生了。1994 年，北京出版社出版了内容涉及春秋、战国时期思想文化、科学技术、政治军事、社会习俗等方面的一套丛书，包括申先甲主编的《中国春秋战国科技史》、宋镇豪主编的《中国春秋战国习俗史》、孙开泰主编的《中国春秋战国思想史》、杨长南主编的《中国春秋战国政治史》、张践等编的《中国春秋战国宗教史》、朱启新主编的《中国春秋战国教育史》、陈恩林主编的《春秋战国军事史》。这套丛书的问世代表着关于春秋战国时期的历史研究已经逐渐走向深入与细致。

文字学方面。伴随着春秋时期青铜器的大量出土,对青铜铭文的研究成为一项不可或缺的工作。2002年广西教育出版社出版了华东师范大学中国文字研究与应用中心编著的《金文引得(春秋战国卷)》,该著作是教育部出土古文字电脑全息检索系统项目研究成果,对利用金文进行学术研究提供了便利。

值得一提的是,21世纪初,春秋史研究出现了喜人成果。2001年6月,上海人民出版社出版了顾德融、朱顺龙合著的《春秋史》。该书在吸收学术界既有研究成果的基础上,系统叙述了春秋时期的历史,包括春秋时期开始前后的社会历史背景、诸侯的改革与大国的争霸、春秋时期的社会经济、春秋时期的疆域和地方组织以及军事、思想文化、礼仪风俗等内容,是近年来春秋史研究的代表作之一,也是近半个世纪以来中国古代史研究著作中断代体裁中的完璧之作。

此外,近三十年来史学界陆续推出了数部中国通史方面的巨著,春秋史卷作为其中不可分割的组成部分,占有十分重要的历史地位。1994年,上海人民出版社出版了白寿彝主编的《中国通史》巨著,该著是"六五"期间国家哲学社会科学重点项目之一,全面系统地阐述了中国历史的发展进程。其中第三卷是关于先秦时期的历史内容,春秋史占了很大的比重。该卷系统论述了与春秋史研究相关的文献资料、考古资料、甲骨文和金文,并对春秋时期的政治、军事、经济、文化等发展概况进行了阐述,对这一时期的生产力、生产关系以及政治、经济制度进行了探索。2000年,延边人民出版社出版了赖新元、赵安主编的《中国通史》八卷二十二册本，其中第一卷第三、四册为春秋史卷，该书总结了近年来春秋史研究成果，较为全面地论述了这一时期的历史进程。2001年7月，高等教育出版社出版了张岂之主编的六卷本《中国历史》，该书作为21世纪高等院校文科教材，系统地论述了中国历史的发展演化进程，第一卷先秦史中对春秋时期的诸侯争霸、政治变革、社会经济、社会生活以及民族关系、学术文化、科技文明等进行了专章论述。这些从不同侧面、视角对春秋史进行研究的著作，犹如雨后奇葩绽放出瑰丽的光彩，标志着对春秋史的研究已经在深度和广度上有了一定发展。

（二）有关学术论文

有关春秋时期的学术论文是相当之多的，这里只就我们收集到的代表性文章做一简单梳理，按类分为以下几个部分：

关于春秋时期划限。金景芳《中国古代史分期商榷（下）》（《历史研究》1979年第3期）一文中，提出以公元前453年韩、赵、魏三家联合灭掉智氏三分晋室这一重大历史事件作为划分春秋、战国时期的分界线。罗勇《春秋战国史断代新议》（《中国史研究文集》，陕西人民出版社1990年版）一文中，通过对春秋"五霸"的认定分析，指出"五霸"应为齐桓公、晋文公、楚庄王、吴王夫差、越王勾践。他认为，最能反映春秋这一时代特征的当推争霸战争，如果沿用传统的公元前476年分期方法，就无法把春秋时期的全部争霸活动包括进去，而如果把公元前453年韩、赵、魏三家联合灭智氏作为划分时期的重大历史事件，就不存在这样的问题，也符合客观的历史发展过程。因此，他赞成公元前453年之说。此外，李孟存《略论春秋与战国的年代界限》（《山西师大学报》1987 年第 1 期）、解恒谦《春秋战国分野年代述论》（《辽宁大学学报》1984 年第 1 期）等也对史学界目前流行的几种分期方法进行了梳理与论证，提出各自的看法。

关于春秋社会性质。陆中明《先秦社会形态初探》（《西部学坛》1987 年第 7 期）认为，夏商时期奴隶制形态不占主导地位，周初领主分封是历史的必然，春秋战国之交各国变法运动的实质乃是由宗法分封制转向中央集权制，中国古代没有形成奴隶社会。吴荣曾《对春秋战国家长制奴隶制残余的考察》（《北京大学学报》1987 年第 2 期）认为，奴隶制分为家长制奴隶制与劳动奴隶制两种类型。商周时属于前者，其主要特征是：奴隶一般为贵族所拥有，奴隶人数不多；奴隶可以有家庭，他们以从事家内服役为主，并不构成社会经济的基础；另外，在有的贵族家庭中，家长也奴役其子弟。到战国时，随着奴隶买卖的盛行，富有的庶民也可拥有奴隶，扩大了社会对奴隶的拥有面，而且奴隶劳动被广泛地应用于农业、手工业和冶矿等，故奴隶人数增多。战国时因为社会生产力的迅速提高，促进奴隶制由原来的家长制奴隶制演进到发达的劳动奴隶制。黄武强《论西周春秋的几个问题——兼评郭沫若同志战国封建论》（《学术论坛》1988 年第 3 期）认为：农业是西周春秋的决定性的生产部门，私田生产、公田生产和井田生产是西周春秋农业生产的主要部分，私田的雇工、公田的劳动地租和井田的实物地租是西周春秋的主要剥削方式，因此，西周春秋处于支配地位的封建主义生产关系决定了西周春秋社会是封建社会。杨师群《春秋战国之际社会发展原因新探》（《社会科学战线》1995 年第 3 期）批驳了战国封建说者们所持观点。该观点认为，新兴地主阶级登上历史舞台，进行一系列的社会改革，战胜腐朽的奴隶主阶级，以封建制代替奴隶制推动了社会的前进，从而一般将春秋战国之际社会发展的原因，主要归结为阶级斗争的结果。对此，杨师群认为，春秋战国时期土地私有制并没有确立，更没有产生什么新兴地主阶级，因而其社会发展决非什么阶级斗争推动的结果。他指出，当时社会发展的主要原因与动力，从总体上来说，是由于旧社会基础结构崩溃而新社会的统治模式又没有完全形成的松弛状况造成的，阶级升降的频繁、士阶层的活跃、自由的迁徙、择业环境到市场经济的发展，尤其是个体家庭成为基本经济单位导致人的解放，等等，这些因素结合在一起，激发社会深层次的活力，推动了社会的进步与发展。晁福林《试论春秋战国时期奴隶制的若干问题》（《北京师范大学学报》1996年第6期）认为，春秋战国时期的奴隶制是社会性质在由宗法封建制向地主封建制转变过程中形成的浸透着宗法精神的奴隶制。可以说，春秋时期社会还存留着宗族性质很强的奴隶制，这种奴隶制在当时的社会上只是一种残余形态，只是宗法封建生产关系的一种补充。

关于平王东迁。王玉哲《平王东迁乃避秦非避犬戎说》（《天津社会科学》1986年第3期）认为，《秦本纪》所载秦襄公以兵护送周平王东迁洛邑是不准确的，秦与平王是敌非友，平王东迁乃是因为秦国逼迫。于逢春《周平王东迁非避戎乃投戎辩——兼论平王东迁的原因》（《西北史地》1983年第4期）认为，犬戎助平王杀父乃友非敌，平王东迁并非是避戎，而是投戎。晁福林《论平王东迁》（《历史研究》1991年第6期）依古本《汲冢书纪年》所载两周之际史事为依据进行探讨,认为:周幽王废太子宜臼后,宜臼奔西申(地望在骊山附近),被申、许、鲁等国诸侯拥立,称为平王;幽王、伯服不能容忍宜臼的僭越行为,遂率兵讨伐位于骊山一带的西申,被申侯联合犬戎、缯等所杀;虢公翰拥立王子余臣,是为"携王",他与平王并立长达十年之久;后来,晋文侯杀掉携王,并和郑、卫等国诸侯迎平王迁居洛邑;在这个过程中,秦襄公审时度势而拥戴平王,因此受封为侯;平王东迁有一个过程,他定鼎郑鄢,居于洛邑,已经是宗周覆灭十年以后的事情。王雷生《平王东迁原因新论》(《人文杂志》1998年第1期)认为,平王东迁既不是为了"避戎",也不是为了"避秦",而是受逼于晋、秦、郑等诸侯,也就是说强迫平王东迁的正是历史上以护送平王东迁之功自诩的、享有"夹辅""肱股"美誉的晋文、秦襄、郑武等人。

关于"春秋五霸"的确切所指。陈筱芳《"春秋五霸"质疑与四霸之成功》(《西南民族学院学报》1992年第5期)列举了历史上《墨子·所染》《荀子·王霸》《白虎通·号》《汉书·诸侯王表》注等关于"五霸"八人的四种不同说法,提出了确定霸主身份的标准,认为符合标准的只有三霸,即齐桓公、晋文公、楚灵王,但若论社会影响力,则可称"春秋四霸",即齐桓公、晋文公、晋悼公、楚灵王。罗勇《春秋战国史断代新议》(《中国史研究文集》,陕西人民出版社1990年版)对历史上关于"五霸"的说法进行了分析对比,指出"五霸"为齐桓公、晋文公、楚庄王、越王勾践、吴王夫差的说法符合春秋历史发展的事实。此外,张有智《"春秋五霸"正名》(《山西师大学报》1986年第1期)、刘浦江《春秋五霸辩》(《齐鲁学刊》1988年第5期)、赵东玉《五霸别解》(《史学集刊》

2000年第2期)、孙景坛《五霸在历史上的确切所指》(《南京社会科学》1994年第4期)等各持一说,对"五霸"的所指提出了各自的看法。

关于"五霸"霸业的成因、影响、意义的文章也不少。陈效鸿《试论管仲改革及其思想》(《南京大学学报》1980年第4期)、王志民《齐桓公称霸的文化贡献》(《成都师专学报》1991年第1期)、宣兆琦《论齐桓公创霸的条件》(《淄博师专学报》1996年第4期)对齐国霸业做了分析探讨。彭邦本《"执秩之法"与春秋中期晋国的霸业》(《河南大学学报》1992年第1期)认为,旨在正爵秩、命职官的"执秩之法"本质上自然是以礼为核心的分封世袭之制,是对周代礼法的调整,一定程度上削弱了宗法制,对晋国霸业、国势盛衰产生了重要的影响。孙香兰《春秋末期吴、越争霸产生的原因》(《历史教学》1984年第9期)、董楚平《吴越霸业考实》(《浙江社会科学》1994年第4期)对吴越争霸活动做了总结归纳。韩钊《春秋时期秦国社会经济》(《西北大学学报》1981年第1期)、康德文《春秋战国秦变强大诸原因探析》(《广东民族学院学报》1997年第3期)、冯庆余《秦穆公的霸政》(《东疆学刊》1992年第2期)对秦国的霸业做了分析探讨。

关于公室与私家势力的消长。林宏跃《论三家分晋形成的社会机制》(《山西师大学报》1992年第1期)认为:伴随着晋国强盛过程中实行"国无公族"制度,异姓、异氏获得了发展壮大和自身强化的社会条件;当异姓、异氏采邑领地极度扩张并各自建立了以采邑封建经济为基础的独立王国后,就形成了分裂晋国的社会基础;最后,由于异姓、异氏的分化和相互兼并导致了晋国的分裂。夏子贤《春秋时期新旧势力斗争辨析》(《安徽史学》1991年第3期)一文指出，有学者认为春秋时期的社会矛盾中甚为突出的矛盾是新旧势力的矛盾，以国君为代表的顽固势力是旧势力，从奴隶主贵族中蜕化出来的一些后起的贵族是新势力，它们斗争的焦点是采用新的还是坚持旧的"剥削和统治方式"。对此说法作者提出不同的意见，认为新旧势力的矛盾与采用何种剥削与统治方式是无关的，而新旧势力的斗争也并不能以谁取胜就肯定谁为新势力，而周代政权下移，并不是新旧势力斗争的历史归宿，而是宗法分封制以及与其相关的卿士制度推行的结果。朱凤瀚《关于春秋时期的新兴地主阶级》(《史学集刊》1986年第3期)指出，不少学者将春秋晚期齐、鲁、晋等大国国内卿大夫与公室争权而进行的政治变革视为"新兴地主阶级"登上政治舞台的典型事例，并将策动这些变革的卿大夫认定为"新兴地主阶级"。作者对此提出异议，认为由于当时在中原与东方诸国内策动政治、经济变革与公室争夺权力的卿大夫仍保存着旧贵族的经济、政治形态，所以不应归属于新兴地主阶级，其政治变革也就不具备地主阶级革命的性质。

关于春秋时期的弭兵与会盟制度。杨升南《春秋时期的第一次"弭兵盟会"考——兼论对"弭兵"盟会的评价》(《史学月刊》1981年第6期)对宋国华元、向戌两次盟会是否存在、盟词内容、盟会的作用等进行了探讨，认为弭兵盟会虽有加重人民负担的一面，但在第二次弭兵盟会后中原各国战争毕竟大大减少，这对人民的生活、社会生产都是有利的。文士丹《春秋列国之间的盟会》(《争鸣》1986年第3期)对春秋时期弭兵的原因和意义做了概括：华元、向戌弭兵成功的原因是宋国具备了发起者和组织者的优越条件；晋、楚两个大国希望休战，加之各国内部矛盾加剧、苦于频繁战争，需要弭兵；弭兵给各国带来相对和平的环境，建成了相安的心理趋势，减轻了战争给人民带来的痛苦与灾难，加速了各国内部新兴势力社会变革的进程，促进奴隶制的瓦解，为战国封建社会的确立和天下一统打下基础。张全民《试论春秋会盟的历史作用》（《吉林大学社会科学学报》1994年第6期）认为，春秋会盟是统治阶级解决当时社会生活中各种矛盾和纠纷的重要手段：政治上，会盟是维持霸主政治的工具，是大国间结盟、壮大实力的方式，是列国维持各国内部奴隶制统治秩序的手段；经济上，会盟制定贡赋制度与经济盟约，促进了经济交往；军事上，会盟对战争存在较大的影响，在一定程度上遏制了战争的爆发与升级。张二国《先秦时期的会盟问题》（《史学集刊》1995年第1期）对盟会、会盟概念的历史含义进行了解释，对其类型进行了划分并指出：狭义的会盟分为两类，一为王臣会诸侯，一为伯主会盟诸侯；根据参盟人员的身份和等级的不同，春秋时期的盟会可分为君与君盟，君与卿大夫盟，君与百工、国人、商人盟，公子或卿大夫与家臣、本家族成员盟等数类。他认为，春秋时期会盟频繁，盟会呈现出一种习俗化的趋势而达到鼎盛。一方面，从高级贵族到低级贵族都热衷于参加盟会，盟会的内容丰富多彩，盟誓的目的因人而异，盟会的礼制规定也日近民间盟会；另一方面，上行下效，民间盟风日盛。莫金山《春秋列国盟会之演变》（《史学月刊》1996年第1期）一文也论述了盟会的产生、发展及各时期盟会的情形。此外，韩隆福《论弭兵之会》（《贵州史学丛刊》1986年第1期）、李模《试论先秦盟誓之制的演化》（《殷都学刊》1997年第4期）、罗珍及田兆云《春秋时期霸王盟誓行为性质初探》(《学术月刊》2002年第10期)等也对弭兵的性质、原因、意义予以分析。

关于春秋时期的中央官制。韩连琪《春秋战国时代的中央官制及其演化》(《文史哲》1985年第1期)认为：春秋时列国的官制较复杂，其特点是军与政的统一，其执政首领正卿或上卿，在平时是诸侯以下的全国政务官，在战时就是最高的军事长官。这时中央的执政官，如齐国虽已开始了"相"的设置，但其时由于世族世官制度还未衰落，中央的"相"仍是由卿大夫世袭，军政也仍是统一的。到战国时代，由于宗法分封和世族世禄制度的破坏，文武的殊途，在中央才开始形成了文官之长"丞相"和武官之长"将军"为首的完整官僚机构。这时的将、相和其他中央官吏也同地方上的郡守、县令一样，都由国君自行任免，官吏的待遇也由世禄制度变为薪俸制度。郝铁川《论春秋官制的演变》(《中国史研究》1987年第1期)对春秋前期、后期职官进行探讨，指出春秋前期各国官制的共同点是对卿大夫的控制加强了，宗教祭祀官的地位下降了，不同点是各国变革官制的深度和广度不一。如：晋为一个系统，表现在废除公族执政、打破亲亲观念、崇尚军功、崇尚法治、重视教育等；齐为一个系统，表现为亲羁并用，以公族执政为主，间用异姓之人，对旧的任人唯亲标准有所突破，任用宠臣执政，以轻驭重，注意发展工商业等；楚为一个系统，首先是尚武，从楚王到各级官吏几乎都曾率兵打仗，而且打败仗者必受惩罚，其次，世族制比较顽固，再次，注意分权，最高执政官为令尹、司马二人，各有两名助手，互相牵制，防止一人擅权。该文进而指出，春秋后期奴隶制官制开始向封建官制过渡，世卿制在各国逐渐形成，出现了政在家门的局面,卿大夫在自己的采邑内设官分职,建立起一个个小政权,他们在设官分职时,废除了以宗法血缘关系任用官吏的办法,基本上以"贤""才"进用,职官的俸禄已不再是封土赐田,而是谷禄,文武开始分职。郝铁川《西周春秋的内朝与外朝》(《史林》1991年第2期)指出,春秋时期列国内、外朝制度各具特点,大体而言:鲁、宋、卫、郑、楚是一个系统,公子公孙组成了内朝,世族大家组成了外朝;齐是一个系统,羁旅之士、布衣之士等微臣卑职组成了外朝,世族大家组成了内朝;晋是一个系统,内朝、外朝全为异姓和非常疏远的贵族所把持;秦是一个系统,公族组成内朝,羁旅之士组成了外朝。文章因此得出结论,内、外朝实际上没有什么区分。葛生华《春秋战国时期官制初探》(《兰州学刊》1994年第3期)认为:春秋战国时期的官职,依其性质可分为执掌朝政的治事官和执掌军队的武官;但在春秋时期军与政统一于一人之手,其执政首长平时是全国的最高政务官,在战时就是率兵征战的最高军事长官;战国时,官分文、武,开始形成了以文官之长的"丞相"和以武官之长的"将军"为首的两大官僚系统。

关于春秋时期的郡县制及其地方官制。杨宽《春秋时代楚国县制的性质问题》(《中国史研究》1981年第4期)从楚县的创始和发展过程分析入手,指出它是直属于国君的别都的性质,具有边陲重镇的作用。该文认为,春秋时期县制和分封制是并行的,都是属于奴隶制性质。韩连琪《春秋战国时代的郡县制及其演变》(《文史哲》1986年第5期)认为:春秋时,由于世族世官制度还未衰落,晋、楚等国虽已开始了县的设置,晋、吴并已开始郡的设置,但郡县中的县大夫和县公仍大多由卿大夫及其子弟担任;到战国时期,县令全由国君自行任免,这时,虽然还存在着封邑的制度,但已同过去的采邑制完全不同,县令在其封土内,仅有衣食租税之权,而没有治民之权,在实质上已经成为国君优厚大臣、宗室等的变相的俸禄。陈长琦《郡县制确立时代论略》(《河南大学学报》1987年第1期)认为:郡县的产生和性质的变化,乃至郡县制的形成,是一个复杂的历史过程;其中,起关键作用的郡的性质转变,是在秦统一的过程中逐步完成的,因此,郡县制应确立于秦代;它的确立改变了我国国家结构的基本格局,促进了地方行政机制的增强与改善,巩固了国家统一,加强了专制统治。郑殿华《论春秋时期的楚县与晋县》(《清华大学学报》2002年第4期)认为,春秋县制的性质具有双重性:一方面,它是由西周演变而来,起源于邦的模式,是邦的扩展,没有最终割断旧传统的脐带,受着国野格局、世族世官制、分封制的影响;另一方面,春秋县制毕竟对邦有着否定作用,尽管楚县与晋县各具特色,但基本趋势是一致的。此外,殷崇浩《春秋楚县略论》(《江汉论坛》1980年第4期)对楚县的产生及其性质、楚国置县情况、楚县的历史作用等也做了阐述。

关于春秋时期的选官制度。钱宗范、徐硕如《论春秋战国时期选官制度的改革》(《学术论坛》1983年第1期)认为:春秋时期,各国统治者为了谋求霸业的需要,任人唯贤、因功授禄的选官制度取代了腐朽没落的世卿世禄制度;战国七雄励精图治,变法图强,仍然推行任人唯贤、量能授官、因功赐禄的选官制度。此外,邵介闻《中国古代选官制度研究现状述评》(《西北大学学报》1989年第4期)、汪征鲁《中国古代选官系统及其演化析论》(《学术月刊》1990年第4期)、聂本立《谈春秋战国用人标准的发展变化》(《长沙水电师院学报》1990年第1期)、姜国华《中国古代选官制度发展变化浅谈》(《求是》1993年第1期)等都对春秋时期的选官制度进行阐述。

关于春秋时期的国家政体与国家形态。许倬云《东周到秦汉：国家形态的发展》(《中国史研究》1986年第4期)指出：春秋时代的国家形态一方面渐由西周瓦解后列国不完整的国家功能及结构转变为完整的主权国家；另一方面由摆脱古代血缘组织的残遗转变为领土国家。至于转变的主要动力，则是列国间的战争及列国内部的冲突；转变的衍生现象则是社会秩序的重新组合及经济制度的改变，氏族的社会力隐退，新的士大夫及编户齐民的社会力起而代之。曾振宇《论春秋政体》(《上饶师专学报》1986年第2期)认为，春秋时期国家政体方面的重大变化为卿大夫对君权的制约和国人对君权的制约。其主要表现为：卿大夫通过讽谏方式影响君权；卿大夫在内政、外交的一些具体事务上成为实际的决策者，部分行使君主的权力；卿大夫可以采取缔结盟约、驱君、弑君等手段左右君权。何兹全《西周春秋时期的国家形式》(《历史研究》1989年第5期)认为，西周春秋时期的国家，是刚从氏族部落演化出来，还带有浓厚的氏族部落性质的国家，它的组成形式处处带有刚刚脱离氏族部落进入国家阶段的早期国家性质和形式。文章对春秋时期的王廷和群僚、城邦国家做了详细论述，指出春秋时期国家形式方面的变化为国（地缘）与家（血缘）两系的合一、刑法和常备兵的出现。

关于春秋时期的政治特点与政治变化。葛荃《春秋时代君主专制主义初探》(《中国史研究》1988年第2期)针对史学界提出的春秋时代政治特点是"古代民主制""贵族民主制"的说法提出了自己的意见,认为春秋时期的政治特点是君主专制主义不断加强。文章指出:君主专制在春秋时期实际政治生活中表现为君主拥有五种权力,即最高政治决断权、最高军事统辖权、最高封任权、最高刑杀权和指立君嗣权。正是由于这五大权力,将国家最高立法权、司法权和行政权三权集于一身,且没有任何机构和法定的其他人物有权力制裁君主或限制君权,因而当时不存在什么民主制。此外,韩连琪《春秋战国时代政治的变化》(《文史哲》1984年第2期)认为,春秋战国时期政治的变化主要表现为国人革命与农民暴动,公室衰微与大夫专政,世族世禄的衰落与士阶层的兴起。

关于春秋时期宗法制度。钱宗范《西周春秋时代的世禄世官制度及其破坏》(《中国史研究》1989年第3期)对世禄世官制度的起源、世禄和世官的关系及其内容、世禄制度的破坏等问题做了探讨。钱宗范还在《中国宗法制度论》(《广西民族学院学报》1996年第4期)一文中指出宗法制度是中国历史文化的核心。他并就中国宗法制度的存在形态、发展阶段和历史作用、社会经济形态和宗法形态的关系、嫡长子继承制和宗法制度的关系等问题做了阐述。梁颖《西周春秋时代宗法制度成因试探》(《广西师范大学学报》1989年第2期)指出,中国古代宗法制的特点就是父权与族权的彰显。作者认为西周、春秋时期社会经济状况具有两大特征:一是原始性的农业生产和与之相应的集体劳动组合;二是社会分工的畸形发展和商品经济的不发达。作者提出,两大特征奠定了该时期宗法制盛行的经济根基,父系家长制大家庭组织和氏族宗法和血缘亲族关系是宗法制度形成的社会基础,周灭商后为应付所处的艰难局势而采取的措施则是促使宗法制产生的直接动因。梁颖另一篇《关于西周春秋时代宗统与君统关系的探讨》（《史学集刊》1989年第1期）认为，天子诸侯亦行宗法，宗统与君统的关系是一致的、相结合的。梁颖《试论西周春秋时代宗法制与分封制的结合》（《广西师范大学学报》1993年第2期）认为：西周春秋时期存在着严密的分封制度，这种分封制与宗法制紧密结合在一起，表现在分封制以宗法的"亲亲"关系为基础和原则，从而使"分封"与"分宗"相一致；分封的土地是建国、立家的经济基础，也是宗子"立宗"的经济条件，这是西周春秋时期宗统与君统相结合的最深刻的经济原因；不仅宗族组织与统治组织、宗法等级与政治等级是相一致的，而且其管理方法也是一致的，这是分封制与宗法制相结合在组织系统和管理上的反映。吴浩坤《西周和春秋时代宗法制度的几个问题》（《复旦大学学报》1984年第1期）认为，《礼记》关于宗法制的论说不足为据，宗法制的核心并非全在于嫡长子继承法。此外，李向平《西周春秋时期士阶层宗法制度研究》（《历史研究》1986年第5期）和《西周春秋时期庶人宗法组织研究》（《历史研究》1989年第2期）两文对一向很少受到关注的古代士阶层内部的宗法组织和庶人阶层内部的宗法组织进行了研究，弥补了宗法制研究中的不足。杨善群《论春秋战国间的世卿制》（《求是学刊》1988年第5期）、朱凤瀚《试论春秋时代宗法制与君主专制的几个问题》（《历史教学》1984年第1期）也从不同的角度对春秋时代宗法制进行了研究。

关于春秋时期采邑制度。吕文郁《春秋时代采邑制度的变革》（《学术月刊》1993年第9期）认为：西周时期的采邑主要分布在王畿之内,春秋时期的采邑主要分布在诸侯国;西周时期的采邑规模较小,内部机构简单;春秋时期的采邑规模较大,内部机构较复杂;西周时期的采邑主要是经济实体,而春秋时期则变成政治实体,即变成国家机器的一部分。邵维国《周代家臣制述论》(《中国史研究》1999年第3期)认为:"家臣"是西周春秋时期卿大夫家内管理家族和采邑内部事务的官吏;卿大夫对所受封的领土和人民实行直接统治,是家臣制的本质特征;家臣对卿大夫的世代依附,是家臣制的核心内容。

关于春秋国野制度。胡新生《西周春秋时期的国野制与部族国家形态》(《文史哲》1985年第3期)认为:西周春秋时期,无论周王畿还是诸侯封国,都普遍存在着国、野两大政治区域,划分国野、以国治野是周代国野制的历史内容;国野制是在生产较不发达、原始共同体组织仍然存在的条件下,通过部族之间的征服战争而形成的;国野制下基本的统治和奴役关系,表现为国中以周人为主体的统治部族对野鄙地区族外平民的压迫和剥削,与这种社会阶级结构相适应,当时的国家机器也是沿用了部落氏族的形式和外壳,表现为部族国家形态;春秋战国之际,由于生产的发展,原始共同体逐步瓦解,个体经济形成,居民的流动杂居及

马家庄秦宗庙遗址示意图

贫富分化日益加剧，于是国野制最后解体。徐喜辰《论国野、乡里与郡县的出现》(《社会科学战线》1987年第3期)认为：春秋初年以后，由于社会生产力的发展，公社及其所有制即井田制度逐渐有了变化，过去的那种"国""野"区别以及"国人"与"野人"之身份地位的差别也逐渐在泯除，各国开始征用"野人"扩充军队；由于国野区别的消失，改变了西周时只有"国人"能够建学受教育的局面，因而"乡校"不仅存在于"国"中，在"野"里也逐渐普及起来，"野人"也有了建学受教育的资格；随着"国""野"区别的逐渐消失，当时的公社形式也就逐渐发展到了"书社"阶段，作为地方行政单位的乡、里的产生，促进了郡县制的发生和发展。何兹全《西周春秋时期的贵族和国人》(《烟台大学学报》1990年第2期)认为，西周春秋时期是中国历史上由氏族部落进入国家和阶级社会的时期，因此，西周春秋时期的贵族和国人还有很浓厚的氏族贵族和氏族成员气质，他们权力很大，保有了氏族贵族成员的民主权利，这时的中国还在集权与民主分庭抗礼阶段。任常泰、石光明《西周春秋时期的"国人"》(《中国历史博物馆馆刊》1982年第4期)对国与野、国人与野人进行了区分，指出国人的主体是属于"国"内的士、庶人和工商，他们是自由人中的多数，是奴隶主贵族赖以维护统治的政治支柱，而"国人"与"野人"的区分是由西周春秋时期的社会政治制度所决定的，它反映了当时的等级差别和阶级之间的对立。此外，蔡锋《国人的属性及其活动对春秋时期贵族政治的影响》(《北京大学学报》1997年第3期)也对春秋时期国人的性质及其对当时政治的影响进行了论证。

关于春秋村社组织。牛克成《室——父系大家族组织在春秋晚期的解体及小农的产生》(《中国社会科学院研究生院学报》1989年第4期)认为,作为春秋时期的父系大家族组织,"室"在春秋时期有两种去向:化室为国和室散人离。化室为国有如齐田氏政权和晋之三家政权,均已初具封建国家之雏形,而室散人离后社会上产生的大量流动人员则成为我国历史上首批小农。李零《中国古代居民组织的两大类型及其不同来源——春秋战国时期齐国居民组织试探》(《文史》1988年总28辑)认为,齐国的居民编制在国与鄙是不同的:一为国制,居民按轨、里、连、乡、师的单位进行编制,设轨长、里有司、连长、乡良人、五乡之师等职官;一为鄙制,居民按轨、邑、卒、乡、连、属的单位进行编制,设有轨长、邑有司、卒长、乡良人、连长、属大夫等官职。张怀通《先秦时期的基层组织——丘》(《天津师大学报》2000年第1期)认为,丘是先秦时期重要的基层组织,在西周春秋时期它与国野制度相结合,是野中的政权组织,丘民耕种公田,缴纳禾、刍、米军赋,春秋末年缴纳牛、马、车,充当甲士步卒,战国时代井田制破坏,国野制瓦解,丘被乡取代,从此退出历史舞台。晁福林《论周代国人与庶民社会身份的变化》(《人文杂志》2000年第3期)认为,西周时期庶人社会身份盖为宗族中的普遍劳动者,即宗族中最普通的、人数最多的成员,到春秋时期庶人社会地位依然如此。文章指出:一般说来,庶人作为国人的一部分,其社会影响随着国人势力的增强而有强化趋势;国人在西周后期才显示出作为社会阶层的影响和力量;到春秋以后,国人阶层扩大,影响趋于增强,他们是各诸侯国军事力量的基础,在政治生活中有着举足轻重的作用,在某些国家中,连君主的废立、各诸侯国贵族间的斗争,也常常以国人的意志为转移。此外，韩秀桃《中国古代乡里基层组织特征》（《法学杂志》1998年第1期）也对春秋时期的乡里基层组织特征做了概括。

关于春秋时期土地所有制关系。徐鸿修《从禄赏制的演变看周代的土地制度》（《文史哲》1987年第2期）认为：春秋中叶"初税亩"以后，宗法分封制逐渐让位于新起的君主集权制，新兴官僚的官俸，也不再沿用封土食邑的方式，而是改用以谷禄为主的俸禄制，与此同时，赏田也开始脱离封土食邑的轨道，向赐税的方向转变；春秋后期，谷禄和赐税的推行还很有限；到战国时，已迅速发展为各国通行的制度。作者提出，春秋战国时期完成了从采邑制向赐税制和俸禄制的转变。杨师群《春秋土地私有制问题的商榷》（《学术月刊》1993年第3期）认为：春秋土地所有制是诸侯国所有与贵族领有相重叠的结构，其中诸侯国所有在不断加强；春秋后期，一些诸侯国由于贵族专权，土地所有权一度下移，但随着这些头等贵族夺权斗争的胜利及加强集权统治的需要，在某种程度上反而进一步巩固了诸侯国土地所有制，从而为战国时期以授田为主要形式的国家土地所有制的发展铺平了道路；当时在各种因素的作用下，土地王有或君有的观念一直统治着人们这方面的思维，使土地私有的法律观念始终没有产生，在这样的历史条件下，奢谈土地私有制的确立，实在是不恰当的。总之，春秋时期离土地私有制的确立的历史进程无疑还有相当的距离。于琨奇《论春秋战国时期土地所有制关系的变化》（《北京师范大学学报》2001年第5期）指出，春秋战国时期土地所有制关系的变化主要表现在由天子、诸侯、卿大夫、士与庶人组成的多层重叠的所有制关系向单纯的国家所有制和土地私人所有制的转变方面，而由土地的国家所有制向土地的私有制方向的转变,则经历了由井田制向爰田制再向土地的私有制变化这三个阶段。刘泽华《从春秋战国封建主形成看政治的决定作用》(《历史研究》1986年第6期)认为,春秋时期实现土地占有关系改变的方式不是经济的而是政治的方式,也就是说,土地运动不是通过平等交换或买卖的方式进行的,而是政治和军事行动的伴生物。

关于春秋时期的赋税制度。臧知非在《"相地而衰征"新探》(《人文杂志》1996年第1期)一文对"相地而衰征"作了新的解释,他认为是在授田制之下以土地数量的多寡调节其质量的差别,使农户的总产量大体一致,而后收取统一的定额租税。文章解释,"衰征"之"衰"即良田和恶田之间的差别,"相地而衰征"不仅是一次租税制度的改革,也是田制改革,不仅仅是齐制,也是春秋战国时期的普遍原则。李修松《"初税亩"辨析》(《安徽大学学报》1989年第4期)认为,初税亩的具体内容就是废除公田,清丈土地,按土地面积征收实物税。臧知非《初税亩新探》(《学术界》1992年第2期)认为,初税亩不是土地私有制产生的标志,但这并不等于说初税亩之后鲁国的土地关系没有变动。文章指出,初税亩是一次税制改革,税制与田制是一个问题的两个方面,改变税制也必然引起田制的变动,它标志着国野之间田制和税制的差别开始改变,国人与野人之间的经济差别开始缩小,最后融合为一个新的阶段。晁福林《论"初税亩"》(《文史哲》1999年第6期)认为,鲁国的"初税亩"与当时该国的政治发展密切相关,它不出自"三桓",而是出自东门氏,"初税亩"只是谋划中的事,并未能付诸实践,鲁国土地赋役制度的真正变革是春秋晚期的"用田赋"。于琨奇《井田制、爰田制新探》（《安徽师大学报》1986年第3期）对井田、爰田做了解释，指出爰田制取代井田制并不是土地所有制关系上的变革，不像一般人认为的井田瓦解就立即变成了土地私有制，无论井田还是爰田，都是土地的所有者们按一定的标准分配土地、组织生产、榨取剩余产品的农业生产的组织形式和赋税形式二合一的制度。罗元贞《论晋国的爰田与州兵》（《运城师专学报》1985年第1期）对晋国作爰田的起因和作爰田、作州兵的效果以及如何正确理解爰田与州兵的关系进行了阐述。张君《楚国赋税制度的历史演变》（《中南民族学院学报》1985年第4期）指出：从西周中期以迄春秋早期，与楚国的土地君有和宗族共有制相适应的赋税形态是贡赋制，它既包括实物贡献，又包括劳役、兵役在内的剥削和征发即"赋"；春秋中晚期后，废除"有禄于国，有赋于军"的陈法，开始征赋于下层国人和野人。王石夫《试论"贡、助、彻、藉"》（《浙江学刊》1996年第3期）认为，贡、助、彻、藉的实质是一样的，"贡、助、彻、藉"制度是与分封制和宗法制度相适应的一种征收财物的经济制度，是国家赋税制度与单纯的经济剥削两者的混合，并成为这两者的共同渊源。此外，杨善群《"爰田"释义辩正》（《人文杂志》1983年第5期）、施伟青《春秋时期国人的斗争与井田制的崩溃》（《厦门大学学报》1983年第4期）、张玉勤《晋作爰田探讨》（《晋阳学刊》1984年第2期）、季修松《试论两周时期劳役地租向实物地租的转化》（《安徽教育学院学报》1992年第2期）等也对春秋时期各国的赋税制度做了阐述。

关于春秋时期社会发展与变革。林甘泉《从出土文物看春秋战国间的社会变革》（《文物》1981年第5期）依据考古资料对春秋战国间封建社会的形成、井田制的破坏、授田制下农民身份的变化、社会关系的变动等做了深入探讨。胡安全《春秋战国时期的地区发展问题》(《社会科学》1996年第2期)一文,对各时期、各地区的经济文化的发展状况进行探讨,认为:分封时期封建"特区"体制是东周地区发展的根源;春秋中后期称霸和改革者是地区经济实力雄厚增强和政治欲望极度膨胀的突出表现;战国时期,改革使各地区综合实力和发展水平的距离进一步拉大;为集权统一而战,导致来之不易的经济成果毁于一旦。周自强《生产力发展规律与春秋战国之际的社会变革》(《中国史研究》1987年第3期)认为:春秋战国之际中国社会经济的发展是符合人类从奴隶社会向封建社会转变的历史发展的普遍规律的,但在历史研究具体过程中不能把西罗马帝国奴隶制崩溃和西欧各国封建社会确立的一些特点,视为人类社会发展的普遍规律,视为适用于一切国家或民族从奴隶社会向封建社会转变的模式,并将其生搬硬套在中国古代社会研究中。傅兆君《论春秋战国时期城乡对立运动的发展与经济制度的创新》(《中国史研究》1999年第4期)对春秋战国时期"工商食官"制的瓦解、都城形制的变迁与具有综合性功能的城市形态的形成、市场货币关系的深化及其对乡村土地所有制的影响等几个方面问题进行了阐述,认为春秋战国时期城市经济的发展与乡村经济的发展有着紧密的关系,从两个不同的侧面反映着社会经济形态的变迁。

关于春秋时期手工业与商业。杜勇《论先秦时期官工贾的社会身份》(《中国经济史研究》1992年第3期)认为:"工商食官"之工商,从概念内涵的一致性来说,都是指官府工商业中的经营者;食官之工商亦可借指官府工商业中的劳动者,因为这些从事官营活动的奴隶、自由民和刑徒也多少能得到官府给予的部分生活资料，表面上看似是食于官的，实际上是被役使榨取的对象；官工贾中的劳动者虽为国有奴隶，但并不能以此囊括之。文章进一步指出：就官工身份而言，商、周时以手工业奴隶为主，但到春秋战国时期，工奴制地盘日益缩小，而代之以公社成员、自由工匠、刑徒等三种类型为主干的手工业劳动者；就官贾的职能而言，商、周时期的官贾仅是官府所需物品的单纯购买者，到春秋战国时却一变而成为真正中介商品流通的生意人，十足是官府型商业资本的化身。在《"工商食官"解体说献疑》（《四川师范学院学报》1993年第4期）一文中，杜勇提出春秋战国时期私商大贾的产生与"工商食官"是否解体并无不可分割的联系，事实上，私营工商业早在商、周时期就一直存在，只是由于当时交换关系并不发达，它在社会经济成分中所占的比重不大而已。关于这一时期商人资本的发展情况，杜勇在《春秋战国时期商人资本的发展及其历史作用》（《四川师范学院学报》1996年第1期）一文中指出：春秋战国时期商人资本积累的主要来源是远程贩运、囤积居奇、亦工亦商；商人资本的发展促进了社会经济结构变革，推动了商品经济发展，加速了贵族等级制度的瓦解，导致当时许多人去文学而趋商利、弃本逐末，法制与教化恶化。杨生民《论春秋战国的市》（《历史研究》1996年第3期）认为，春秋战国的市就是市场，共有三种类型：国家常设的市、临时的市和农村的市。文中提到，市的功能有解决民间物资匮乏问题、聚集天下财物通过交易获利、促进货物流通、鼓励和促进生产发展等一系列与市场相关的作用。侯强《春秋战国市场管理体系考探》（《安徽史学》1998年第2期）及《春秋战国市作用考论》（《安徽史学》2003年第2期）对春秋战国时期市的管理与作用做了探讨，指出春秋战国时期的市在货物的质量、价格、秩序维持、滞销物资的处置、货币管理等方面都相当完善，不仅对当时商品经济的发展起着积极作用，而且对后世市的制度与管理也有重大影响。陈振中《东周商品经济的发展与历史作用》（《晋阳学刊》1992年第3期）认为，在东周，生产力和生产关系出现一些新的变化，为商品经济的发展，特别是私营商业的兴起创造了条件，而商品经济的发展，又进一步促进了旧体制的解体、新体制的产生。此外，傅筑夫《春秋战国时期的官私手工业》（《南开大学学报》1980年第4期）、黄淑成《论周秦之际工商格局的巨大变革》（《扬州大学学报》2000年第1期）、周金华《试论春秋战国时期商品经济的产生和发展》（《郴州师范高等专科学校学报》2000年第3期）、朱红林《周代"工商食官"制度再研究》（《人文杂志》2004年第1期）等也都对春秋时期的手工业、商业提出了各自的看法。

关于春秋时期的军制与兵制。韩连琪《周代的军赋及其演变》（《文史哲》1980年第3期）认为，从西周末年到春秋时期，籍田制废止，助法变为彻法后，在兵役、田租之外，车马兵甲等军事费用才开始成为国家经常的税收，军赋包括兵役和车马兵甲等费用，并逐渐成为征收军事之费的专称。李元《对春秋时代军制变革的整体考察》（《中国史研究》1991年第1期）一文概括了春秋时期军制、军赋的大致情况。作者认为，春秋时期的军制虽然发生了深刻的变化，但从整体考察，它仍然是传统的奴隶制军制的延续，西周的军事制度作为传统保守势力仍对它发挥着潜在的影响。当然，也发生了质变，表现在：周天子对国家军队的绝对领导权不复存在；过去在周天子统一指挥下,主要用以防御外邦外族入侵或对外扩张的各诸侯武装力量,如今成了内战的工具;从军事建制看,西周盛行的那种严格的、不可僭越的军事等级制彻底瓦解。此外,他还指出,春秋前期实行的是国人兵役制,中后期变为普遍兵役制。李元《论春秋时期的民兵制度》(《中国史研究》1987年第3期)对古代的民兵制度做了概括,认为民兵制度是一种中国古代奴隶制社会特有的"兵农合一""寓兵于农"的军事制度,与脱离生产的常备军制有本质区别,春秋时期普遍实行民兵制的原因是我国奴隶制社会特殊的土壤所致。徐勇《试论春秋军事制度的基本特点》(《天津社会科学》1992年第4期)认为,春秋时期"礼乐征伐自天子出"的格局被"礼乐征伐自诸侯出"的格局取代,军事领导权限出现了多样化和下移趋势,文武分职、将相殊途开始萌芽,军队数量急剧增加,开始出现了兵农合一的民军制和专门服兵役的常备军制并行的武装力量体制,兵种增多,开始出现了车兵、步兵、舟兵、骑兵四大兵种。李元《春秋时代的战争观》(《求是学刊》1993年第2期)、陈建樑《春秋时期两种军赋性质的检讨》(《中国史研究》1996年第4期)、金小川《春秋时期的战争观与战争指导观》(《黄淮学刊》1997年第4期)、杨建华《春秋时期对战俘的处置方式》(《历史教学》1987年第7期)、黄朴民《从"以礼为固"到"兵以诈立"——对春秋时期战争观念与作战方式的考察》(《学术月刊》2003年第12期)等也从各个侧面对春秋兵制、战争进行了研究。

有关春秋时期的政治军事问题。附庸是我国先秦时期一种特殊的政治实体,历代有关记载和阐述虽然较多,但尚未有比较系统的论述。陈伟《春秋时期的附庸》(《武汉大学学报》1996年第2期)

对春秋时期附庸的基本特性及其来龙去脉进行了探讨,还对春秋时见诸记载的附庸做了辨析,指出滕、薛等诸侯实际已沦为附庸,而许国南迁后成为楚人附庸的说法并不可信。孙瑞《试论春秋时期的人质》(《史学集刊》1996年第1期)认为,人质是以人身作保证向对方做出承诺的一种抵押方式,交换人质是春秋时期的一大政治特点。文章还对春秋时期人质的形式、身份,人质的待遇以及人质的社会作用等做了探讨。徐勇《论春秋时期管仲和齐桓公的军事改革》(《历史教学》1996年第8期)就管仲、齐桓公的主要军事实践,桓管时代齐国主要军事活动和"春秋首霸"地位的取得,桓管时代齐国的军事改革及其作用等方面的问题进行探讨。此外,黄朴民《春秋时期列国军权下移现象考析》(《求是学刊》1996年第1期)也对春秋时期军事问题做了考察。

关于春秋时期的士。吕文郁《春秋时期的士》(《史学集刊》1984年第3期)对士的概念、士的来源、士的职守、士的俸禄、士的特点等进行了研究。他认为:春秋时期的士阶层一部分来源于王公庶孽的子孙,一部分是由嫡长子继承而来,另一部分是从庶人中提升到士阶层中来的;其主要职责是直接为高级贵族服务和充任低级官吏;其特点是都有一定的文化知识,经济生活较之庶民优裕;其阶级地位属于奴隶主,是奴隶社会统治阶级中的一个特殊阶层。詹子庆《先秦士阶层的演变及其历史地位》(《史学月刊》1984年第6期)对春秋时期士阶层的演变进程和历史地位做了阐述,认为:随着时代的前进,阶级关系发生了变动,士阶层在先秦时期经历了从文武不分的武士到专门习文的文士的转变过程;春秋后期,士的成分复杂化了,随之而来的是士的地位开始崛起,部分士向封建士大夫演化。李广宏《春秋战国时期"士"的活跃与人才繁盛》(《广州师院学报》1984年第2期)认为,士的崛起和活跃导致了游说和人才流动局面的出现,新兴地主阶级以"士"为对象,破格选拔人才,使养士之风盛行,人才云集。郭杰《先秦"士"阶层的文化心态与历史命运》(《贵州文史丛刊》1991年第2期)从类型上将"士"分为策士、学士、隐士、侠士、术士、食客等,并指出,其文化心态为自视才高而傲视一切,不甘寂寞又耻于折腰,机智中带有狡黠,浮夸却不离实际,既渴望施展抱负,又不愿放弃个人俗求,具体表现在交换意识、个体尊严、人道精神、历史责任四个方面。林甘泉《中国古代知识阶层的原型及其早期历史行程》(《中国史研究》2003年第3期)认为:中国古代知识阶层的原型是春秋战国时代的士;士的知识结构包括道术之学和器用之学;春秋战国时代的士已不再是贵族阶级的一部分,而是"四民"(士、农、工、商)之首,它的成员既有没落的贵族子弟,也有掌握了文化知识的平民乃至奴隶,这个在社会转型时期来自不同阶级的士群体,就是中国传统社会新兴知识阶层的原型;新型的士具有开放性和流动性,他们虽有文化但没有"恒产",虽有精神追求,但价值取向并不一致;总之,不受身份贵贱限制,依靠知识谋生或仕宦,在价值取向上呈现多元文化的趋势,是新兴知识阶层基本的性格特征。韩玉德《春秋战国时期的人才效应》(《青岛师专学报》1993年第1期)认为:时代为士人阶层提供了空前多样化的机遇,人才效应成为这一时代最为显著的特征;士人成了时代的主角,霸业的开拓者,改革的设计者,统一的推动者;士贵而王者不贵,尊士的程度决定国家的兴盛程度,布衣将相格局确立,士人流动空前频繁而自由。文章提出，士人的历史命运，一类是在政治舞台上极少有施展才干的机会，但在文化学术领域做出贡献，如儒家、道家、墨家，或独善其身，或返璞归真；另一类是政坛的风云人物，如法家、纵横家、兵家，大权在握，功业显赫，但多以悲剧命运结局。王泽民《春秋时代士阶层的崛起及其社会文化性格》(《西北民族学院学报》1995年第4期)对士阶层形成的社会历史背景、士阶层崛起的标志做了阐述：士的社会文化性格表现为对政治的信赖性；士阶层知识化的动力不是追求真理而是追求仕途；中国知识阶层形成的标识不是某学术问题的完成，而是在政治上取得主导地位和在此基础上形成的自我认同；士阶层知识化的过程，是对中国古代文献和典章制度的占有、整理和保管过程。罗新慧《试论春秋战国之际的士与儒士》(《北京师范大学学报》1998年第4期)认为：孔子及其门生弟子组成的儒士集团，是特殊的社会群体，是新兴士人的典型代表；这一时期，士已表现出一定程度的个体自由，但又与他们所服务的卿大夫之间存在着比较固定的主仆关系，与战国时期"合则留，不合则去"的情况尚有距离；总之，处于这一历史骤变之际的士阶层，其复杂性远甚于春秋中期以前及稍后的战国中晚期之士。

关于春秋时期的地域文化。齐、鲁文化是学者们十分关注的热点之一。逄振镐《关于齐鲁文化的先进性与保守性问题》(《管子学刊》1992年第4期)对史学界流行的鲁文化是先进的、齐文化是落后的观点提出异议。他认为，齐文化从总体上看，从主流上看，它的显著特点是改革性、开放性、民主性。齐从初封时一个不足百里的与鲁国同样大小的封国，变成一个方圆两千余里的大国，就是齐文化进步作用的客观实际的社会效果。晁岳佩《春秋时期齐鲁关系变化述论》(《山东社会科学》1989年第5期)认为,春秋初年,由分封造成的列国地位与实力的差别依然存在,齐、鲁虽同称为千乘之国,但鲁在外交地位和军政实力上都明显优于齐,随着齐桓公改革的成功,这种局面发生变化,齐国在政治、军事、外交上的地位超过了鲁国。孟天运《春秋时期的齐鲁文化比较研究》(《聊城师范学院学报》1999年第5期)认为:春秋前期,齐国管仲在原有的基础上光而大之,形成了齐法家学说,鲁国出现了臧文仲与柳下惠两种不同的文化倾向;春秋后期,孔子是柳下惠而非臧文仲,杀少正卯,儒学在鲁国占据统治地位使鲁学更加纯粹,齐国则是以法家文化为主要特色的思想文化,至晏婴时提倡礼而淡化法,齐文化趋向多元化。叶桂桐《论齐文化的特质》(《山东社会科学》2000年第2期)认为,齐文化的最突出的特质是与大海紧相关联的巫文化,正是由于齐文化的时空观念,与大海相连的巫文化,成为中国墨家、道家思想和志怪小说产生的最好土壤。此外,《齐鲁文化研究》第1期(《山东师范大学学报》2002年第2期)发表了数位学者研究专辑。王志民《齐鲁文化异质渊源研究之一:"齐鲁文化同源"说质疑》、王永波《齐鲁文化研究的几个基本问题》、孟祥才《从地域文化到主流文化:论齐鲁文化在先秦秦汉时期的发展》、白奚《齐鲁文化与稷下学》、耿天勤《论齐鲁文化的相互交融》等文章,分别从不同的角度探讨了齐鲁文化的发生、发展及其特点、影响。

秦文化以其对后世的极大影响,深受学者们的关注。林剑鸣《从秦人的价值观看秦文化的特点》(《历史研究》1987年第3期)认为,秦文化的特点是重功利、轻仁义、不重宗法,唯"大"尚"多",所以造就秦国必然轻视人的自身价值,造成秦的好战。李晓东等《从〈日书〉看秦人鬼神观及秦文化特征》(《历史研究》1987年第4期)从云梦秦简《日书》考察秦人鬼神观,然后再从鬼神观考察秦文化而得出结论:秦文化的特质突出表现为重实效、重结果、重现实的功利主义。韩钊《春秋时期的秦国社会经济》(《西北大学学报》1981年第1期)对秦国的社会经济发展状况做了研究,并指出其对秦国政治、军事、思想文化的影响。

楚文化的研究近几十年来得到了较深入全面的发展。张君《试论春秋时期楚国的春官》(《江汉论坛》1987年第1期)以最能代表中原文化和孔学理想的《周礼》为依据,从春官系统中选出宗、祝、卜、巫、史五个最典型的职官,着重从五官的性质与职能这一侧面,逐一对照考察春秋时期楚国与之相对应的各职官,从而确定楚文化并非"巫官文化",而更接近中原的"史官文化"。此外,张剑《从河南淅川下寺春秋楚墓的发掘谈对楚文化的认识》(《文物》1980年第10期)、俞伟超《楚文化中的神与人》(《民族艺术》2000年第1期)、罗运环《楚文化在中华文化发展过程中的地位和影响》(《光明日报》2000年6月2日)、萧放《论荆楚文化的地域特性》(《湖北民族学院学报》2001年第2期)、殷义祥和丹枫《楚文化的特点及影响》(《吉林大学社会科学学报》2001年第2期)、黄瑞云《楚国论》(《湖北师范学院学报》2002年第2期)等对楚文化各个层面的内容进行了揭示。

晋文化作为春秋时期中原文化的典型代表之一也受到学者们的关注。李元庆等《先秦三晋文化思想探析》(《晋阳学刊》1987年第6期)、李元庆《齐晋发展道路之趋同问题》(《齐鲁文化研究》第1期)及其《三晋文化研究中的几个宏观理论问题综述》(《三晋文化学术研讨会论文专集》，山西古籍出版社1999年版）对先秦时期的三晋文化做了全面的研究。赵瑞民《三晋文化的核心精神》（《三晋文化学术研讨会论文专集》，山西古籍出版社1999年版）、孙开泰《论三晋古文化对春秋战国诸子百家争鸣的影响》（《河北学刊》2000年第2期）、王志华和王晓枫《三晋文化的历史特色》（《三晋文化学术研讨会论文专集》，山西古籍出版社1999年版）对春秋时期晋国文化特色进行了探讨。此外，应永深《试论晋国政治的"尚公"特征》（《晋阳学刊》1983年第2期）、周苏平《春秋时期晋国政权的演变及其原因之分析》（《西北大学学报》1987年第2期）、彭邦本《"执秩之法"与春秋中期晋国的霸业》（《河南大学学报》1992年第1期）也对春秋时期晋国的政治、经济做了系统的分析研究。

吴越文化的研究也很活跃。李民、张国硕《吴文化与中原文化关系探索》（《中原文物》1992年第2期）将吴国历史从太伯至"西破强楚，北威齐、晋，南服越人"分三阶段，又由墓葬、铜器、印纹陶几方面论述了吴与中原的联系。詹子庆《吴越文化与东夷文化的比较研究》（《东北大学学报》1992年第2期）通过比较，运用地上地下资料，从文化背景、文化内涵和文化影响三方面对两者进行比较研究，揭示出它们间在物质生产、生活方式以及风俗信仰等方面各具特色、互有异同。杨善群《吴国在西周至春秋前期的发展》（《学术月刊》1992年第3期）对吴国的建立、早期疆土的开拓、经济的发展、政治的沿革和文化的进步做了补遗考订。此外，万九和《春秋时代的吴越及其文化》（《历史教学问题》1988年第4期）、王廷洽《略论吴、楚文化的异同》（《上海师范大学学报》1992年第3期）也对吴越文化做了阐述。

瞿林东《论春秋时期各族的融合》(《学习与探索》1981年第1期)认为，春秋时期各族融合的历史是在华夏族各国先进的经济、文化基础上发展起来的，各族融合的历史极大地开拓了华夏族文化的灌溉面，并且由于蛮、夷、戎、狄各族对华夏族的影响，使它更丰富、更充实。此外，杨宽《西周春秋时代对东方和北方的开发》(《中华文史论丛》1982年第4期)、何成轩《春秋战国时期中原华夏文化南渐述略》(《学术论坛》1999年第6期)、杨东晨《论先秦时期广西地区的民族和文化》(《广西右江民族师专学报》2000年第3期)及其《论先秦时期海南地区的部族和文化》(《固原师专学报》2000年第3期)等就我国先秦时期的中原先进文化对周边地区文化的传播和推动作用以及周边民族地区的开发和对中原文化的影响做了研究。

关于春秋思想文化。孔子的思想历来受到人们的关注。杨伯峻《试论孔子》(《东岳论丛》1980年第2期)对孔子的身世、孔子思想体系的渊源，孔子论天命、论鬼神、论卜筮，孔子的政治观和人生观及忠恕和仁理念，孔子对后代的贡献等做了系统的论述。周学根《孔子的政治思想及其评价问题》(《华中师院学报》1980年第4期)认为，孔子并非维护奴隶制，孔子不代表奴隶主势力，孔子的政治主张为礼治与德治。郝逸今《也谈孔子的历史地位》(《内蒙古大学学报》1980年第2、3期)对孔子哲学思想中的自然观与认识论，孔子的伦理思想，孔子政治思想中的仁爱学说、礼刑兼用的治民要求、为政以德的治国方法、中庸之道的理想以及孔子的教育思想做了全面阐述，给孔子以高度的评价。金景芳《孔子所讲的仁义有没有超出时代意义》(《孔子研究》1989年第3期)认为，孔子思想的核心应该是仁义,孔子所讲的仁义有时代性,但也具有超时代的意义:相亲相爱就是仁,遵纪守法就是义;没有仁,人类将不能存在和发展;没有义,社会想存在和发展恐怕也不可能。张秉楠《礼—仁—中庸——孔子思想的演进》(《中国社会科学》1990年第4期)认为,孔子前期立论多与礼有关,有关仁的主要论述则集中在中期,"中庸""中行"是他居陈以后的新提法,因此其思想演进当以"礼—仁—中庸"为基本脉络。文章指出,这一进程使孔子思想呈现阶段性差异,但其中心仍然是仁,仁不仅对礼起制导作用,而且从一定意义上说,中庸的提出也是为了在存在社会矛盾的情况下更切实地推进仁的实施。王应常《孔子不是封建专制主义思想家》(《广西社会科学》1992年第4期)认为,孔子的时代还不完全具备产生封建专制主义理论的条件,其仁学思想与专制主义格格不入,其君臣观没有专制主义气味,君民观没有专制主义内涵。战国末期韩非的政治思想才是典型的封建专制主义思想。马振铎《自然人向"人"的转化——论孔子的修己之道》(《孔子研究》1992年第2期)认为,在人类历史上,孔子首先系统地阐述了道德修养核心是求仁,修己时应文质兼修,修己是自律和他律的结合,修己的程序是下学上达,修己时要知行并重,所以,对孔子的修己之道应给予充分评价。晁岳佩《论孔子的选官、谋官与为官理论》(《山东师大学报》1993年第4期)认为,孔子的教学内容都是为了培养官员而设置的,读书、修身、成名,就是孔子设计的谋官理论的基本内容:为官者需敬事君主、忠于职守,直言劝谏、不从则止,率民以正,富而教之,言行谨慎,善于权变,无可无不可。郭墨兰《孔子经济思想体系论略》(《东岳论丛》1988年第1期)认为,孔子对经济是政治的基础、"富民"为治国之本等有较为深刻的认识。他强调,"君子谋道不谋食"是从社会的发展要求必须有专门从事脑力劳动的"君子"以治理国家、管理教化人民来考虑的,并不是要人们轻视生产劳动。骆承烈《孔子的社会管理思想》(《学术月刊》1990年第4期)认为孔子的社会管理思想主要是:强调正名,规定制度标准;赏善罚恶,使人心悦诚服;仁政德治,重视联络感情;温厉恭安,强调身体力行;劳而无怨,要求忠于职守;工善其事,鼓励业精于勤;着重教化,反对不教而诛;后生可畏,重视奖掖先进。

老子思想也深得学者的重视。关于老学的历史地位,陈鼓应《老学先于孔学——先秦学术发展顺序倒置的检讨》(《哲学研究》1988年第9期)认为,从20世纪30年代开始,学术界颠倒错乱,将孔子排在老子之前,实际上,老子其人早于孔子,表述老子思想的《老子》也早于记载孔子思想的《论语》,从学术发展史来看当是老学先于孔学。柯兆利在《老孔会通论》(《厦门大学学报》1993年第3期)中认为,孔子师乎老子,孔、老二学同源而异流,老学足以修心养性,孔学足以安邦定国,其相辅相成之功不可没。杨向奎《再论老子——神守、史老、道》(《史学史研究》1990年第3期)认为:老子为楚人,由于申即楚,所以亦即申人,为楚(申)之"史老",故以"老"为氏;"史老"本为地天通者,"司天以属神",所以,"史老"即神、巫、史;在春秋时,楚之史多为申氏,而史之源流乃神、巫、史相传,由神而巫,由巫而史,史老必是史之老资格而具权威者,他明于史、诗及礼;这么一位史老,来自神巫,传达"天旨",但他不相信天神上帝,因而与传统之神巫相忤,

《老子》一书实在是一种具有划时代意义的新思想。尹振环《老子的"无名"思想》(《复旦学报》1992年第2期)认为：老子的思想"归乎无名"，《老子》中的"无为"二字多于"无名"，但具体的"无名"说教又大大超过"无为"；因为无为始于无名，"有为"多始于有名，尤其侯王"有为"的动机往往不是顺应自然，而是追求功名，因而这种"有为"必然与人民的"有为"相矛盾，于是发生种种悲剧；所以老子才用侯王安守无名、不求名取辱作为其书的结语，但是它却被篇次颠倒、文字篡改而掩盖，马王堆汉墓帛书的《老子》的出土为恢复这一思想提供了证据。钱耕森、张增田《老子的"三宝"初探》(《贵州社会科学》1993年第3期)认为，老子以"慈""俭"和"不敢为天下先"为三宝，其"慈"是道德行为和道德修养的首要原则，以此为出发点，用"俭"和"不敢为天下先"对主体进行内向和外向的约束，最后又归宿于"慈"。文章认为，老子的思想揭开了先秦诸子"人学"的序幕，具有开拓性的意义。李仁群《关于〈老子〉和〈庄子〉的结构与成书》(《安徽大学学报》1993年第1期)认为：《老子》中有老子本人的言传记录，也有其弟子的疏释，但无论记录或是疏释都出自于其直传弟子之手，其人很可能就是关尹；庄子本人的思想主要体现在《庄子》内七篇以及外、杂篇关于庄子事迹的记载，其余作品则属于后学。

此外，何平立《略论先秦巫史文化》(《上海大学学报》1993年第3期)指出，巫史作为中国最早的知识阶层，在先秦时期对中国文化发展的推动作用是不可磨灭的。全文对不同历史时期和社会制度下的巫史文化给予较客观的评价。蔡锋《春秋战国礼俗的差异性及其对社会变革的影响——兼论秦俗是影响秦国变法彻底的原因之一》(《甘肃理论学刊》1991年第3期)对春秋时期各地的礼俗风尚进行考察、比较研究后发现：这些因经济条件、环境气候条件所决定的礼俗和民风，必然会在各地人们思想中和头脑中形成不同的文化素质、心理素质、伦理道德等影响社会变革的诸多因素，尤其是礼俗风尚能够促进或延缓社会的历史发展。晁福林《春秋时期礼的发展与社会观念的变迁》(《北京师范大学学报》1994年第5期)指出：在政治史、社会史的一般叙述中，春秋时期常被说成是"礼崩乐坏"的时代，这大致是不错的，但是这个叙述应限定在一定时间、一定范围内；就整个春秋时期的社会面貌而言，"礼崩乐坏"并非其时代特征。春秋时期，传统的礼不断被更新和扬弃，社会上的人们对礼的重视和娴熟，较之以往，有过之而无不及。印群《论周代列鼎制度的嬗变——质疑"春秋礼制崩坏"说》(《辽宁大学学报》1999年第4期)指出，列鼎是周代贵族身份等级的标示物，列鼎制度在周代贵族礼制中有着举足轻重的地位，该制度的兴衰在很大程度上揭示了当时社会的沿革、等级构成的变迁。作者认为，从列鼎制的嬗变来看，那种认为春秋时期礼制废弛的传统观点值得商榷。周德昌《春秋战国时期的私学》(《东岳论丛》1983年第4期)、王建中《论春秋战国时期的治国思想》(《黑龙江社会科学》2004年第1期)、王杰《春秋时期人文思潮思想述评》(《山东社会科学》2000年第5期)也对各自的观点进行论述。

关于春秋时期的阶级斗争。金景芳《论中国奴隶社会的阶级和阶级斗争》(《中国社会科学》1980年第3期)详尽分析中国奴隶社会诸等级，论证了中国奴隶社会的阶级也如一般奴隶社会一样是等级的阶级。同时，对1949年以来通行的奴隶阶级反对奴隶主阶级的斗争经常居于主导地位、起决定作用的观点提出异议,认为中国奴隶社会的阶级斗争大量存在的是奴隶主阶级内部诸等级之间的斗争。作者指出,纵观中国奴隶社会的历史,绝不见有"奴隶革命把奴隶主消灭了,把奴隶主剥削劳动者的形式废除了"的事情。此外,马开樑《关于春秋时期阶级斗争的几个问题》(《思想战线》1984年第3期)将春秋时期划分为前、后两个阶段,以公元前546年向戌弭兵为界线,指出:前期阶级斗争比较缓和的原因是统治者改变赋税制度、大力提倡发展生产使国富兵强等;后期剧烈是由于大夫争夺土地或者争夺权利的兼并战争所致。

关于春秋时期的服饰。宋镇豪《春秋战国时期的服饰》(《中原文物》1996年第2期)对各地所出土的文物中的春秋时期服饰的形制及服饰的地区性特色做了考察,并指出,春秋战国时的服饰形态,尽管各地区间有相互影响、互有所取之处,但总有其自己的风格特色,不同的服饰俗尚,也正是中国古代服饰宝库的光彩所在。

关于春秋时期的人物。李学勤在《范蠡思想与帛书〈黄帝书〉》(《浙江学刊》1990年第1期)中认为,《国语·越语下》所述范蠡思想与马王堆帛书《黄帝书》有不少共通之点,故范蠡思想应划归黄老一派,且范蠡师于计然,而计然系老子弟子,故范蠡与黄老一派道家有关。孟祥才《论范蠡》(《烟台大学学报》1998年第1期)、饶恒元《范蠡生平考论》(《社会科学战线》2000年第6期)、陈曼娜《春秋末期越国的著名政治家范蠡》(《南阳师专学报》1981年第1期)等文对范蠡进行了研究。此外,商国君《晋文公性格局限初探——兼及从臣在霸业中的作用》(《哈尔滨师专学报》1991年第3期)、王晓枫《春秋时代首屈一指军事家先轸》(《山西大学师范学院学报》1999年第1期)等文对春秋时期的一些重要人物进行了研究。

此外,张彦修《春秋"出奔"考述》(《史学月刊》1996年第6期)认为,春秋"出奔"本身是春秋时期人才交流的特殊形式,促进了春秋历史文化的发展。作者还对春秋"出奔"的考证、统计等方面做了初步探讨。

杨皑《春秋战国时代的"舆人"》(《华南师范大学学报》1995年第4期)对春秋战国时代"舆人"的身份职业问题及与之相关的问题进行了探讨,认为注解家们训释《左传》《国语》中的"舆人"为"众人"之说有欠准确,肯定"舆人"只能是指造车之人。作者认为,他们中有的人还需要随军而行以从事战车维修,并且还要充当战争配角及从事粗贱杂役;而"舆尉""舆司马"等官职都是属于管理战车和管理"舆人"有关的职掌,因而"舆人"是一种拥有专门技术但社会地位颇为低下的被压迫阶层之人。

陈朝云《先秦时期人类需求与生态资源的平衡统一》(《河南师范大学学报》2002年第6期)认为,先秦时期由于气候的变化,导致了生态环境的变异,加之人口增多、战争的破坏及生产生活的需求,导致了动植物资源的缩减,引起一些有识之士的警觉,提出人类要适应自然、对生态资源应保护与利用并重的先见。常金仓《东周的人口、生态和社会变迁》(《陕西历史博物馆馆刊》1995年号)认为,至少在战国中期以前,社会一直对人口十分珍视,这种意向集中地从战争中表现出来,当时的战争与其说是为争夺土地,不如说是为了争夺人口。他还指出,土地多、人口少、人不称土现象终春秋之世没有发生根本改变。直到战国中期以后,中原国家才初步发生人口过剩问题，由于人口日增，土地日辟，牧场破坏，森林大减，畜牧不得不由家庭饲养代替，材木之需不得不由人工树艺来提供。

张培田《从考古和文物看先秦债权及其法律调整源流》（《中原文物》1992年第1期）认为：在西周晚期，法律对社会的调节失控现象在债权和债务关系方面突出表现出来，新的债权关系及其法律体系和制度也就逐渐出现；由于分封制和宗法等级制度的约束减弱，春秋战国时期社会经济交往关系因土地大量进入交易渠道和货币的广泛使用而出现了显著的变化；与此相应，当时的债权及其法律调整中，土地、奴隶的交换、买卖和货币或谷物借贷的比重明显增加，及至战国期间，私田及其买卖交换的合法性已被各国认可。

李向平《春秋战国时代的姓氏制度》（《广西师范大学学报》1984年第3期）、解学东《关于先秦时期人口管理思想的几个问题》（《史学月刊》1983年第5期）、韩连琪《论春秋时代法律制度的演变》（《中国史研究》1983年第4期）、杨有礼等《试论春秋时期贵族妇女在婚姻生活中的地位》（《华中师范大学学报》1986年第2期）、蔡锋《从春秋战国时的婚俗变异看当时社会的进步》（《西北师大学报》1992年第2期）、顾德融《中国古代人殉、人牲者的身份探析》（《中国史研究》1982年第2期）、鼎文《先秦丧葬制度研究》（《烟台师范学院学报》2000年第2期）、金文舒和金荣权《比较〈左传〉与〈战国策〉的外交辞令——兼谈春秋战国的社会心态》（《信阳师范学报》1992年第2期）都从不同的视角对春秋时期的众多领域进行了论证。

以上，我们就20世纪尤其是20世纪80年代以来对春秋史研究的主要线索以及重要的学术成果进行了简单的勾勒。由于本文不是也不能就所有论著进行逐一评述，所以疏漏在所难免。但我们还是清晰地看到，20世纪对春秋史的研究在新的史学理论的指导下取得了很大的成就。尤其是，夏商周断代工程研究中多学科相结合的研究方法的应用使春秋史的研究领域大大地扩展，春秋史的研究在继承前辈们遗产的基础上取得了突破性的进展并获得了丰富的研究成果。同时，我们看到这一时期的春秋史研究还存在着不足，如研究领域相对狭窄、研究课题相对陈旧、研究方法与手段比较落后等问题十分明显地存在。相信，随着新史料的发掘与整理、新方法的借鉴与应用以及新课题的开掘，21世纪对春秋史的研究必将会更加知识化、科学化。

五　春秋时期的主要特征

春秋是我国历史上经历深刻变革的时期。王室衰微，礼崩乐坏，诸侯争霸，战争连年，卿大夫专权，新兴势力崛起，成为这一历史时期的主要特点。

（一）王室衰微

西周末年，周王室所在的关中地区受到了战争和灾荒的严重破坏，平王在晋文侯、郑武公、秦襄公等诸侯的护送下东迁雒邑。从此，周王朝国力日衰，天子威信一落千丈。郑武公护驾有功，一度为王左卿士，子郑庄公则独霸王室权力，俨然成为春秋初年的霸主。王畿之地本尚占有今陕西东部到豫中一带的地方，后来有些土地被诸侯国相继侵夺了去，仅局限于洛阳周围二百来里的范围，不如中等的诸侯国。周天子失去了其天下共主的地位，大小诸侯不再听从天子的命令，也不再定期向天子述职和纳贡。周王室由于财源枯竭，不得不向诸侯告饥、求金、求车，而逐渐成为诸侯大国的附庸，丧失了控制诸侯的能力。

据《左传》记载，春秋时共有一百四十余国。其中重要的是齐、晋、楚、鲁、秦、郑、宋、卫、陈、蔡、吴、越等国。由于政治经济发展的不平衡，各国相互之间展开了激烈的斗争。一些小国成为大国的附属国，几个强国则为了夺取优越的政治经济地位，往往进行军事征战，胜者便取得霸主地位，实际上起到了天下"共主"的作用。这样的诸侯国春秋时期先后出现了五个，即所谓"春秋五霸"。

（二）诸侯争霸

齐国是春秋时首建霸业的国家。公元前685年，齐桓公即位，任用管仲为相，改革内政，发展经济，国力迅速强大起来。之后，齐桓公打着"尊王攘夷"的口号，打败侵燕的北戎，"存邢救卫"制止了狄人的侵袭，又举兵击败了兵力强盛的楚国，公元前651年在葵丘大会各国诸侯，周天子也派人前往，此次盟会齐桓公确立了自己的霸主地位。

继齐之后，晋文公在公元前632年的城濮之战中打败了楚国，于是在践土大会诸侯，成为春秋时期的第二个霸主。

楚庄王于公元前613年继位，以孙叔敖为宰相，整饬内政，兴修水利，国势日渐强盛。公元前594年，楚又围宋达九月之久，宋向晋告急，晋畏楚而不敢出兵。从此，中原各国背晋向楚，使得楚庄王饮马黄河，称霸中原，成为春秋时期第三个霸主。

随着北方政局的缓和，南方地区的经济日渐发展起来。吴、越两国凭借自己的经济实力展开混战，并先后北上争霸，为春秋时代的争霸战争画上了句号。

(三) 弭兵之会

春秋中期，争霸激烈，征战连年，使小国普遍厌战，大国也疲于奔命想暂时休战，于是"弭兵"运动应运而生。

"弭兵"运动是由地处中原交通要冲的宋国发动的。前后共有两次。第一次是在公元前579年，由宋大夫华元向晋、楚两大国提出倡议，得到两个大国的响应，各派代表会于宋，订立盟约。但是，三年后楚国首先撕毁和约，北侵郑、卫。公元前575年，晋、楚大战于鄢陵，楚败。

第二次弭兵之会是在公元前546年，由宋国左师官向戌倡议进行的，晋、楚、齐、秦、鲁、宋、郑、卫、曹、许、陈、蔡、邾、滕共十四国的诸侯会于宋，规定彼此的霸业与义务，订约彼此间不再交战。在这次弭兵之会后的几十年中，中原地区没有发生大的战争，社会相对安定。

(四) 卿大夫专权

春秋晚期最突出的社会现象是代表新兴势力的卿大夫的专权和兼并。公元前537年，鲁国"三桓"季孙氏、叔孙氏、孟孙氏"四分公室"，在各自的区域内变革图新，鲁君已经名存实亡，鲁国的大权落入"三桓"之手。

田氏是齐国新兴势力的代表。公元前489年，田氏击败齐贵族国氏、高氏，立公子阳生为齐悼公，田乞为相，从此田氏专齐政。公元前481年，田乞子田常杀齐简公，另立简公弟骜为国君（齐平公），政权完全控制在田氏手中，国君实际成为傀儡。

晋在春秋中期，政权已逐渐为六卿所控制。后来，范氏、中行氏先行被消灭，土地被瓜分。至公元前 453 年，智氏又被赵、魏、韩三家所灭，从此，晋国政权就被三家所掌握。赵氏占据晋的北部地区，建都城于晋阳；韩氏占据晋的中部地区，以平阳为都城；魏氏占据晋的南部地区，以安邑为都城。晋君只保有绛和曲沃两小块土地。

（五）民族融合

春秋时期，诸侯争霸，天下纷争。但是，在这大动荡中却出现了华夏族与戎狄蛮夷各族融合的浪潮。春秋初期，戎狄势力炽盛，不断侵扰中原。春秋中期后，华夏各国日趋强大，许多戎、狄、蛮、夷被征服和兼并。秦国吞并了大部分西戎；北戎则逐渐接受了燕文化的影响；狄大部分地区被晋所兼并；齐国在东方吞并了莱夷，大部分淮夷小国被楚、鲁所灭；南方的群蛮、百濮则为楚和吴、越所兼并。到春秋末期，大多数居住在中原或靠近中原的各族逐渐地融合于华夏族，所谓"华夷之别"也随之泯灭了，中华民族的形成迈进了一大步。

（六）政治制度的变革

在西周分封制和宗法制的基础上形成的世族和世官制，到春秋中期以后随着井田制和宗法制的瓦解而逐步衰落，到战国时世族、世官制最终被君主集权的官僚制度所取代。各国地方行政逐步由采邑制转变为郡县制。

春秋时期各国的刑法也发生了深刻的变化，郑、晋、楚等国还公布了成文法，这是中国古代法律制度上的一大变革，从此法律走向了公开。

春秋时期战争频繁不断，为了适应战争的需要，各国先后对军队组织、作战兵种、武器装备、军赋征收等军事制度做了改革。

(七) 礼制的演变

春秋时期政治形势的变化必然会带来礼制的演变。周天子地位衰落，但名义上仍然有一定的影响，诸侯争霸还不时打出"尊王"的旗号，人们对周礼还不得不在很大程度上予以保留，但周王室日趋没落的趋势无法阻挡。一些诸侯国恃强凌弱，对王室颐指气使。春秋中后期，公室衰微，卿大夫夺权欺主，出现了一部分礼典被破坏僭用的情形，礼崩乐坏的情形十分严重。此外，春秋时因产生新的社会关系而出现了一些周礼原来没有的礼仪内容。

(八) 思想文化的变化

春秋时期，一些进步的思想家进一步发挥西周以来人本主义优秀传统，提出"天道远，人道迩"的主张，在很大程度上打破了原始宗教的迷信禁忌。春秋后期更出现了提倡人道主义的"仁"为本的孔子和主张"道"为万物之源的老子，开启了战国时代百家争鸣的先河。

春秋时期的文化也有很大的进步，出现了我国历史上最早的编年体历史著作《春秋》。诗歌更向民间和地区性伸展，形成了十五"国风"，《诗经》中相当一部分就是这一时期的作品。此外，音乐、工艺美术、器械制造、天文、数学等也有明显的进步。

春秋时期的文化尽管在周代实行分封制、大力推广礼乐文化的基础上其共同因素得到了发展，但文化的区域性差异仍非常突出，形成了各具特色的齐鲁文化、三晋文化、秦文化和楚文化以及吴越文化等。

（九）士阶层的出现

春秋中、后期因私学的兴起，士阶层渐由"武士"开始向"文士"转变，"士"的力量不断上升，"士"参与政治、军事活动的机会越来越大，其所发挥的社会作用也日渐增强，成为社会上新崛起的重要阶层。

第一章 平王东迁后的政治形势

公元前771年周幽王死,西周覆灭,诸侯拥立原来的太子宜臼,是为周平王。这时的镐京(今陕西西安长安区西北)已不堪再为首都,次年平王被迫东迁到西周时的东都雒邑(今河南洛阳),直到公元前453年三家分晋。

一 周王室丧失控制权

春秋历史舞台上的周天子,与西周时期的周天子不可同日而语,政治、经济地位一落千丈,只是名义上的"天下共主"。

从西周中晚期开始,周天子的地位就已经开始动摇,平王东迁以后,周室不再有控制诸侯的力量,形成诸侯各自为政的局面。拥有较强经济、军事实力的诸侯国,竞相吞并临近的弱小诸侯,周王对此无力干涉,只得予以承认。其结果是强者愈强,出现实际左右全国政局的霸主。导致王室衰微、对诸侯失去控制权的局面有一个发展的过程,其原因也是多方面的。

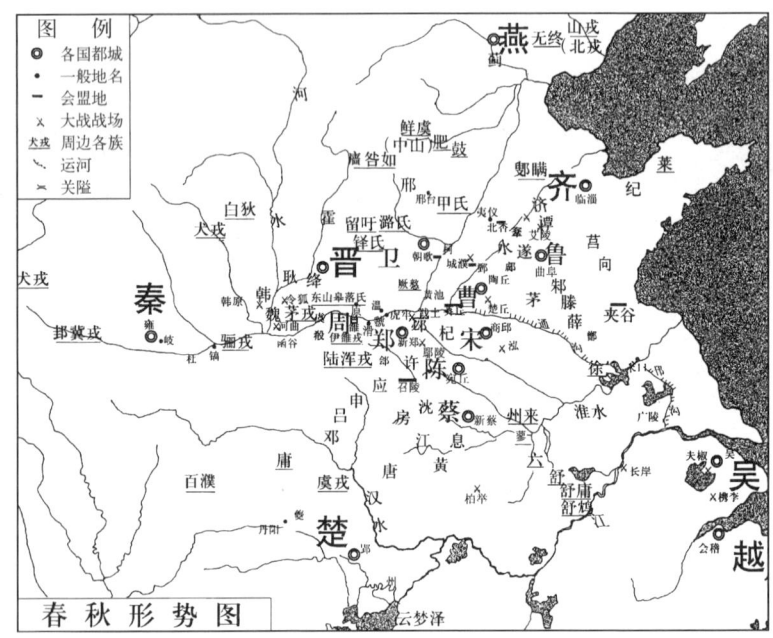

春秋形势图

王室东迁以后，关中地区被犬戎等少数民族所占据，周王室丧失了旧关中广阔而富饶的土地，初迁雒邑时还拥有的方圆六百里王畿，也随着赏赐有功诸侯、王室贵族和被外部侵夺，逐渐缩减至周围一二百里，即今河南西部的一隅地盘。王室能够控制的地盘和人口越来越少，经济实力远远不如西周时期。经济地位的下降是导致王室衰微、丧失控制权的一个重要原因。

春秋初年，中原地区各诸侯国的势力大致均衡，没有一个特别强大，西边的秦与南方的楚也尚在发展之中，王室还能维持其表面稳定的局面。按照周礼的规定，诸侯要定期向天子进贡，即"比年一小聘，三年一大聘，五年一朝"①和"一不朝则贬其爵，再不朝则

---

① 《礼记·王制》。

削其地,三不朝则六师移之"①。在春秋初年相对稳定的局势下,周天子尚有一定的号召力,各诸侯也还能朝觐天子,甚至以朝天子来巩固自己的地位。周天子有时还故意不见诸侯,如《左传》隐公六年:"郑伯如周,始朝桓王也,王不礼焉。"各诸侯国不仅仍行朝觐之礼,而且周天子还不时对不听命的诸侯进行讨伐。如《左传》隐公五年:"曲沃庄伯以郑人、邢人伐翼,王使尹氏、武氏助之,翼侯奔随……曲沃叛王。秋,王命虢公伐曲沃,而立哀侯于翼。""郑人以王师会之,伐宋,入其郛。"《左传》隐公九年:"郑伯为王左卿士,以王命讨之,伐宋。"《左传》隐公十年:"齐人、郑人入郕,讨违王命也。"这些记载都说明,虽然春秋初年诸侯还要朝觐天子,周王也还有一定的权威以命令讨伐不听命的诸侯,但是由于自身武力不强,在行使权利时只能依靠像郑、虢这些弱小的诸侯国的力量,说明周天子已是表面上的"天下共主"。因此,随着地方经济的逐步发展,一些强大起来的诸侯国,就利用王室为旗号,"挟天子以令诸侯",积极发展自己的势力。地处中原中部而商业比较发达的郑国在春秋初年就扮演了这个角色。

郑国受封的时间较晚,在周宣王时期。其始封君是郑桓公,他是周厉王的小儿子、宣王的庶弟。郑国的封地在王畿之内(今陕西华县东),周幽王时郑桓公在王室兼任司寇一职。郑桓公死后其子郑武公即位,平王东迁时他与秦襄公和晋文侯共同护送平王定都雒邑,并将郑国同王室一起东迁,定都在新郑(今河南新郑北)一带。因为郑国护送平王有功,所以郑国国君经常在王室任职,直接

---

① 《孟子·告子下》。

参与王室事务。郑武公的儿子是郑庄公,任王室卿士,他独断专行,引起平王不满,遂将郑庄公的一部分权利分给虢公忌父,周、郑发生矛盾,双方互派质子,史称"周郑交质"①。周平王死后其子桓王即位,郑不但不向王室进贡,反而在一年的夏天派人偷割王室的麦子,秋天又抢收王室的谷子,双方由此结下仇恨,史称"周郑交恶"。此后,周桓王罢免了郑庄公王室卿士的职务,郑庄公也不再同王室往来。周桓王以郑庄公不朝见天子为名,调动蔡、卫、陈三国之师讨伐郑国,郑庄公居然率兵抵抗,双方在繻葛(今河南长葛北)开战,把桓王的军队打得落花流水,并"射王中肩"②,周王带伤而归。

诸侯国竟然敢和王师对抗,并射伤天子,这在西周王室强盛之时是根本不可能发生的,现在居然成了事实。由此可见,周天子的地位在当时已下降到何种地步。到春秋中、晚期,周王室的地位更是一落千丈,形同小国。

随着诸侯的发展,王权的沦落,诸侯对天子的朝聘、贡献大大减少。春秋中期以后,有的小诸侯不是朝见周天子,而是朝见称霸的大诸侯,将过去应向周天子所尽的义务转向诸侯霸主。据《春秋》等史书记载,在春秋时期二百多年的时间里,鲁国朝见晋国三十三次,朝见齐国四十次,而朝见周天子仅七次,可见在诸侯眼里,周天子已不是至尊至上的天下共主了。朝聘贡献的减少,使得王室财政越来越拮据,不得不依赖诸侯的资助,周桓王、周顷王曾先后派人向鲁国"求赗"(丧葬费)、"告饥""求车""求金"③。天

---

① 《左传》隐公三年。
② 《左传》桓公五年。
③ 《左传》隐公三年、桓公十五年、文公九年。

子不仅在经济上有求于诸侯，政治上也往往受诸侯的摆布。《左传》僖公二十四年记有周襄王曾低声下气地向郑国"请盟"，后来又接受晋侯的召唤，参加诸侯的会盟活动。周王天下共主的地位，此时已名存实亡，"礼乐征伐自天子出"的时代已经成为过去，社会进入了一个动乱的时代，各种矛盾都在急剧发展，而且错综复杂地交织在一起，周王再也没有能力控制这种局面了。

二　春秋初年各诸侯国的内乱和纷争

春秋时期邦国林立，见于史书记载的就有一百多个大小不等的诸侯国，在这些国家中，比较重要的有十四个，《史记·十二诸侯年表》记载了其中十二个国家的世系，它们是鲁、齐、晋、秦、楚、宋、卫、陈、蔡、曹、郑、燕，另外两个是春秋后期兴起的吴国和越国。这十四个诸侯国的概况如下：

鲁国，都曲阜（今山东曲阜），地处今山东西南部，北依泰山，东有大海，南邻淮夷，西南接宋，西北连齐。

齐国，都临淄（今山东淄博临淄区），居今山东半岛，北接燕国，西边为卫国，西南与鲁国相连，南靠泰山，西有黄河，东临大海，三面有天然屏障。

晋国，先都绛即翼（今山西翼城与曲沃交接处）[①]，后迁新田

[①] 《史记·晋世家》："翼，晋君都邑也。"近年来考古工作者在山西翼城与曲沃交接处的天马-曲村遗址发现晋侯墓群，有学者据此认为："晋自叔虞封唐，至孝侯徙翼十二侯，由武公代晋至景公迁新田九公，历时共三百七十余年，皆立都于绛，即史学家所称之故绛，亦即今翼城县与曲沃县交接处之天马-曲村遗址。"（邹衡：《论早期晋都》，《文物》1994年第1期，第29—32页。）此说颇有见地，今依此说。

（今山西侯马西），居黄河中游的汾、浍之间，与戎狄杂处，西与秦交界，南靠东周，东连卫。

秦国，原处陇东，平王东迁后始居于西岐之地，都雍（今陕西凤翔南），东与晋交界，其他三面为戎狄所围。

楚国，丹阳（今河南淅川丹江口水库附近）为其发祥地，后沿汉水南下，都于郢（今湖北荆州市西北），活动于汉水和长江中游之间，处于百蛮包围之中。

宋国，都商丘（今河南商丘南），居今河南东部睢水流域，北与鲁相连，西为郑，南为陈、蔡等小国。

卫国，都朝歌（今河南淇县），居今河南黄河北岸，西邻晋，东临鲁，北与戎狄相接，南连郑、宋。

陈国，都陈（今河南淮阳），居今河南东南部，南与楚相连，东北为宋。

蔡国，都上蔡（今河南上蔡西南），居今河南东南部，位于陈的西南，与楚相邻。

曹国，都陶丘（今山东定陶西南），居今山东西南部，东北为鲁，南与宋接壤。

郑国，都新郑（今河南新郑北），居今河南中部，北靠黄河，西连周王室，南连陈、蔡，东与宋接壤。

燕（北燕）国，都蓟（今北京城西南隅），地处偏北，与东北少数民族相连。

吴国，都吴（今江苏苏州），居于楚之东部，辖有今江苏苏南之地。

越国，都会稽（今浙江绍兴市），居吴之南，辖有今浙江东部之地。

以往，各诸侯国内部以及它们之间的等级秩序受周王室的约束。自进入春秋时期以后，周王失去控制天下的权威，各诸侯国内部争夺及各诸侯国之间的争夺空前激化，仅在春秋初年，各诸侯国内部及相互之间就发生了一系列的变乱。

鲁国于鲁隐公十一年（公元前712年）发生桓公杀隐公自立的内乱。鲁隐公息原为鲁惠公的长庶子，是鲁惠公妾声子所生。之后惠公又娶宋女仲子为夫人，生子轨，立轨为太子。惠公去世时轨尚年幼，鲁人共立息摄政，是为隐公。几年后，鲁有大臣名公子翚（羽父）为谋求太宰官位，想去讨好隐公，自请前去杀轨。隐公拒绝，并打算把君位让给轨。公子翚听到隐公的话后感到很害怕，于是又反过来到公子轨面前去说隐公的坏话，要轨去杀隐公。这年的十一月，隐公前去祭祀钟巫神，住在鲁大夫寪氏家里，公子翚派刺客到寪氏家将隐公杀死，拥立太子轨即位，是为桓公。事后公子翚又将弑君的罪名转嫁到寪氏身上，杀寪氏一家人以搪塞此事①。早在鲁隐公为公子时，曾领兵与郑战于狐壤（郑地名，今河南许昌北），被郑俘虏，郑人将他囚禁于大夫尹氏家中。隐公贿赂尹氏并祈祷于尹氏祭主钟巫神之前，后与尹氏一起逃归鲁，还在鲁国立了钟巫神主。鲁隐公即位后，在郑、宋产生矛盾的情况下，先是怨恨郑不与鲁通好而倾向宋。后来，在公元前718年，宋、郑交战，宋求救于鲁，由于宋使者向鲁隐公隐瞒实情，鲁隐公大怒之下停止出兵，鲁与宋关系转冷。郑乘机主动向鲁求和，相互修好。公元前

---

① 见《左传》隐公十一年。

715年，郑请求舍弃对泰山的祭祀而祭周公，用郑在泰山旁的祊（今山东费县东南）交换鲁国在许的土地，随即郑又送祊给鲁，鲁国接受了郑国的好处，于是帮助郑国进攻宋国。之后郑又将攻下的宋的郜（今山东成武东南）和防（今山东金乡西）两邑送给鲁。以后鲁又联合齐国帮郑攻打许，攻入许都城，许庄公逃至卫国。齐僖公将许让给鲁国，鲁国不受，转而让给郑国，以作为对郑送郜、防的回报。

春秋初年宋国发生了华督杀宋殇公的事件。宋殇公与夷是宋穆公的侄子，穆公的君位是他的哥哥宣公让给他的，所以穆公在逝世前又把君位还给了宣公的儿子与夷，而让自己的儿子公子冯出居郑国。殇公即位后，郑国打算把公子冯送回宋国，两国因此而结怨，相互攻伐。殇公在位十一年打了十一仗，国人疲于奔命，对殇公不满。太宰华督路遇大司马孔父嘉的妻子，为其美貌所倾倒，欲夺而为自己之妻，于是大造舆论，说是殇公听了大司马孔父嘉的话才这样频繁地发动战争。在此舆论之下，华督杀了孔父嘉并娶其妻为己妻。殇公知道后很生气，华督担心受到制裁，又杀了殇公。华督弑君后，即向郑国要求迎立公子冯为君，以表示对郑国的亲近。公子冯回国即位，是为宋庄公。宋由于西面与郑接壤，而郑于春秋初年发展较快，对宋构成威胁，故春秋年间宋国一直与郑国矛盾较为尖锐。宋曾受卫的策动与卫、陈、蔡一起伐郑，将郑的东门包围了五天，从而开创了诸侯联合伐某国的先例。之后宋夺取邾国（今山东曲阜东南）的土地，邾求救于郑，郑率领周天子的军队与邾军会同，攻打宋国，进入宋的外城，以报先前宋侵郑东门之仇。后来宋又伐郑，包围了郑邑长葛（今河南长葛东北），以报郑攻入外城之仇。由于双方战事均未取得多大成果，于是郑先向陈求助，而当时的陈桓公倾向宋和卫，就没有同意。鲁隐公六年（公元前717年），郑向陈发起进攻，获取大量财物和俘虏。宋为报复，再次攻打郑国，夺取了长葛。郑公子忽娶陈妇为妻，以求与陈媾和结盟。齐国也曾出面调停郑和宋、卫之间的矛盾，于公元前715年在温（今河南温县西南）相会，并于瓦屋（今河南温县西北）结盟。然而不久郑国就借口宋不朝觐周天子，又以天子名义伐宋。之后郑又联合齐、鲁共同伐宋，宋也联合卫、蔡一起攻郑，双方战事不断。

春秋初年，晋国也发生了一系列内乱。晋文侯曾同其他诸侯拥立周平王有功，平王赐给他秬鬯、彤弓、彤矢、卢弓、卢矢等器物，并命他与郑国共同辅佐王室。文侯死，子昭侯立。公元前745年昭侯封他的叔叔（文侯弟）成师于曲沃，称"曲沃桓叔"，曲沃的地盘大于晋都城翼（今山西翼城东南），从而埋下了晋以后分裂的祸根。公元前739年，晋大臣潘父弑晋昭侯而迎立曲沃的桓叔，桓叔进入晋都翼为君，晋人发兵攻桓叔，桓叔败归曲沃。晋人立昭侯之子平为国君，是为晋孝侯。孝侯杀了大臣潘父。但翼和曲沃却分裂成两个对立的政权。曲沃桓叔去世后，其子鱓立，即曲沃庄伯。公元前724年，曲沃庄伯弑晋孝侯于翼，晋人攻庄伯，庄伯又归曲沃，晋立孝侯弟鄂侯为君。公元前718年，曲沃庄伯再次伐翼，并联合郑、邢两国一起行动，周桓王甚至也派尹氏、武氏前去协助。晋鄂侯由翼逃奔至随邑（今山西介休东）。同年夏，曲沃背叛周室，周王派虢公率兵伐曲沃，立鄂侯之子光为晋侯，是为哀侯。公元前716年，曲沃庄伯死，其子称立，是为曲沃武公。公元前709年，曲沃武公伐翼，弑哀侯。晋人又立哀侯小子侯为君。公元前705年，曲沃武公又弑了小子侯，第二年春灭翼。周桓王立哀侯弟缗为晋君，并带领虢、芮、梁、荀、贾五国联军伐曲沃武公。然而曲沃武公日益强大，终于在公元前679年弑了晋侯缗，周釐王只好命曲沃武公为晋侯，是为晋武公。曲沃庶系终于成为正式诸侯，史称"曲沃并晋"，分裂六七十年的晋国终告统一。

郑国在随周王室东迁以后，由于地势适中，交通便利，商业发达，加之有辅佐王室的特权，其国势发展很快，然而就在这时却发生了政权内部的矛盾。《左传》隐公元年记载：郑武公的夫人武姜，因生太子寤生时难产，因而不喜欢太子。后来生少子叔段时顺产，夫人偏爱叔段，一直想让武公立叔段为太子，武公不同意。公元前743年，武公在位二十七年去世，寤生即位，是为庄公。武姜要庄公封叔段到制邑（今河南荥阳东北），庄公因其地险要未加同意，武姜转而请求封京（今荥阳东南），庄公应允，称叔段为京城大叔。大臣祭仲认为京大于郑，封叔段为邑，恐形成后患，但庄公不敢违背母意，又认为叔段如"多行不义，必自毙"，未能接受大臣的意见。叔段到京后果然命令郑的西部和北部边境听从自己的指挥。公子吕劝庄公除掉叔段以不使郑国分裂，庄公却认为叔段会自取其祸，听任其发展。叔段见庄公未采取行动，就将上述边境之地划为自己的封邑，又将封地再扩大到廪延（今河南延津东北）。公子吕再次劝庄公除掉叔段，庄公仍未采取行动。叔段更胆大妄为，在京"缮甲兵，具卒乘"，与其母武姜策划谋反。公元前722年，叔段发兵攻郑，武姜作为其内应。庄公起兵讨伐，叔段败走，庄公命公子吕率兵车二百乘伐京，京邑民众反叛叔段，叔段出逃至鄢（今河南鄢陵西北），郑军攻鄢，叔段出奔共国（今河南辉县）。郑庄公平定了叔段的叛乱，为郑的发展扫清了道路，以使郑国势迅速强盛，在春秋初年首先敢与周王室相抗衡，发生了前面所述"周郑交质""周郑交恶""繻葛之战"，以及大败王室军队的事件。但郑庄公去世以后，郑国发生了长达二十年的内乱，致使其国力逐渐走向衰落。

就在郑国衰落之时，东方的齐国发展起来，开始与鲁国发生矛盾，起因是纪国（今山东寿光南）。纪国与鲁国关系密切而与齐国却有世仇，纪、鲁多次结盟而齐一直想灭掉纪国。公元前699年，鲁、纪、郑与齐、宋、卫、燕双方打仗，齐联军失败。之后双方有过会盟，但不久齐、鲁就为疆界争端在奚（今山东枣庄西）直接交战。公元前694年，鲁桓公和齐襄公相会于乐（今山东济南西北），鲁桓公夫人文姜与桓公一起到齐国。文姜为齐公室之女，未嫁鲁国时即与齐襄公关系密切，在其出嫁时齐襄公曾违背礼仪亲自送她到鲁国。两君相会时，齐襄公与鲁桓公夫人文姜私通，受到鲁桓公谴责，齐襄公即设计宴请鲁桓公，乘桓公酒醉命公子彭生将其杀死于车中。鲁桓公死后，鲁国不敢追究，更不敢讨伐齐国，仅请求杀彭生，齐襄公就将彭生杀掉以推卸自己的责任。齐襄公杀鲁桓公之后，纪国失去靠山，很快被齐所灭，齐又召集鲁、宋、蔡诸国共同伐卫，从而很快成为驾驭东方各国的强国。

正当中原各国发生内乱和相互争斗之时，南方的楚国也逐渐强盛起来。楚国的强盛是从对周围比较弱小的邻国的进攻并使之成为自己的附庸开始的。公元前706年，楚开始进攻随国（今湖北随州），先派人去随议和，楚王带兵随时准备应战。楚大夫斗伯比向楚王建议：为使楚国能够立足汉水以东，有必要离间随和其他小国的关系;为使随自傲,在接见随使者时,应当将楚国的精锐隐藏起来,只让其看到疲弱的兵卒。楚王采纳了这个建议,有意使军容毁坏,随使者看到疲弱的楚军,回去后即请随君攻打楚军。正当随军将要出征之时,随大夫季梁阻止说:"楚之羸,其诱我也,君何急焉?"他建议随君修明政事,亲近周围兄弟国家,即可避免灾祸。随君听从了季梁的忠告,内修政事,外联诸国,楚也不敢马上进攻随国。①公元前704年,楚开始伐随,双方在汉水、淮水间对阵,随君听信狂妄自大、听不得别人建议的大夫少师的谋划,认为楚左军为精兵所在,如先击败,楚军即可溃败。于是在速杞(今湖北广水西)开战,结果随军大败而逃。楚军俘获大量战车,大夫少师也被抓获。随不得不向楚国讲和,双方于这年秋季订立盟约,随从此成为楚国的附庸。公元前703年,楚国出面调解巴国(今湖北襄樊一带)和邓国(今湖北襄樊北)的矛盾未果,于是联合巴国一起向邓国发起连续进攻,最终使邓军大败。公元前701年,楚大夫屈瑕打败郧(今湖北安陆)、随、绞(今湖北郧县西)、州(今湖北洪湖市东北)、蓼(今河南唐河)等国联军,与贰、轸(今湖北广水西南、应城西)两国结盟。次年,又与绞国订立盟约。这样楚国在今河南南部和今湖北省范围之内大大扩张了自己的势力。公元前689年,楚文王熊赀即位,将都城迁至郢(今湖北荆州市西北),之后,连年攻申(今河南南阳东南)、伐邓、击蔡,又灭息国(今河南息县西南),甚至向中原地区的郑国进攻,不仅令江汉间小国皆畏之,对中原地区也形成了威胁。

---

① 见《左传》桓公六年。

第二章 霸主政治的兴衰

周王室无力统驭天下，各诸侯国活跃在春秋历史的舞台上，互相之间展开了以争夺土地和人口、掠夺财物为目的的争霸战争。当一个国家政治改革彻底、军事力量强大、经济基础雄厚的时候，就要起来争霸，用武力征讨他国，迫其屈服。当时的争霸战争往往通过一次大规模的战争就解决问题，双方签订盟约，胜者为霸主，其他诸侯国就必须服从霸主的领导。春秋时期，争霸的都是一些大国，小国是无力争霸的。当时的霸主主要是齐、晋、楚、秦四国，宋国也曾有过昙花一现的霸业。吴、越争霸已是春秋晚期，仅限于东南一隅，对中原地区影响不大。

春秋历史上的著名霸主被称为"春秋五霸"。关于"春秋五霸"有两种说法：一是指齐桓公、宋襄公、晋文公、秦穆公、楚庄王；另一种说法是指齐桓公、晋文公、楚庄王、吴王夫差、越王勾践。

一　齐桓公首霸中原

春秋初年的齐国并不强大，齐襄公在位时（公元前697年—公元前 686 年),主荒刑酷,内政不修,外受北戎威胁,有时还求援于郑国。公子纠和公子小白避襄公虐政而出逃,纠奔鲁,小白奔莒。不久,襄公被杀,齐国内乱,国、高二氏召小白回国,鲁国送纠回国。小白抢先一步回齐即位,是为齐桓公(前 685 年—前 643 年)。

齐国殉马坑遗址

在公子小白回国途中,公子纠之师管仲曾带兵伏击,射中小白带钩。桓公即位后不计前嫌,接受鲍叔牙推荐,任用管仲为相。管仲在齐桓公建立的霸业中起了关键作用。

管仲辅佐齐桓公实行了一系列内政改革。据《国语·齐语》记述,齐桓公时内政改革的主要内容为:一是整顿行政管理系统,"叁其国而伍其鄙"。所谓"叁其国",就是将国划分为二十一乡,即士居十五乡,工居三乡,商居三乡,分设三官管理。所谓"伍其鄙",就是将鄙野分为五属,设立五大夫、五正官分管,属下有县、乡、卒、邑四级,分别设立县帅、乡帅、卒帅、司官管理。整顿行政系统的目的是"定民之居",使士、农、工、商各就其业,稳定社会秩序。二是加强军事力量,"作内政而寄军令"。将全国军事力量编为中、左、右三军,各一万人,齐君率中军,国、高二氏率左、右军,军下有旅、卒、小戎、伍四级。把军事组织与行政系统结合起来,十五士乡每五乡为一军,乡、连、里、轨四级行政组织与旅、卒、小戎、伍四级军事组织相应合而为一。实行军政合一，利用宗族关系加强了国家常备军事力量。三是实行"相地而衰征"的税制改革，设职官管理全国山林川泽收入。同时加强盐铁管理，铸造统一货币，调剂物价，免除关市之税，促进经济发展。四是任贤使能。国中有"慈孝""聪慧""拳勇"出众者，由乡长推荐试用，称职的委任为吏，任用称职又可以晋升，直至升为上卿助理。经过"乡长所进，官长所选，公所訾相（面试）"，选用贤能，在一定范围内突破了世卿世禄制度，扩大了人才来源。管仲自称安国

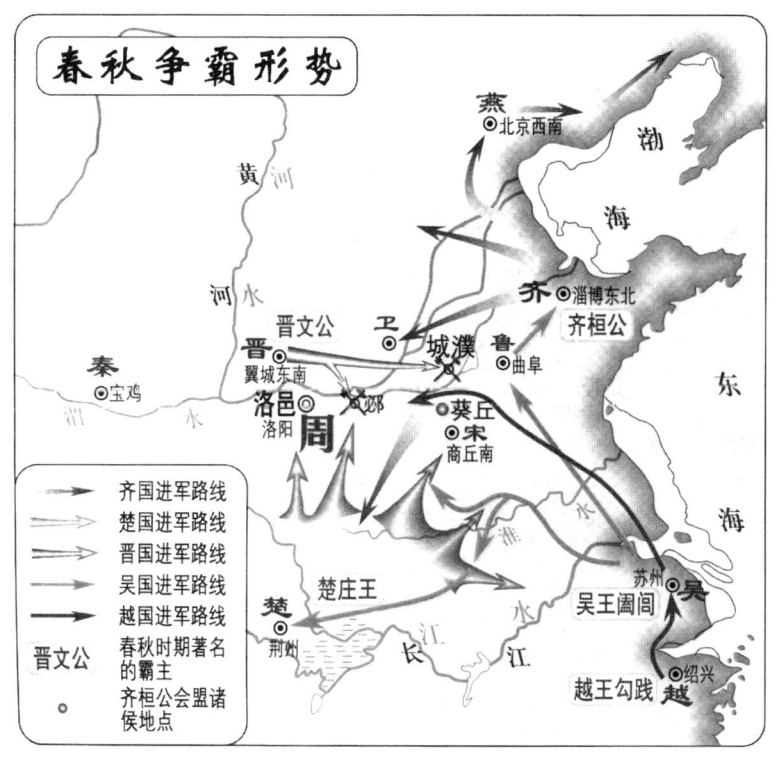

春秋争霸形势图

之策是"修旧法,择其善者而业用之",旧法即"百王之法也","业,犹创也"。当时还不能抛弃西周旧制,能够择其适合实际需要的部分加以创造性地运用就是新发展,为建立霸业奠定了基础。

在国内局势稳定以后,齐桓公便积极展开外交活动,树立齐国的霸主地位。齐桓公五年(公元前681年),约集宋、陈、蔡、邾会于齐地北杏(今山东东阿境),为宋国平定内乱。北杏之会是春秋霸主会盟诸侯之始。齐桓公先后会盟诸侯十五次,参与会盟的有宋、鲁、郑、陈、卫、曹、许等国。在齐桓公的霸业中有几次大的举措:一是齐桓公二十三年(公元前663年)山戎侵燕,齐桓公率军北伐山戎,保卫了燕国。二是齐桓公二十五年(公元前661年)狄人侵邢,桓公伐狄救邢。次年,狄人又侵卫,杀卫懿公,齐桓公伐狄救卫。再隔一年,迁邢于夷仪(今山东聊城西南),另筑新城以安置之,迁卫剩余人口于楚丘(今河南滑县东),使邢、卫摆脱狄族威胁,人民得以安居,国家得以延续,故曰"邢迁如归,卫国忘亡"①。三是齐桓公三十年(公元前

《论语》"齐桓公霸业"书影

---

① 《左传》闵公二年。

656年）在楚军不断北侵、威胁中原各国的形势下，齐桓公率齐、宋、陈、卫、郑、许、曹联军伐楚，与楚军对峙于陉（今河南偃师），迫使楚国参加召陵（今河南漯河郾城区东）会盟，承认周王室的共主地位，暂时阻止了楚国的北进。四是齐桓公三十五年（公元前651年）会盟诸侯于葵丘（今河南民权东北），周襄王派周公宰孔与会赐胙，使这次会盟成为齐国霸业成功的庆典。与会诸国一致表示"凡我同盟之人，既盟之后，言归于好"①。葵丘之会订立的盟约②，基本精神是维护分封制度。其中规定同盟各国不得废除已立的太子、不得立妾为妻、要惩罚不孝的人、不得专断杀戮大夫等条，是为了维护分封制下各国的内部秩序；规定不得怠慢宾客和旅人，不得筑堤拦水妨害下游国家，不得禁止邻国间粮食流通，是为了维护各封国之间的关系。从此，齐桓公成为霸主，得以挟天子以令诸侯。

齐国的霸业与国内的改革一样，在政治上是比较保守的，但在当时形势下，它在一定程度上起到了遏制分封贵族争夺和联合华夏诸国护卫中原文化的作用。公元前643年齐桓公死，诸子争位，太子昭奔宋，内政混乱，国力削弱，齐国的霸业也就结束了。

二　宋襄公图霸

春秋时期的宋国一直是一个二流国家，齐桓公称霸时紧随齐

---

① 《左传》僖公九年。
② 《孟子·告子下》记述，葵丘之会盟约共五条："初命曰，诛不孝，无易树子，无以妾为妻。再命曰，尊贤育才，以彰有德。三命曰，敬老慈幼，无忘宾旅。四命曰，士无世官，官事无摄，取士必得，无专杀大夫。五命曰，无曲防，无遏籴，无有封而不告。"

国。齐桓公死后，因诸子争权夺位，国内大乱，齐国的霸业衰落，中原诸国失去了霸主，各国战乱又即将开始。在这种情况下，宋襄公自不量力，企图称霸，以顶替齐桓公的角色。

公元前639年，宋襄公召集齐、楚、郑、陈、蔡、许、曹到楚地盂（今河南睢县西北）会盟。宋襄公自矜仁义，不带兵赴会，被楚人乘机拘捕，带回楚国。随后，楚出兵伐宋，后因诸侯说情，楚才将宋襄公放回。宋襄公被楚侮辱，但并未悔悟，次年郑国去朝楚，宋又邀集卫、许、滕等国伐郑，力图征服楚国。楚以救郑为名攻宋，遂引起宋、楚之间的战争，双方会战于泓（今河南柘城西北）。宋襄公坚持过时的"仁义"之道，"君子不重伤，不禽二毛"，"不以阻隘也"，"不鼓不成列"[①]，等楚军全军渡过泓水，列队完毕之后才发起攻击，因而丧失战机遭到惨败，左右门官全被杀尽，宋襄公自己腿上也受了伤，后来因伤重而病死。宋襄公图霸的努力落空，宋国随之而衰落下去。宋襄公争霸以失败告终是有深刻原因的。宋本殷人"亡国之余"，历来受姬姓诸国监视，积弱不振，宋襄公时虽然国力有很大发展，但最终也只是个二等诸侯国家。实力不足是宋襄公图霸失败的根本原因，宋襄公本人在战争中指挥不力，也加速了失败进程。

三　晋文公称霸

春秋早期，晋国原是汾水下游的一个小国，其内部分裂长达六

---

① 《左传》僖公二十二年。

十年之久，国力衰弱，无力外顾。当齐桓公称霸期间，晋忙于内争，晋武公、献公、惠公都没有参加过会盟。晋献公继位后，开始向外扩张，陆续兼并了周围的一些小国和戎、狄部落，"献公并国十七，服国三十八"①。此时晋国的疆域已经扩大到整个汾水流域，成为北方大国。献公晚年，因废嫡立庶，引起统治集团内部的争权斗争，公子重耳在外流浪了十九年。献公死后，晋惠公、晋怀公相继即位，在与秦国作战时大败，被秦国控制，国内政治动荡，无力向外扩张。

公元前636年，晋公子重耳在秦国的帮助下回国即位，是为晋文公。此时正当宋襄公图霸失败，楚国积极北上，北狄与齐结盟而大盛，中原诸侯又受到严重威胁，需要重新凝聚以维持生存。晋文公即位以后，对内政进行了一系列改革。

在政治上，起用一批异姓贵族，这些人多是与他一道长期流亡的功臣，以及在国内策应他入国的大臣，如赵衰、狐偃、贾佗等，让这些人掌握军政大权，"赋职任功"，"举善援能"②。

在经济上，"轻关易道，通商宽农，务穑勤分，省用足财"③，即鼓励发展农业生产，发展商业，增加财政收入，为争霸打好经济基础。

在军事上，扩大军队。曾两次扩军，将晋国原来的二军扩大到三军，后来又扩大到五军，并在车兵以外组建了"三行"步兵。提拔异姓功臣担任军队将佐，军政合一。

晋国经过这一系列改革，政局稳定，社会经济得到发展，军事

---

① 《韩非子·难三》。
②③ 《国语·晋语四》。

实力空前增强。就在晋文公即位的次年,周王室发生王子带之乱,周襄王出逃避难,晋文公出兵勤王,杀王子带,护送襄王回国,因而得到襄王赏赐的阳樊、温、原、欑茅四邑①,扩大了国土,提高了声望,为晋文公的霸业创造了条件。

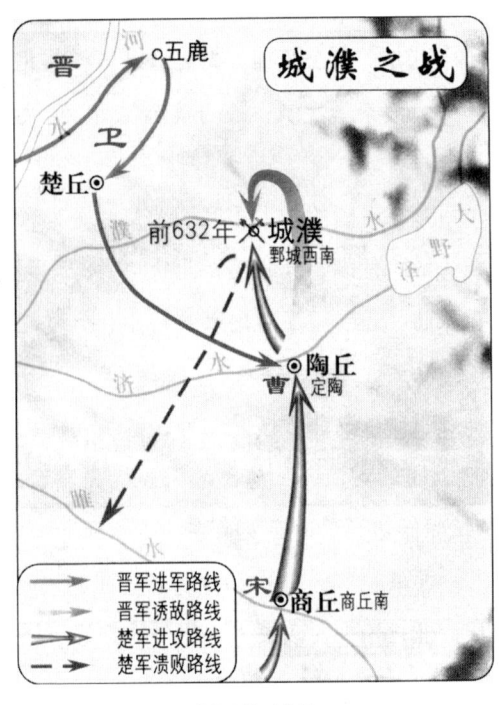

城濮之战形势图

这时,楚国一再向北扩展,鲁、郑、陈、蔡等国先后归附于楚。公元前632年,楚围宋,宋向晋告急,晋文公率军救宋,与楚军会战于城濮(今山东鄄城西南),大破楚军。接着,晋文公大会诸侯于践土(今河南原阳西南),参加这次盟会的有鲁、齐、宋、蔡、郑、卫、莒等国,周天子也被邀来见诸侯,践土之盟册封晋文公为侯伯,盟约规定"皆奖王室,无相害也"②,正式确立了晋国的霸主地位。台北故宫博物院和台湾私人收藏家收藏有属于春秋早期的子犯钟两组,每组八件,共十六件,相传为山西闻喜晋

---

① 《左传》僖公二十五年。
② 《左传》僖公二十八年。

国墓地出土①。两组钟的铭文,分别贯通各自的八件,据考证,全铭文共一百三十二字,记述了晋文公重耳在舅氏狐偃(字子犯)的辅助下复国,进行"城濮之战"灭楚师以后,举行"践土会盟"和朝见天子的大礼,居于首功的子犯得到周襄王赠予的车马、官服、佩玉等厚重赏赐的实际情况。践土之盟可以说是春秋时期齐桓公葵丘之盟之后的又一次诸侯大盟会,晋文公也成为春秋时期的第二个霸主。

晋国的霸业始于文公,继于襄公。在成公、灵公时霸业一度中衰,到景公、厉公、平公时又恢复霸业。从晋文公即位(公元前636年)到第二次"弭兵"会议(公元前546年)这九十年间,晋是各诸侯国中最强的国家。与晋相抗衡的首先是楚国,其次是齐、秦两国。这期间发生了春秋时期最大的五次战争,晋四胜一败:公元前632年,晋、楚城濮之战,晋胜楚;公元前628年,晋、秦殽之战,晋胜秦;公元前589年,晋、齐鞌之战,晋胜齐;公元前580年,晋、楚鄢陵之战,晋胜楚;只有公元前597年的晋、楚邲之战,晋被楚打败一次。可见这期间晋国力的强盛。

四 秦穆公独霸西戎

秦国的情况不同于其他诸侯国,出现在历史舞台上的时间比较晚。秦人建国是在西周晚期,平王东迁时,秦襄公与晋文侯、郑武

---

① 台北故宫博物院收藏第一组八件和第二组后四件,台北收藏家陈鸿荣藏第二组前四件。[张光远:《故宫新藏春秋晋文称霸"子犯和钟"初释》,《故宫文物月刊》(台北)第145期。]

侯率兵护送有功，平王封秦襄公为诸侯，"公于是始国，与诸侯通使聘享之礼"①。平王在东行时还将旧都关中地区赐给秦襄公，并表示："戎无道，侵夺我岐、丰之地，秦能攻逐戎，即有其地。"②实际上，当时关中地区已被戎狄等少数民族所占有，周平王赏赐的只是一张空头支票，能否立足于关中地区，取决于秦国的能耐如何。

春秋早期，秦国的主要活动是与关中地区的戎、狄族进行斗争。至公元前659年秦穆公即位，秦国经过五代八公一百多年的艰苦创业，用自己的力量廓清了戎狄，终于在关中地区站稳了脚跟，并开始向东发展。

秦穆公是一位很有作为的君主，在位三十九年，是秦国势大发展的时期。他知人善举，用人不疑，任用百里奚为大夫，整顿内政，鼓励生产，国家逐渐富强，疆土向东扩展，与晋国相接。秦穆公积极东进，力图在中原建立霸权，但遇到晋国的阻挡。公元前628年，秦穆公乘晋文公去世之机，派孟明视、西乞术、白乙丙率兵越过晋国偷袭郑国。秦军东征至滑（今河南偃师西南）时，遇到将去周地经商的郑国商人玄高，玄高一面派人回郑国报告，一面假装送牛和牛皮犒劳秦军。郑穆公得到报告后，积极准备迎战，又派人去见秦军。孟明视得知郑国已有准备，决定返回，回师途中顺便灭了滑国。晋得知秦军灭滑回师的消息后，紧急动员姜戎的军队共同于殽（今河南三门峡市东南）夹击秦军，秦全军覆没，三将被俘。公元前625年，秦伐晋，又败于彭衙（今陕西白水东北）。次年，秦穆公亲率大军渡河焚舟，寻找晋军决战，晋军得知秦军来势

---

①② 《史记·秦本纪》。

凶猛，避而不出，秦穆公转至当年殽之战战场祭奠阵亡将士而还。秦穆公东进之路被扼无法施展，于是用西戎贤人由余之谋，"伐戎王，益国十二，开地千里，遂霸西戎"①。

五　楚庄王问鼎中原

楚是江汉流域的一个蛮族国家，公元前639年，楚始建都于郢，并逐渐强大，吞并了附近许多小国，史称"汉阳诸姬，楚实尽之"②，成为春秋时期诸国中疆土最大的国家。

楚庄王（公元前613年—前591年）在位时，正值晋国霸业中衰，晋灵公与晋成公无力外顾，为楚国北上争霸提供了有利时机。但当时楚国本身天灾连年，群蛮、百濮、庸族不断骚扰，楚贵族内部又纷争不已，形势极其复杂。楚庄王深思远图，即位后三年不听国政，不出号令，沉湎于酒色，终日作乐。有人讽谏说："有鸟在于阜，三年不蜚不鸣，是何鸟也？"楚庄王回答："三年不蜚，蜚将冲天；三年不鸣，鸣将惊人。"③于是罢乐听政，用孙叔敖为宰，整饬内政，兴修水利，发展经济，整军灭庸。公元前606年北上伐陆浑之戎，一直打到洛水边周王室疆域以内，"观兵于周"，公然向周王室示威。周定王被迫派人为楚军举行慰劳观迎之礼，楚庄王向周王室的使者大夫王孙满问象征王权的鼎的轻重大小，楚庄王问鼎，表明他有代周而王天下的野心。楚军在回国途中被反叛的楚令尹斗

---

①　《史记·秦本纪》。
②　《左传》僖公二十八年。
③　《史记·楚世家》。

越椒阻于辎阳（今河南南阳西），经过一场战斗，杀死斗越椒，才得以回国。吸取这次教训，楚庄王回国后加强经营后方，在南方平定后又北上争霸。楚要称霸中原，郑国首当其冲，经常受到楚的进攻。公元前598年，楚又围郑，围困长达三个多月，最后迫使郑国向楚投降求和。郑是晋的盟国，晋派兵救郑，与楚军大战于邲（今河南荥阳北），晋军惨败，狼狈逃归。公元前594年，楚又围宋，宋向晋告急，晋畏楚而不敢出兵。从此中原各国背晋向楚，楚于公元前589年在蜀（今山东泰安西）会盟诸侯，有晋、宋、陈、卫、郑、曹、邾、薛、鄫参加，齐、秦两大国也到会与盟。这次十二诸侯会盟，显示楚庄王的霸主地位得到了中原诸国的承认。楚庄王死后，楚国的霸业仍未衰落，与晋国长期争霸中原地区。

六　弭兵运动

春秋中期以后，晋楚争霸激烈，黄河和长江流域的大小诸侯国几乎都卷入了战争，兵连祸接，没有宁日。特别是地处中原地区的诸侯国，所受战争的危害更为严重。在七八十年中，郑国遭受战祸七十多次，宋国遭受战祸四十多次，许多小国也备受祸害。这些国家唯霸是从，既要从楚，又要从晋，从晋则楚伐之，从楚则晋伐之，只好"牺牲玉帛，待于二竟（境）"①，忍辱苟且。因此，小国普遍厌战。此外，晋、楚两个大国势均力敌，谁也不占绝对优势，谁也无法吞并对方，只能疲于攻战，再加上国内矛盾日趋复杂，也

---

① 《左传》襄公八年。

各想暂时休战。弭兵运动即在这样的背景下发生。

"弭兵"即制止战争,消除兵灾。春秋历史上两次"弭兵"运动都是由经常处于四战状态的宋国发起的。第一次是在公元前579年,由宋大夫华元向晋、楚两个大国提出倡议,双方勉强答应,各派代表会盟于宋,订立盟约:"凡晋、楚无相加戎,好恶同之,同恤菑(灾)危,备救凶患。若有害楚,则晋伐之;在晋,楚亦如之。交贽往来,道路无壅,谋其不协,而讨不庭。有渝此盟,明神殛之,俾队(坠)其师,无克胙国。"①盟辞内容表示了晋、楚双方互不武力相加、共同对敌、互相交通、协讨讨伐背叛国的愿望。两国结盟后,郑成公到晋国接受和约,晋、鲁、卫等国在琐泽(今河北涉县)相会,申明晋、楚的和好。晋、楚结盟后,虽然也有一些相互聘问的活动,但双方并不和谐。三年后,楚国首先撕毁盟约,北侵郑、卫。晋国见楚国背盟,召集齐、宋、卫、郑各国大夫和吴国在钟离(今安徽凤阳东北)会盟,商讨共同对付楚国。这是吴国与中原国家相会的开始。第二年,楚向郑媾和,郑遂叛晋而与楚结盟,并在楚的支持下攻打宋国。至此,中原地区的首次弭兵之盟宣告破裂。

公元前575年,晋出兵伐郑,楚共王发兵救郑。晋渡过黄河,与楚军于鄢陵(今河南鄢陵西北)相遇,双方激战一整天,楚共王被射中眼睛,逃脱而归,楚大败。鄢陵之战以后,晋又多次率诸侯联军伐郑,楚军又数次救郑,双方激战,相持不下,中原小国夹在中间,饱受战争之害。这时晋、齐、鲁等国大夫的势力上升,矛盾加剧,纷纷忙于国内争夺,都希望有个和平的外部环境。这就促使

---

① 《左传》成公十二年。

弭兵活动再次被提到日程上来。

第二次弭兵运动是由宋大夫向戌倡议的。当时晋国内部卿族争权激烈,无力外顾;楚东面受制于吴,不敢北进。其他国家也多有内争,自顾不暇。所以这次"弭兵之议"的提出很快得到晋、楚两国的赞同。晋国中军元帅赵孟召集晋众大夫讨论向戌的倡议时,韩宣子认为"弭兵"是办不到的,但必须表示赞同,因为晋国"弗许,楚将许之,以召诸侯,则我失为盟主矣"①。楚国接受向戌的倡议,大约也出于同样的考虑。公元前546年,弭兵会议在宋国都城商丘召开,有晋、楚、齐、秦、鲁、卫、郑、宋、陈、蔡、许、曹、邾、滕十四国与会。会议确立晋、楚两个大国同为盟主,除齐、秦两国较大,不作为从属国看待外,其他分属晋、楚的小国要同时朝见晋、楚,向两国同时纳贡,即"晋、楚之从交相见也"②。

延续一百多年的春秋中期大国争霸战争,终以"弭兵"休战而告结束。第二次弭兵会议以后,各国都忙于内部纷争,无暇外顾,晋楚之间四十多年没有发生大的战争,其他国家间的战争也很少。这种形势对恢复和发展各国的社会经济,安定人民的生活,都有很大的好处。这时,长江下游崛起了两个国家——吴、越,它们开始积极从事争霸活动,争霸的主要战场转移至南方。

七 吴越争霸

吴、越都是长江下游的国家。春秋中期晋楚争霸时,吴国和晋

---

①② 《左传》襄公二十七年。

国有密切的关系。当时楚国亡臣申公巫臣逃到晋国,建议晋国联吴制楚。公元前534年,晋派巫臣到吴国,教吴人以射御乘车和先进的战术,使吴国开始有力量从陆路与位于长江中游的楚国较量。吴王阖闾执政后,在楚国亡臣伍子胥的协助下,进行了政治、经济、军事等方面的改革,又建造城郭,设立守备,充实仓廪,整治府库等,同时还任用著名的军事家孙武为军队将领,大大发展了吴国的实力。于是派大军更番袭扰楚国的边境,从楚昭王以后,"无岁不有吴师"。公元前506年,伍子胥率军伐楚,五战五捷,楚昭王仓皇出逃。这时楚得到秦的援救,越国又乘虚进攻吴国的都城,吴国出现后顾之忧,因而被迫撤兵。

楚为了制服吴国,助越攻吴。公元前496年,吴与越战于檇李(今浙江嘉兴西南),吴兵败,阖闾被戈击伤,退至距檇李七里的陉地而死。其子夫差即位,立志报仇。经过三年的准备,公元前494年,吴大举攻越,越军大败,越王勾践仅剩甲盾五千,退保会稽山(今浙江绍兴市南),卑辞乞和,甘愿称臣归附。吴王夫差认为越已经失去反攻能力,便一意北上,争霸中原。夫差组织民力,筑邗城(今江苏扬州西)于江北,又开邗沟,连接江、淮,通粮运兵,然后挥师北上。公元前482年,夫差在两败齐国之后,大会诸侯于黄池(今河南封丘西南),与晋争当盟主。

越王勾践在屈服吴的时候,已定下灭吴的决心。他任用著名政治家范蠡、文种,对内充实府库,垦殖土地,发展人口;对外采取亲楚、结齐、附晋的策略,以孤立吴国。勾践"悬胆于户,出入尝之"①,以

---

① 《吴越春秋·勾践归国外传》。

激励复仇的斗志,并且"身自耕作,夫人自织,食不加肉,衣不重采,折节下贤人,厚遇宾客,振贫吊死,与百姓同其劳"①。经过"十年生聚,十年教训"的长期准备后,于公元前482年趁夫差北上会盟、国内空虚之机,出兵攻吴,夫差仓皇回军,但已措手不及。公元前473年,越再次伐吴,夫差战败自杀,吴亡。

勾践灭吴后,越国成为江、淮下游最强大的国家。勾践也步吴王夫差后尘,率师北上,与齐、晋等国会盟于徐(今山东滕州南),致贡周王,得到周王赏赐,命为"侯伯",一时号称霸主。此后越再无大的作为,最终亡于楚国。

吴、越的霸业已是大国争霸的尾声,春秋时期即将结束。

八 大国争霸的实质及其意义

据《春秋》一书记载,在二百四十二年间,列国间进行的大小战争共四百八十三次,朝聘会盟四百五十次。这些军事行动和朝聘会盟实际上是大国对小国的掠夺。如晋国规定,各附属国要"三岁而聘,五岁而朝,有事而会,不协而盟"②,借此从小国那里榨取财物。大国发动战争的目的是为了扩大自己的势力范围,掠夺土地、人口和财物。而小国为了自身的安全,只有依附于大国,以政治上的服从和经济上的纳贡为代价求得大国的保护,对大国"无岁不聘,无役不从"。有时不仅向一个大国奉献,还要同时维持和几个大国的关系,"敬贡币帛,以待来者"。在争霸战争中,受苦最深的还是下层劳动人

---

① 《史记·越世家》。
② 《左传》昭公三年。

民,他们不仅要满足本国统治者的贪欲,还要负担大国的剥削,生命财产也受到严重威胁。可以说春秋无义战,春秋时期的争霸战争无正义可言,是统治者剥削人民的一种方式,也是奴隶制残忍腐朽的反映。

尽管春秋时期争霸和兼并战争不可避免地给社会带来种种惨祸、灾难和痛苦,但它同时也产生了有利于历史向前发展的客观效果。

第一,争霸战争加快了统一中国的步伐。大国在争霸和兼并战争中,开拓了疆土,扩大了地盘,比如山东诸小国为齐国所并,河北、山西诸小国为晋国所并,江淮、汉水诸小国为楚国所并,西北诸小国为秦国所并。这就使春秋初年为数众多的国家缩减成几个大国,实现了区域性的局部统一,为以后全国的统一起了奠基的作用。

第二,争霸战争加速了新旧制度的更替进程。春秋时期是一个新旧制度交替变革的过渡阶段,社会上存在着开始产生的封建制与日趋没落的奴隶制之间的斗争。大国争霸战争不同程度地打击和削弱了奴隶主贵族集团,为封建地主阶级扫清了发展道路上的障碍,一批新兴的封建政治势力也在军事斗争中发展壮大起来。

第三,争霸战争促进了民族大融合。春秋时期,居住在周边地区的蛮、夷、戎、狄等少数民族不断袭扰中原,中原霸主也以"攘夷"相号召,与之进行斗争。于是出现了空前的民族大迁徙、大交流,华夏族与其他少数民族彼此犬牙交错,杂居共处,打破了各族间固有的地域界限,为各族的交往、融合创造了十分有利的前提,从而密切了华夏族与其他各族经济文化的联系。当时,在南方、东方、北方、西方分别形成了以楚国、齐国、晋国、秦国为中心的民族大融合潮流。随着各民族交往联系的频繁,相互学习,相互促进,社会经济得到了飞跃式的发展,各族共同走上了封建化的道路。

第三章 公室与私家势力的消长

进入春秋时期，特别是春秋中期以后，各诸侯国内部的政治格局发生了急剧的变化，卿大夫与公室的政治斗争愈演愈烈，以下犯上的事件层出不穷。斗争的结果是，各国的公室程度不同地衰落下去，卿大夫逐渐掌握了政权，有的甚至灭亡了公室。政权不断下移，是各国政局演变的基本趋势。春秋时期卿大夫与公室的斗争可分为两种类型：一是公族与公室的斗争。按照周代分封制和宗法制的原则，诸侯的嫡长子继承君位，其余诸子分封为大夫，他们是公室的后代，称为公族。这些公族卿大夫与公室同室操戈，争权夺利。二是异姓卿大夫与公室的斗争。春秋时期的少数国家公族势力衰败不振，执政的卿大夫多为异姓贵族，他们也和公室展开了夺权斗争。

在春秋列国以卿大夫为代表的私家势力与公室的政治斗争中，鲁、齐、晋三国各有特点，代表了不同的类型。考察上述三国政治格局的演变，可以看出春秋时期公室与私家势力消长的趋势。

一 三桓专鲁

春秋时期的鲁国由公族执政，私家势力的代表是季氏、叔氏、孟氏三家，他们都是鲁桓公的后代，史称"三桓"。

三桓专权始于鲁宣公时期。公元前609年，鲁文公卒，随之发生杀嫡立庶的君位之争，结果文公庶子鲁宣公即位。三桓乘内乱之机发展势力，在各自的封地内修筑城邑，并以此为根据地操纵鲁国，出现了"公室卑，三桓强"①的局面。鲁宣公曾打算借助晋国驱逐三桓，但未能成功。

三桓的势力发展很快，他们利用执政卿的身份，在政治上控制公室，从经济上削弱公室。公元前562年，"作三军，三分公室而各有其一"②。鲁国公室原本有二军，现改作三军，季氏、叔氏、孟氏各统一军，其不足之数由三家的宗族武装补充。这样一来，三桓就掌握了鲁国的军权，势力大增。《左传》昭公五年记载，公元前537年，三桓进一步"舍中军，卑公室也"。之后不久，又"四分公室，季氏择二，二子各一，皆尽征之，而贡于公"。军赋皆由三桓征收，他们再象征性地向公室交纳一些。从此以后，鲁国的军政大权落入三桓手中，鲁君成了徒有虚名的宗主。在三桓之中，季氏世掌国政，权势最为显赫。鲁昭公不甘心失去权柄，于公元前517年联合一些与季氏结怨的贵族攻打季氏，季、叔、孟三家齐心协力，将昭公驱逐出国。鲁昭公流亡在外达八年之久，由季氏代行君权，

---

① 《史记·鲁周公世家》。
② 《左传》襄公十一年。

其间昭公曾多次图谋返国,但均未能实现,最终客死于他乡,而且也没有引起什么反响。这是什么原因呢?晋国的执政卿赵简子就此事问及史墨,史墨回答说:"王有公,诸侯有卿,皆有贰也。天生季氏,以贰鲁侯,为日久矣,民之服焉,不亦宜乎!鲁君世从(纵)其失(佚),季氏世修其勤,民忘君矣,虽死于外,其谁矜之?社稷无常奉,君臣无常位,自古以然。"①其实,早在鲁昭公流亡的前夕,宋国大夫乐祁就对鲁国的政局做出了判断,他说:"鲁君必出。政在季氏三世矣,鲁君丧政四公矣。无民而能逞其志者,未之有也。"②以季氏为代表的三桓长期执掌鲁政,得到了民众的支持;以鲁君为代表的公室则几代未问政事失去了民心,已为百姓遗忘,其丧失政权也就不奇怪了。

鲁昭公之后,定公、哀公、悼公相继即位,公室每况愈下。"哀公患三桓,将欲因诸侯以劫之";"三桓攻公,公奔于卫";"悼公之时,三桓胜,鲁如小侯,卑于三桓之家"③。至此,三桓完全控制了鲁国,历史跨入了战国时期。

二 田 氏 代 齐

齐国的政治格局不同于鲁国。在春秋中期以前,私家势力多为公族,执政的卿大夫主要出自国氏、高氏等世家大族;春秋中期以后,异姓贵族田氏崛起,逐渐取代公族而主国政,并最终夺取了齐

---

① 《左传》昭公三十二年。
② 《左传》昭公二十五年。
③ 《史记·鲁周公世家》。

国的政权，变姜齐为田齐。

田氏是陈国公子完的后代。公元前672年，陈国发生内乱，陈厉公之子公子完逃奔于齐，齐桓公很器重他，使其担任"工正"一职，遂立足于齐，改陈氏为田氏①。

田氏在齐国立足之后，开始发展自己的宗族势力，逐渐参与贵族之间的政治斗争。到了齐景公时，田氏开始在政治上显露头角。公元前545年，田氏联合鲍氏、栾氏、高氏共灭执掌国政的庆氏；公元前532年，田氏又与鲍氏灭掉专权的栾氏、高氏，并将流亡在外的公子公孙招回抚慰，以取得公族的支持，田氏因此而获得公室奖赏的高唐之邑，"陈氏始大"②。齐景公在位时，执政者是旧公族国、高二氏。齐景公在位时间很长，厚赋敛而重刑罚，是一个暴虐无道的国君。《左传》昭公三年记载，"民参其力，二入于公，而衣食其一。公聚朽蠹，而三老冻馁。国之诸市，屦贱踊贵"，致使"民人苦病，夫妇皆诅"③。在此背景下，作为卿大夫的田氏在灾荒之年向民众贷粮，"以家量贷，而以公量收之"。田氏的家量大于公室的公量，即贷多收少，施惠于民，其结果是"公弃其民，而归于陈氏"，"其爱之如父母，归之如流水"④，田氏得到齐国民众的拥戴。

景公死后，国惠子与高昭子立太子荼为君。公元前489年，田

---

① 关于陈氏何以改为田氏，历史上有不同的说法。《史记·田敬仲完世家》："敬仲之如齐，以陈字为田氏。"《集解》："徐广曰：应劭云始食菜地于田，由是改姓田氏。"《索引》："据如此云，敬仲奔齐，以陈田二字声近，遂以为田氏。应劭云始食菜于田，则田是地名，未详其处。"《正义》："案：敬仲既奔齐，不欲称本国号，故改陈字为田氏。"
② 《左传》昭公十年。
③ 《左传》昭公二十年。
④ 《左传》昭公三年。

乞率众大夫及其族党攻入公宫，杀高昭子，国惠子逃亡他国。除掉国、高二氏后，田乞立公子阳生为君，是为悼公。田乞为相，成为齐国的执政卿。齐悼公死后简公即位，田乞之子田常与贵族监止共执齐政。公元前481年，田氏族党追杀监止，又杀简公，田常立平公。此后，"齐国之政皆归田常，田常于是尽诛鲍、晏、监止及公族之强者，而割齐自安平以东至琅琊，自为封邑，封邑大于平公之所食"，田常成为齐国的实际君主。公元前379年，"田和立为齐侯，列于周室，纪元年"①，田氏代齐的历史过程至此最终完成。

三 三家分晋

春秋时期晋国政权的演变与鲁国和齐国又有不同。最显著的特点是，晋国的公族势力在春秋前期就已退出了历史舞台，卿大夫多是异姓贵族，他们逐渐掌握了国家的军政大权，并最终瓜分了晋国。

春秋早期，晋国公室内部为争夺君权而产生了尖锐的矛盾。公元前745年，晋昭侯即位，封其叔父成师于曲沃，号为曲沃桓叔。桓叔封邑曲沃的规模大于晋的国都，并且颇得民心，时人评论说："晋之乱其在曲沃矣，末大于本而得民心，不乱何待！"②后来曲沃一系的势力日益强盛，经过桓叔、庄伯、武公三代，终于在公元前679年灭晋而代之，取得了诸侯的地位，并得到周王室的认可。晋国旧公族在这次内乱中受到削弱。晋武公之子献公即位后，又与桓

---

① 《史记·田敬仲完世家》。
② 《史记·晋世家》。

叔、庄伯之族发生了矛盾,晋献公为巩固君位,诛灭了桓、庄之庶族群公子,公族势力又一次受到打击。时隔不久,公室内部再次发生内乱。献公宠骊姬,欲立其子奚齐为太子,逼杀太子申生,逐重耳、夷吾等群公子,这场内乱使晋国的公族丧亡殆尽,"自是晋无公族"①。

公室宗族的衰亡,使公族以外的宗族登上政治舞台并进而掌握晋国的军政大权成为可能。晋文公即位以后,消弭内乱,对内政进行了改革。他鉴于公室内部"亲以宠逼"②从而导致数世之乱的历史教训,不再分封公室宗族子弟,政治上亦不重用公族,而是起用一批异姓贵族,这些贵族大都是随他出亡有功或在国内策应他入国者。春秋时期晋国诸军将佐既是统率军队的军事长官,同时也是参与决断国家政事之卿,兼文、武二职于一身,是统治集团中的核心阶层。文公时期,晋军将佐相继为郤縠、郤溱、狐毛、狐偃、栾枝、先轸、胥臣、先都、胥婴、赵衰、箕郑等③,他们分别出自不同的宗族,绝大多数为异姓贵族。此后,公室宗族不能充任卿职成为晋国的固定格局,这实际上等于废除了公室贵族世袭政权的传统旧制。晋文公的这一改革措施,直接影响到春秋时期晋国的发展,使晋国的历史形成了不同于春秋其他国家的显著特点。

公族以外的宗族入主晋政,对消弭公室宗族之间的矛盾,稳定国内政治局势,起到了一定的作用。文公以后,公室内部基本上没有发生过像春秋前期那样因争夺君位而造成内乱的现象,不同于其

---

① 《左传》宣公二年。
② 《左传》僖公五年。
③ 《左传》僖公二十七年、僖公二十八年。

他诸侯国公室宗族之间屡屡发生争斗的情况。然而,随着卿族政治势力的发展,公室与卿族之间发生了矛盾,两者之间的矛盾是春秋中期晋国统治集团内部斗争的主要内容。

晋文公死后,卿族专权已渐露端倪,卿族赵盾的专权,对晋国历史的影响尤为重大。晋灵公时期,晋政完全由执政卿赵盾操纵,权势显赫,被时人喻为"夏日之日"①。"晋灵公不君",赵盾屡次规谏无效,而灵公对赵盾专权不满,曾两次谋刺赵盾未遂,结果反被赵盾之昆弟赵穿"袭杀灵公于桃园"②,开卿族弑晋君之先例。赵盾与灵公的尖锐矛盾,是卿族与公室之间矛盾的反映,双方的斗争以公室的失败而告终。灵公被杀后成公即位,赵盾为削弱公室,扶持卿族,进行了一项重大改革,以卿族子弟充任公族。公族本为公室的后代,赵盾改变了这一传统制度,以非公室后裔的卿族子弟为公族,并由赵氏出任公族大夫,以掌管公族。从此以后,晋之公族与以前的公族名同实异,多为卿族子弟,政权主要由卿族掌管,这就从制度上排除了公室宗族参与军政事务的可能性,是卿族削弱公室的重大步骤。

此后,卿族不断扩大自己的政治势力。为了适应争霸战争的需要,晋国的军队相继由三军扩大为六军,卿的人数亦随之由六人增加到十二人,使一部分异姓贵族晋升为卿,卿族的势力得以加强。"鲁之有季、孟,犹晋之有栾、范也,政令于是乎成","晋政多门"③,说明晋国的政令多出自卿族,反映了晋卿专权的实际情况。

---

① 《左传》文公七年。
② 《史记·赵世家》。
③ 《左传》成公十六年。

晋厉公患卿族专权太甚，企图"尽去群大夫而立其左右"①，以改变卿族把持政权的局面。他虽然除掉了卿族中权势显赫的郤氏，最终还是被其他卿族所执杀，卿族专权的局面未能改变。

晋悼公以后，公室彻底衰败，已无力反抗卿族的专权。公元前550年，诸卿灭公室后裔栾氏。此后，晋卿均出自范氏、中行氏、智氏、韩氏、赵氏、魏氏六族，"六卿强，公室卑"，政权已完全由六卿垄断，晋君形同虚设，苟延残喘。公元前403年，"周威烈王赐赵、韩、魏，皆命为诸侯"；公元前376年，"魏武侯、韩哀侯、赵敬侯灭晋后而三分其地，静公迁为家人，晋绝不祀"②，晋被分为魏、韩、赵三国，史称"三家分晋"。

---

① 《左传》成公十六年。
② 《史记·晋世家》。

第四章 盟誓制度

一 盟誓的历史源流

盟誓是中国古代一项重要的礼仪制度。所谓盟誓,就是发生利害关系的社会集团或个人之间为了取得相互的信任,举行仪式达成某种协议,对天地神灵作出信守诺言的保证,并声明如果违约将受到惩罚。这种礼仪制度是神权时代的产物,带有明显的神灵监督和裁判色彩。

"莅牲曰盟"①,在神灵前杀牲歃血,申明共同信守的诺言或条约,以规范彼此将来的行为,这种仪式称之为"盟"。甲骨文和金文中均有"盟"字,从其字形结构来看,"盟,从明从血"②,"明"与"血"合为一字,正是杀牲歃血"明告其事于神明"③的象征。

《礼记·曲礼下》记载:"约言曰誓。"誓的本义与盟有别。《说

---

① 《礼记·曲礼下》。
② 《说文解字·明部》。
③ 《释名·释言语》。

文解字·言部》云:"誓,约束也。"《说文解字》段注则说:"凡自表不食言之辞皆曰誓。"可知誓的本义为约束性的宣言,表示个人决心,或给他人以某种承诺。由于誓的主体是个人,表示自我约束,对天或对神起誓,以语言表述为主,因而其形式较为简单,不像约束和规范众人的盟礼那样要举行杀牲歃血等复杂的仪式。由于盟和誓都具有借助神灵规范约束的意义,后来人们将两者合而为一,统称为"盟誓"①。

据文献记载,奉神约信的盟誓制度在夏代之前就已经产

侯马盟书

生了。《尚书·吕刑》提到,上古时本有良好的社会风尚,后来蚩尤开始作乱,胡作非为,苗民不遵守法度,制定暴虐的刑法,滥施酷刑,致使民风日下,人们互相欺诈,"罔中于信,以覆诅盟",大家不讲信用,对盟誓可以随便推翻。《国语·楚语上》记载:在少皞之后颛顼之前的远古时代,巫术盛行,"夫人作享,家为巫史",人人祭祀各自的神灵,家家传达各自的神意;"民渎齐盟,无有威

---

① "盟誓"一词,最早见于《国语》和《左传》,是比较晚出的词汇。

严,神狎民则,不蠲其为",人们对神无敬畏之心,在神前的盟誓缺乏诚信,神也逐渐习惯了人们常常违背盟誓的做法,不能公正无私地行使神权。由上述记载可知,早在蚩尤和颛顼之前,盟誓就已经比较盛行。蚩尤和颛顼都是远古时的部族首领,其所处的时代大致相当于传说中的黄帝时期。

夏、商时期,诸侯众多,邦国林立。盟主会盟诸侯,是这一时期盟誓的主要形式。《左传》哀公七年云:"禹合诸侯于涂山,执玉帛者万国。"《国语·鲁语下》云:"昔禹致群神于会稽之山,防风氏后至,禹杀而戮之。"《左传》昭公四年载有"夏启有钧台之享,商汤有景亳之命,周武有孟津之誓……晋文有践土之盟""夏桀为仍之会,有缗叛之;商纣为黎之蒐,东夷叛之;周幽为大室之盟,戎狄叛之"等内容。上引文献记载中提到的"合诸侯""致群神""享""命""誓""盟""会""蒐"等,尽管名称不同,时代背景各异,但都是天下盟主或诸侯之长会盟诸侯的重要盟誓。这类大规模的盟誓活动,象征着盟主的权力与地位。"重之以婚姻,申之以盟誓"[1],是维系诸侯联盟的重要手段和纽带。

在讨伐敌对的邦国时临阵誓师,是夏、商时期盟誓的又一主要形式。《尚书》中的《甘誓》《汤誓》《牧誓》诸篇,记录了几次大战前的誓师辞。《甘誓》是夏代初年夏启在讨伐有扈氏的甘之战上发布的誓师辞[2]。夏启在战前召集六军将领,列举有扈氏"威侮五行,怠弃三正"的罪行,表明自己将"恭行天之罚",遵奉天帝的

---

[1] 《国语·鲁语上》。
[2] 《史记·夏本纪》云:启即天子位,"有扈氏不服,启伐之,大战于甘。将战,作《甘誓》,乃召六卿申之"。

意志去惩罚有扈氏，告诫众将士一定要服从命令，努力作战，"用命，赏于祖；弗用命，戮于社"。《汤誓》是夏代末年商汤在讨伐夏桀的鸣条之战上发布的誓师辞，宣布"有夏多罪，天命殛之"，将率众庶"致天之罚"，告诫部属，"尔不从誓言，予则孥戮汝，罔有攸赦"。殷商末年，纣王昏乱暴虐，周人在西土兴起，不断发展壮大，准备伐纣灭商。据《史记·周本纪》记载，武王即位后的第二年，与天下诸侯会盟，"诸侯不期而会盟津者八百诸侯"，共商灭商大计。两年以后，武王率周族的精锐之师，东渡盟津，"诸侯咸会"，联军在这里举行誓师大会，"武王乃作《太誓》"。大军向东进发，到达商郊牧野，纣王出兵迎战。武王在阵前再次誓师，列举纣王的罪状，申明作战纪律，鼓励联军将士奋勇作战，随之一举灭商。《牧誓》即武王在牧野之战上发布的誓师辞。《尚书》中收录的这几篇誓师辞，类似于战争动员令，由主帅在出征或开战前向全体将士发布，其主旨是"行天之罚"，替天行道，以激励士气。

西周时期，盟誓进一步发展，已渗透到社会生活的方方面面。大到分封诸侯，小到民事纠纷，都要进行盟誓。《吕氏春秋·诚廉》说，武王灭商后，派太保召公与微子启盟于共头山下，"而与之盟曰：'世为长侯，守殷常祀，相奉桑林，宜私孟诸。'为三书同辞，血之以牲，埋一于共头之下，皆以一归"。据《左传》记载，西周分封诸侯，或奖赏功臣，要举行盟誓仪式，将盟誓文书收藏于"盟府"长久保留。如，襄公十一年记载："夫赏，国之典也，藏在盟府，不可废也。"又如，僖公二十六年记载，西周初年，因周公和姜太公"股肱周室"，辅佐成王有功，被分封为诸侯，建立鲁国和齐国，"成王劳之而赐之盟，曰：'世世子孙无相害也。'载在盟府，大师职之"。僖公五年则记载了虢国的始封君也是有功之臣，"虢仲、虢叔，王季之穆也，为文王卿士，勋在王室，藏于盟府"。西周是宗族社会的鼎盛时期，有发达的宗族体系，社会结构和政权形态以宗族为核心。宗族之间发生纠纷，或需要共同约定一些事项，也往往通过盟誓的方式解决。宗族之间的盟誓，称为"宗盟"①。据金文记载，西周中后期，贵族或家臣之间经常发生侵占土地、争夺财物等经济纠纷，引发了许多诉讼事件。《周礼·司盟》记载："有狱讼者，则使之盟诅。"利用盟誓进行法律裁决和缔结契约，是解决这些民事纠纷常用的方法。《散氏盘》《智鼎》《五祀卫鼎》《朕匜》等铜器铭文，详细记录了此类诉讼事件的处理经过。

　　盟誓在西周时期得到进一步发展，还表现在相关制度已比较完备。《周礼》是周代官制的汇编，其成书年代虽晚，但保留了不少西周时期的制度。据笔者粗略统计，在《周礼》收录的三百七十七种职官（包括职掌缺佚的十种和《考工记》的三十种职官）中，约有六十余种职官与盟誓有直接或间接的关系。其中司盟、诅祝、司约为专司盟誓的职官。司盟"掌盟载之法。凡邦国有疑会同，则掌其盟约之载及其礼仪，北面诏明神，既盟，则贰之。盟万民之犯命者，诅其不信者亦如之。凡民之有约剂者，其贰在司盟；有狱讼者，则使之盟诅"②；诅祝"作盟诅之载辞，以叙国之信用，以质邦国之剂信"③；司约"掌邦国及万民之约剂，治神之约为上，治民之约次之"④；大史、

---

① 《左传》隐公十一年："周之宗盟，异姓为后。"
② 《周礼·司盟》。
③ 《周礼·诅祝》。
④ 《周礼·司约》。

内史、司会等负责收藏盟书①。在举行盟誓礼仪的过程中，参与者还有大宰、小宰、宰夫、掌次、玉府、外府、乡师、封人、牛人、县师、遗人、师氏、保氏、贾师、遂师、稍人、廪人、大宗伯、小宗伯、鸡人、典瑞、典命、大祝、小祝、小史、典路、车仆、司常、大司马、小司马、射人、射鸟氏、司士、诸子、司右、虎贲氏、旅贲氏、司兵、司戈盾、司弓矢、戎右、齐右、校人、大司寇、士师、讶士、条狼氏、大行人、小行人、象胥、掌客等职官。按照《周礼》的体系，周代的官制分为天官、地官、春官、夏官、秋官、冬官六大系统，分管王室起居、国计民生、宗教祭祀、军事、刑罚、营造等事务。在周代的六官系统中，均设有与盟誓相关的职官，表明盟誓活动已进入到社会的各个领域，已经形成了比较完备的制度。

春秋时期，盟誓活动达到鼎盛。大到国际争端，小至个人纠纷，天子与诸侯、诸侯与诸侯、诸侯与卿大夫、卿大夫与卿大夫、卿大夫宗族内部以及个人之间的各类盟誓史不绝书。根据《春秋》《左传》《国语》等文献记载，春秋时期的盟誓有盟、誓、命、诅、盟誓、盟诅、诅命、誓命、质誓、胥命等不同的称谓；按盟誓者的愿望和态度，有请盟、乞盟、抢盟、争盟、寻盟、改盟、必盟、拜盟、莅盟、与盟、卒盟、主盟、复盟之别；就盟誓的方式方法而言，则有入盟、来盟、朝盟、聘盟、会盟、私盟、私誓、伪盟、赐盟、斋盟、贿盟、强盟、劫盟、要盟、城下之盟、割臂盟、割心盟等；按盟誓的结果，则有受盟、渝盟、背盟、弃盟、逃盟、叛盟、

---

① 《周礼·大司寇》。

奸盟等①。《春秋》及其三传中，仅"盟"字就出现了七百多处，是使用频率最高的字眼之一。春秋时期盟誓活动之频繁，使用范围之广泛，于此可见一斑。

战国时期，随着成文法的颁布实施，盟誓之风渐衰。盟誓活动急剧减少，列国之间的盟誓已没有多大的约束力，卿大夫之间盟誓的事例已不多见，盟誓的礼仪大大简化，盟誓的作用和重要性远不及春秋时期。

秦汉以降，盟誓进一步衰落，其神圣性和约束力日益淡化。然而，作为一种残余形态，盟誓在此后的历史岁月里仍长期存在，常常被中央政府作为改善与周边少数民族关系的政治策略，或被某些政治集团作为加强和巩固自身政治势力的有效手段。民间的表示诚信、表达深爱、结拜兄弟等，也每每采用盟誓的形式。其流风余韵，相沿至今，可谓源远流长。

二 盟誓的礼仪

作为一项重要的制度，盟誓有一整套繁缛复杂的礼仪。其具体仪式因事而异，因时而变，历代不尽相同。据陈梦家先生考证，东周时代的盟誓礼仪及其程序约有十项②。兹摘要列述于下：

1. 书盟辞于策。盟辞即盟誓之辞，亦称盟书、载书、载辞等。《周礼·诅祝》"为盟诅之载辞"，郑注云："载辞，为辞而载之于

---

① 雒有仓：《天人之际——先秦盟誓制度研究》，硕士学位论文，西北大学历史系，1999年。

② 陈梦家：《东周盟誓与出土载书》，《考古》1966年第5期，第271—279页。

策,坎用牲,加书于其上也。"《周礼·司盟》"掌盟载之法",郑注云:"载,盟辞也。盟者书其辞于策,杀牲取血,坎其牲,加书于上而埋之,谓之载书。"举行盟誓之前,由专司盟誓的诅祝用朱色或墨色将拟定的盟辞书之于策。盟书有一定的格式,具体内容因事而定。《左传》襄公十一年记载,晋国纠集诸侯伐郑,郑人畏惧而服,晋悼公以盟主的身份与郑、齐、鲁、宋等十二国诸侯同盟于亳,其载书曰:"凡我同盟,毋蕴年,毋壅利,毋保奸,毋留慝,救灾患,恤祸乱,同好恶,奖王室。或间兹命,司慎司盟,名山名川,群神群祀,先王先公,七姓十二国之祖,明神殛之,俾失其民,坠命亡氏,踣其国家。"行文简明扼要,可视为春秋诸侯载书的基本格式。

2. 凿地为坎。《礼记·曲礼下》孔疏云:"盟之为法,先凿地为方坎,杀牲于坎上。"在举行盟誓的地点挖掘方坑,以备用牲埋书之用。

3. 用牲。盟必用牲,所用之牲以牛、豕、犬、鸡为主,选用何种牺牲视参盟者的身份而定,"天子、诸侯以牛、豕,大夫以犬,庶人以鸡"[1],高低贵贱有别。

4. 盟主执牛耳。《周礼·玉府》郑注云:"古者以槃盛血,以敦盛食,合诸侯者必割牛耳,取其血歃之以盟,珠槃以盛牛耳,尸盟者执之。"诸侯之盟礼以牛为牲,杀牲时先割牛耳,主盟者执牛耳而取其血,盛于盘中,以备歃血之用。

5. 歃血。"歃谓口含血也。"[2]杀牲取血后,主盟者先饮牲血,

---

[1] 《礼记·曲礼下》孔疏。
[2] 《左传》隐公七年孔疏。

参盟者依次各饮一口,谓之歃血,以示诚信。和执牛耳一样,在盟礼上首先歃血者是表示或确定盟主身份的重要标志。

6. 昭告神灵。《左传》襄公十二年云:"盟所以周信也,故心以制之,玉帛以奉之,言以结之,明神以要之。"盟誓是为了约信于神,以神灵为质证,接受神灵的监督和裁判,故结盟时必昭告众神。据《左传》襄公十一年记载,昭告的对象包括司慎司盟①、名山名川、群神群祀②、先王先公以及同盟诸侯的始祖等。

7. 读载书。《周礼·司盟》"北面诏明神",郑注云:"诏之者读其载书以告之也。"主持盟誓仪式的神职人员,将参盟者协商拟定的载书在盟礼上当众宣读,使明神察之,结盟者共同信守。

8. 加书。载书宣读完毕,将载书置于杀牲之上。

9. 埋书。盟誓之后,将载书与杀牲同埋于坎内。

10. 藏载书于盟府。《周礼·司盟》云:"既盟,则贰之。"《周礼·大司寇》云:"凡邦之大盟约,涖其盟书而登之于天府,大史、内史、司会及六官皆受其贰而藏之。"诸侯国之间的重要盟誓,载书有正副本,正本埋入地下或沉于水中,副本由司盟负责抄写,同辞数本,参盟者在盟礼结束后携带归国,收藏于盟府,作为存档,以备日后查证对质。《左传》僖公二十六年记载,西周初年,齐、鲁两国结盟,约定"世世子孙无相害也","载在盟府,大师职之",其载书直到春秋时期仍保存在盟府中,成为鲁国化解齐国入侵的法宝。据《周礼·司盟》《周礼·司约》记载,一般贵族或平民之间的盟书,除埋入地下和双方各持一本外,还要在司约的监督下抄写

---

① 《仪礼·觐礼》孔疏云:"二司,天神。司慎,察不敬者;司盟,察盟者。"
② 杨伯峻《春秋左传注》云:"群神,各种天神。群祀,天神之外在于祀典者。"

两本，正本留司约处，副本送司盟处，作为日后对违背盟约者进行对质和定罪的依据。

文献记载的东周时期的盟誓礼仪，已被考古发现所证实。今山西侯马一带，是晋国晚期都城"新田"的所在地，自公元前585年晋景公迁都于此，至公元前369年晋桓公被迁往屯留，二百余年间这里一直是晋国的政治和文化中心，留下了丰富的文化遗存，是目前已知最重要的春秋诸侯都邑之一。1965—1966年，在侯马晋城遗址的东南部发现了一处盟誓遗址[①]，附近曾发现过埋牲的兽坑和埋有单人骨骼的葬坑，这里可能是晋国的宗庙或其他礼制建筑的所在地，因而留下了许多与宗教性礼仪活动有关的遗存。

在盟誓遗址中发现了四百多个竖坑，多为长方形，大小深浅不一，浅者仅0.4米，深者达6米以上。多数坑的北壁底部有一个小龛，内置一件或数件玉器，器形有璧、环、瑗、玦、珑、璜、圭、璋等，雕琢细致，颇为精美。坑底一般都埋有牺牲，大坑埋牛、马，小坑埋羊或盟书。这些竖坑即文献上所说的"坎"，坑内的玉器和牺牲是举行盟誓时向神灵奉献的祭品。埋有盟书的竖坑约四十个，集中分布在遗址的西北部。这些坑没有壁龛和玉器，所埋牺牲以羊居多。盟书用玉石片写成，形状有圭、璋、璜等，绝大多数呈圭形，最大的长32厘米，宽近4厘米；小的长18厘米，宽不足2厘米。已出土盟书约五千余件，其中形体基本完整、字迹清楚的有六百余件，每件少者十余字，最多的达二百余字。文字多用毛笔朱书，少数为墨书。

---

① 山西省文物工作委员会编：《侯马盟书》，北京：文物出版社，1976年。

据考古学者整理考证，侯马盟书的内容可分为以下五类：

1. 宗盟类。宗盟即宗族盟誓，参盟者多系同宗同姓，亦可吸收异姓参加，但异姓的位次排在同姓之后。这类盟书记载的是主盟人赵孟为加强晋阳赵氏宗族内部的团结，以齐心协力打击敌对宗族而举行的盟誓，参盟者包括赵孟的族人和部分异姓家臣等。盟辞的中心内容是参盟者发誓矢志效忠盟主，诛讨已被驱逐在外的敌对宗族并防止其重返晋邦。诛讨的对象有一氏一家、二氏二家、四氏五家、五氏七家等。

2. 委质类。古人通过盟誓缔结君臣关系，臣服者向主君奉献"贽礼"作为信物，以示永远效忠，至死不渝，谓之"委质"或"委质为臣"。《国语·晋语九》："委质为臣，无有二心。委质而策死，古之法也。"韦昭注云："言委贽于君，书名于册，示必死也。"这类盟书是那些脱离旧宗族、投靠晋阳赵氏的人与新主君赵孟订立的誓约。其中心内容是参盟者甘愿效忠新君，发誓和流亡在外的旧主君彻底断绝关系，制止其重返晋邦。盟辞中涉及的诛讨对象达九氏二十一家。

3. 纳室类。在春秋时期，"室"并非单指家室，而是宗族或家族财产的统称，是一个完整的经济单位，包括土地、奴隶、财物等。"纳室"即兼并或瓜分他人的财产。这类盟书的中心内容是禁止纳室，参盟者发誓不再纳室，对同宗族其他人的纳室行为也要反对和声讨，否则甘愿受罚。如盟辞云："自今以往，敢不率此盟质之言，而尚敢或纳室者，而或闻宗人兄弟纳室者而或弗执弗献，丕显晋公大冢明亟视之，麻夷非是。"大意是说：从今以后，我如果违背誓约继续纳室，或者对同宗兄弟的纳室行为熟视无睹，不予以制止和上报，祖宗神灵明察，天诛地灭。

4. 诅咒类。诅咒是古人为了祈求鬼神嫁祸于敌对者而举行的一种仪式。诅和盟有密切的关系。《尚书·吕刑》:"罔中于信,以覆诅盟。"《诗·小雅·何人斯》"以诅尔斯",《毛传》注云:"民不相信则盟诅之。"孔疏云:"诅是盟之细,故连言之也。"严格说来,诅和盟是有区别的,属于两种性质相似但又不完全相同的宗教迷信活动。《周礼·诅祝》郑注云:"大事曰盟,小事曰诅。"孔疏云:"盟者盟将来,春秋诸侯会,有盟无诅;诅者诅过往,不因今而为之。"也就是说,盟重诅轻,大事用盟,小事行诅。盟辞不计前嫌,是表示自盟会以后信守新约的誓文;诅辞则追究旧过,是对既往罪行的谴责和诅咒。侯马出土的这类盟书即属于谴责有罪者的诅咒文。辞中曾提到无卹、韩子、中行寅等历史人物,有助于确定侯马盟书的年代和背景。值得注意的是,诅咒类盟书的文字均用墨笔书写,与上述几类朱书盟辞迥然有别。

5.卜筮类。亦用墨笔书写,文辞简约,不属于正式盟书,而是举行盟誓祭祀"卜牲"时使用龟卜和筮占的记载。如有的玉圭上写有"卜以吉,筮"等字样,显系卜筮文辞。

侯马盟书是春秋晚期晋国卿族之间政治斗争的产物。据《左传》记载,公元前497年,赵氏宗族发生内乱,宗主赵鞅诛杀封于邯郸的支族赵午。赵午之子赵稷据邯郸以叛,和赵午有姻亲关系的中行寅、范吉射与赵稷合攻赵鞅,赵鞅逃奔封邑晋阳。智氏、韩氏、魏氏同中行氏和范氏有旧怨,三家奉晋定公之命讨伐中行氏、范氏,二氏败走朝歌。赵鞅在智氏、韩氏、魏氏的支持下返回晋都新田,"盟于公宫"①,结为政治联盟。此后,赵氏屡屡讨伐中行氏、

---

① 《左传》定公十三年。

范氏及赵午之余党，迫使其逃奔于齐。这些流亡者得到了齐国和卫国的支持，试图重返晋国，并一度因此引发了晋和齐、卫之间的战争。这场以晋卿赵氏为主，牵涉诸卿族并波及异国的政治斗争错综复杂，延续了数十年之久。侯马盟书就是在上述背景下形成的。主盟者相继为赵氏宗主赵鞅和赵嘉等，参盟者前后多达一百余人，多系赵氏的族人和家臣，盟誓的中心议题是如何齐心协力对付与赵氏为敌的流亡者，防止他们卷土重来。

侯马盟誓遗址的发现，揭示了古代盟誓礼制的真实面貌。遗址所展现的晋国盟誓与文献中记载的盟誓制度基本吻合，同时也有一些出入。例如：埋藏盟书的竖坑有两个呈椭圆形，不同于常见的长方形竖坑，说明除"方坎"外，还有"圆坎"；和盟书同埋的牺牲主要是羊，在出土盟书的四十个坑中有三十个埋羊，表明晋人盟誓多用羊牲，与文献记载的盟礼用牲（牛、豕、犬、鸡等）有别；部分用牲是活埋的，此类现象或可说明杀牲取血并非盟礼之通例；侯马的六个坎中仅出盟书，没有任何牺牲，而不是像文献记载的那样盟书必置于杀牲之上。此外，侯马盟誓遗址分为"埋书区"和"埋牲区"两部分，前者局限于西北一隅，坑位密集，以埋载书为主，少见其他遗物；后者范围广阔，坑位稀疏，埋有用于祭祀的牛、马、羊等牺牲品和许多玉器，有的玉器上还写有卜筮文辞，由此可以推知，晋人的盟誓相当隆重，场面宏大，盟誓时还要举行卜筮吉凶、祭祀神灵等一系列宗教仪式。这些场景在文献中也很少见到。总之，侯马盟誓遗址反映的诸多制度，可补正文献记载的缺佚和舛误，极大地丰富了对古代盟誓文化的认识。

三 盟誓的社会功能

在社会急剧变革、各种矛盾错综复杂的春秋时期，各类盟誓活动异常频繁。作为解决社会争端、维护政治秩序的主要手段，盟誓在当时的社会政治生活中发挥着重要的作用。其社会功能主要表现在以下几个方面：

维护王权。西周时期，礼乐征伐自天子出，周王是天下诸侯的盟主，"是故明王之制，使诸侯岁聘以志业，间朝以讲礼，再朝而会以示威，再会而盟以显昭明。志业于好，讲礼于等，示威于众，昭明于神，自古以来，未之或失也。存亡之道，恒由是兴"[1]。诸侯定期朝见天子[2]，天子会盟诸侯，是体现和维护王权的重要礼制。进入春秋以后，诸侯坐大，天子的地位一落千丈。然而，周王在名义上仍是天下的共主，诸侯在形式上仍要尊崇和扶助王室。诸侯举行盟誓，盟辞中常有"皆奖王室"[3]"同恤王室"[4]的内容，约定共同扶助王室。《左传》记载，僖公二十八年，王室与晋、齐等十国诸侯举行盟誓，其盟辞曰："皆奖王室，无相害也！有渝此盟，明神殛之，俾坠其师，无克祚国，及而玄孙，无有老幼。"王室发生危难时，诸侯则会盟相助。僖公五年，齐、鲁等八国诸侯会盟，"谋宁周也"。僖公八年，列国再次会盟，"谋王室也"。这两次诸侯

---

[1] 《左传》昭公十三年杜注："十二年而一盟，所以昭信义也。凡八聘、四朝、再会，王一巡守，盟于方岳之下。"
[2] 《礼记·王制》："诸侯之于天子，比年一小聘，三年一大聘，五年一朝。"
[3] 《左传》僖公二十八年杜注："奖，助也。"
[4] 《左传》昭公二十五年。

会盟，是为了解决因王位继承问题而导致的王室内部危机。周敬王时，王子朝作乱，敬王被逐出王城，王室内乱长达十年之久。在此期间，诸侯曾三次会盟，以平息王室之乱。昭公二十五年，晋、鲁等十国"会于黄父，谋王室也。赵简子令诸侯之大夫输王粟，具戍人，曰明年将纳王"。昭公二十七年，列国"会于扈，令戍周"。昭公三十二年，"合诸侯之大夫于狄泉，寻盟，且令城成周"，稳定了王室。通过盟誓尊崇和维护王权还表现在，诸侯霸主会盟诸侯时邀请周王参加并主持盟誓。城濮之战是确立晋文公霸主地位的一场大战，战争结束后，晋文公会盟诸侯，"作王宫于践土"，邀请周襄王亲临践土，接受诸侯的朝见，主持盟誓仪式并宣读盟书。随后，晋文公"献楚俘于王"，襄王"策命晋侯为侯伯"，赐之车服礼器，并告诫文公："王谓叔父：敬服王命，以绥四国，纠逖王慝"，"晋侯三辞，从命，曰：'重耳敢再拜稽首，奉扬天子之丕显休命。'受策以出，出入三觐。"①这场隆重的盟誓策命典礼，是按照周代传统的礼仪制度进行的，突出了天子的权威。此外，诸侯在举行重要盟誓时，王室常常派重臣参加，以监临诸侯。《左传》记载：僖公二十九年，王子虎与晋、宋等六国"盟于翟泉，寻践土之盟，且谋伐郑也"；宣公七年，列国"盟于黑壤，王叔桓公临之，以谋不睦"②；昭公十三年，王室卿士刘献公与晋、齐等十二国诸侯"同盟于平丘，齐服也"。从《左传》记载的情况来看，凡王室卿士参与盟会，其位次均排在诸侯之前。王室重臣参与列国盟誓，代表天子监临诸侯，是王权在形式上受到尊崇的反映。

---

① 《左传》僖公二十八年。
② 《左传》宣公七年杜注："王叔桓公，周卿士，衔天子之命以监临诸侯。"

确立诸侯盟主。春秋时期，王室衰微，天子无力号召天下，诸侯起而争霸，争夺天下盟主的地位。诸侯要充当盟主，必须与列国会盟，通过盟誓确立其盟主的地位。齐国是春秋时期最早称霸的国家，齐桓公"九合诸侯""一匡天下"①，曾多次会盟诸侯。公元前651年，齐桓公与鲁、宋、卫、郑、许、曹等国的国君会盟于葵丘，周襄王派卿士宰孔参加，"王使宰孔赐齐侯胙"②，齐桓公遂成为中原霸主。晋文公继齐桓公之后称霸，在践土之盟上，周襄王策命晋文公为"侯伯"即诸侯之长，确立了其诸侯盟主的地位。此后，楚庄王挥师北上，问鼎于周室，在邲之战中大败晋军。公元前589年，楚国召集齐、秦等十一国"盟于蜀"③，中原诸国纷纷投靠于楚，楚国成为新的霸主。由于盟主的地位是在诸侯会盟的仪式上确定的，因而列国对会盟非常重视，在举行盟誓时常常发生大国争盟或争先的现象。《左传》襄公二十七年记载，公元前546年，晋、楚、齐、秦等十四国会盟于宋以弭兵，由于"晋楚匹也"，两国势均力敌，在举行盟誓仪式时"晋楚争先"歃血主盟，互不相让。后晋国妥协，"乃先楚人"，约定两国同为诸侯盟主。公元前482年，吴王夫差率师北上争霸，与诸侯会盟于黄池。在盟誓仪式上，"吴晋争先"④，经过一番较量，"吴公先歃，晋侯亚之"⑤，吴国如愿以偿。诸侯争霸，充当盟主，实质上是取代了周天子的地位，行使天子的权力，各诸侯国将过去对周天子所尽的义务转向了新盟主。小

---

① 《论语·宪问》。
② 《左传》僖公九年。
③ 《左传》成公二年。
④ 《左传》哀公十三年杜注："争歃血先后。"
⑤ 《国语·吴语》。

国与大国结盟,依附于盟主,是为了求得盟主的保护,"敬共币帛,以待来者,小国之道也。牺牲玉帛,待于二境,以待强者而庇民焉"①。此外,诸侯也要定期朝见盟主,《左传》襄公二十二年记载,即使"不朝之间,无岁不聘,无役不从",也要向盟主供纳财物和提供力役。盟主与诸侯之间的权利和义务也是通过盟誓确定的。《左传》襄公二十七年记载,为平息晋、楚两强的长期争霸,在宋国的倡导下,十四个诸侯国会盟于宋,"请晋、楚之从交相见也",除齐国和秦国外,其他国家要同时朝见晋、楚,向两国贡纳财物,晋、楚两强通过盟誓平分霸权,共享盟主之利。公元前529年,晋昭公与十二国诸侯会盟于平丘,议题之一是确定诸侯对盟主的贡赋。"及盟,子产争承",由于分派给郑国的贡赋过重,郑国执政卿子产据理力争,要求减轻贡赋,"自日中以争,至于昏,晋人许之"②。

处理邦交关系。春秋时期,列国之间常常发生纠纷,通过会盟解决国际争端,是盟誓的又一重要功能。齐桓公盟诸侯于葵丘,其盟辞曰:"凡我同盟之人,既盟之后,言归于好。"③城濮之战后,王子虎盟诸侯于王庭,相约"皆奖王室,无相害也"④。督扬之盟,诸侯约定"大毋侵小"⑤,要求大国不得侵凌小国。公元前562年,晋、宋等十二国诸侯同盟于亳,制定了共同遵守的邦交原则:"凡我同盟,毋蕰年,毋壅利,毋保奸,毋留慝,救灾患,恤祸乱,同

---

① 《左传》襄公八年。
② 《左传》昭公十三年杜注:"承,贡赋之次。"
③ 《左传》僖公九年。
④ 《左传》僖公二十八年。
⑤ 《左传》襄公十九年。

好恶，奖王室。"①要求同盟国经济上互利互助，政治上保持一致，不得危害盟国的利益。公元前579年，晋、楚两国会盟于宋，订立了旨在弭兵的盟约："凡晋、楚无相加戎，好恶同之，同恤菑（灾）危，备救凶患。若有害楚，则晋伐之；在晋，楚亦如之。交贽往来，道路无壅；谋其不协，而讨不庭。有渝此盟，明神殛之，俾队其师，无克胙国。"②双方约定互不侵犯，相互救助，共同讨伐违逆王命的诸侯，并诅咒发誓要遵守盟约。在错综复杂的春秋时期，通过会盟调解相互争端，利用盟约维系和处理邦交关系，是最为常见的外交形式和手段。

维护诸侯国内部的政治秩序。盟誓礼制的又一重要功能，是为了"以正班爵之义，帅长幼之序，训上下之则"③，维护传统的政治秩序。春秋时期，礼制崩溃，各国常常发生"并后、匹嫡、两政、耦国"④等现象，导致内乱迭起⑤，传统的宗法制度和政治秩序遭到破坏。为了稳定政局，列国通过盟誓缔结有关盟约，试图借助外力以防止此类现象的发生。齐桓公盟诸侯于葵丘，相约"毋易树子，毋以妾为妻，毋使妇人与国事"⑥，盟约中还有"诛不孝""敬老慈幼""尊贤育才""无专杀大夫"⑦等内容。晋文公会盟诸侯，盟约规

---

① 《左传》襄公十一年。
② 《左传》成公十二年。
③ 《国语·鲁语上》。
④ 《左传》桓公十八年。
⑤ 《左传》闵公二年："内宠并后，外宠二政，嬖子配嫡，大都耦国，乱之本也。"《管子·君臣下》："内有疑妻之妾，此宫乱也；庶有疑嫡之子，此家乱也；朝有疑相之臣，此国乱也；任官无能，此众乱也。"
⑥ 《穀梁传》僖公九年。
⑦ 《孟子·告子下》。

定:"自今以来,无以美妾疑妻,无以声乐妨正,无以奸情害公,无以货利示下。不如言者,盟示之。"①制定这类盟约的目的,显然是为了维护诸侯国内部的政治秩序。

解决政治争端。春秋时期,诸侯国内部的政治格局不断变化,卿大夫与公室、卿大夫与卿大夫、卿大夫宗族内部的政治斗争此起彼伏,错综复杂。通过盟誓解决政治争端,将盟誓作为缔结政治联盟和打击政敌的手段,是非常普遍的。春秋早期,晋国公室内部为争夺君权而产生了尖锐的矛盾,常常发生内乱。《左传》宣公二年记载:"丽姬之乱,诅无畜群公子,自是晋无公族。"为消除公室内乱,晋献公通过盟诅订立"无畜群公子"的政治契约,放逐群公子,打击和限制公族势力,使公族从此一蹶不振。随着公室的衰落,异姓卿族专权并最终"三家分晋",究其历史原因,与公族在春秋前期就已衰亡有很大关系。鲁国的政治格局是"公室卑,三桓强"②。公元前562年,"季武子将作三军",准备剥夺公室的军权,三桓经过协商达成契约,"乃盟诸僖闳,诅诸五父之衢",随之"作三军,三分公室而各有其一"③,分掌了鲁国的军权。公元前469年,宋国发生内乱,公族皇氏、灵氏、乐氏结为政治联盟,约定共掌宋国之政,互不相害。据侯马盟书记载,春秋晚期,晋国卿族赵氏宗主与族人和家臣频频举行盟誓,以巩固和加强宗族内部的团结,联合政治盟友,打击敌对势力。这类盟誓在《左传》中有许多记载,是春秋时期最常见的盟誓活动之一。

---

① 《说苑·反质》。
② 《史记·鲁周公世家》。
③ 《左传》襄公十一年。

表示诚信和信义。"信"是春秋时期非常重要的一种道德观念，《左传》中对此多有叙述。僖公二十五年记曰："信，国之宝也，民之所庇也。"文公元年记曰："信，德之固也。"襄公九年记曰："信者，言之瑞也，善之主也。"僖公二十八年记曰："礼以行义，信以守礼。"诚信和信义，是社会普遍推崇的道德准则，对国家、君臣乃至个人行为均有一定的约束力。哀公七年记曰："小所以事大，信也；大所以保小，仁也。背大国，不信；伐小国，不仁。"襄公八年记曰："小国无信，兵乱日至，亡无日矣。"僖公十四年则明确地说："弃信背邻，患孰恤之？无信，患作；失援，必毙。"国与国之间的邦交关系，应建立在信义的基础上，若背信弃义，就会遭到谴责，招致祸患。宣公十五年记曰："君能制命为义，臣能承命为信。"成公八年记曰："君命无贰，失信不立。"襄公三十年也记载了"失诸侯之上卿，会而不信，宠名皆弃，不信之不可也如是"的内容。昭公七年则记曰："不信，民不从也。"国君和大臣也要讲求信义，失信则难以立身立国。襄公二十七年也载有"言以出信，信以立志""匹夫一为不信犹不可"之语。即使是一介匹夫，亦不能失信于人，否则将难以安身立命。"盟以厎信"①"斋盟，所以质信也"②"世有盟誓，以相信也"③。盟誓的基本功能，就是约信于神，以诚信和信义为约束。《左传》哀公十二年载，子贡曰："盟，所以周信也。故心以制之，玉帛以奉之，言以结之，明神以要之。"将

---

① 《左传》昭公十三年杜注·"厎，致也。"
② 《左传》成公十一年。
③ 《左传》昭公十六年。

盟誓视为"周信",即巩固诚信和信义的手段。"盟者不相信也"①,综观春秋时期形形色色的盟誓活动,不外乎是调解列国之间、君臣之间、君民之间、宗族之间以及平民之间的各种纠纷和争端,达成某种契约,以神灵和信义相约束,维持社会的和谐。"盟誓之言,岂敢背之?"②"背盟不祥"③。在战国之前,盟誓是处理邦交关系、维护政治秩序、解决各种争端、规范社会行为的主要手段。通过盟誓缔结的契约具有相当的约束力,其性质和作用类似于法律。从某种意义上说,盟誓是中国古代法律的起源,是法律的早期形态。进入战国时期,各国相继开展了变法运动,颁布并施行成文法。成文法取代盟誓,成为维护政治秩序和规范社会行为的主要手段,盟誓随之衰落。

---

① 《穀梁传》僖公五年。
② 《左传》成公元年。
③ 《左传》襄公九年。

第五章 军事制度

一 军队组织

"国之大事,在祀与戎"①。在周代,祭祀和战争是国家的头等大事,军事制度是当时最重要的制度之一。

西周时期,"礼乐征伐自天子出"②,周王室拥有强大的军事力量,军队是周天子控制天下和行使王权的重要工具。各个诸侯国也都拥有自己的军队,各国军队数量的多少依其国家大小而定。《周礼·夏官》记载:"凡制军,万有二千五百人为军。王六军,大国三军,次国二军,小国一军。"西周列国的军制虽然不一定如此整齐划一,但肯定是有等级之分和多寡之别的。诸侯的军队在数量上不得超过王室,应符合礼制的规定。

春秋时期,随着王室的衰落和诸侯的强大,为适应诸侯争霸的需要,列国军队呈不断扩大的趋势。以晋国为例:晋武公三十八年

---

① 《左传》成公十三年。
② 《论语·季氏》。

(公元前 678 年),周僖王"使虢公命曲沃伯以一军为晋侯"①,晋有一军之众;晋献公十六年(公元前 661 年),"晋侯作二军"②,晋有二军之众;晋文公四年(公元前 633 年),"作三军,谋元帅"③,晋有三军之众;晋文公八年(公元前 629 年),"作五军以御狄"④,晋军扩大到五军;晋景公十二年(公元前 588 年),"晋作六军"⑤,发展到六军之众。在不到一百年的时间里,晋国的军队由一军扩大到六军,远远超过了《周礼》"大国三军"的规定。晋国是春秋霸主,长期称霸于中原地区,其军队数量的不断扩大,反映了春秋时期诸侯国军事力量发展的一般趋势。齐、楚、秦、吴、越等诸侯大国,也在不断地扩充自己的军事力量。

周代实行国野制(亦称乡遂制),将居民划分为国人和野人。"国"也称为"乡",是当时的都邑或较大的居民点。国是贵族的政治中心和军事据点,居住着大小贵族和为贵族服务的手工业者、商人等。广义地讲,凡居住在国中的人都可称为"国人",包括贵族、下层贵族的士以及工商业者;狭义地讲,国人是一种身份,主要是指下级贵族,其主体是"士"这一社会阶层。"野"也称为"遂",即国以外的广大地区,居住在野中的人称为"野人",多是一些被征服的异族或奴隶,社会地位低下。总之,国人与野人是相互对立的两个阶级,政治、经济地位极不平等,前者是享有国家权力的公民,后者是不享有国家权力的非公民。国人和野人的关系用孟子的

---

① 《左传》庄公十六年。
② 《左传》闵公元年。
③ 《左传》僖公二十七年。
④ 《左传》僖公三十一年。
⑤ 《左传》成公三年。

话来说就是:"无君子莫治野人,无野人莫养君子。"①

周代的军队组织与国野制密切相关。《周礼》中记载的军队组织编制,完全是和"六乡"居民的社会组织结合起来的,"六军"是在"六乡"的基础上编制而成的。西周时期鲁国的三军之师,也是建立在"三郊三遂"②的基础之上的。这种制度在春秋时期依然被许多国家所保留,其中以齐国最为明显。据《国语·齐语》记载,齐桓公时,管仲"作内政而寄军令",实施"叁(三)其国而伍(五)其鄙"的军政制度,"管子于是制国以为二十一乡:工商之乡六,士农之乡十五。公帅五乡焉,国子帅五乡焉,高子帅五乡焉","五乡一帅,故万人为一军,五乡之帅帅之。三军,故有中军之鼓,有国子之鼓,有高子之鼓。春以蒐振旅,秋以狝治兵,是故卒伍整于里,军旅整于郊"。管仲将国中的居民组织和军队的编制结合起来,把国中的十五士乡编成三军,分别由齐桓公和执政卿国子、高子统率。这种军政合一的制度与《周礼》中记载的军队组织编制颇为近似。

春秋时期各国的军队主要是由国人编制而成的,国人是军队的主力。国人最基本的权利和义务,就是"执干戈以卫社稷"③,野人是没有资格当兵打仗的。齐国的"士乡十五",就是十五个武士之乡,由国人组成,编为三军。国人是甲士的主要来源,他们是军事任务的主要承担者。国人要为国家提供军赋,所以必须占有相应的土地,军事上的义务和经济上的权利是一致的,当兵权和土地占有

---

① 《孟子·滕文公上》。
② 《尚书·费誓》。
③ 《左传》哀公十一年。

权是联系在一起的。《国语·晋语四》所说的"士食田",讲的就是国人占有土地的情况。国人平时经营自己的田产,战时则应征入伍,具有兵民合一的特点。由于国人是国家的战士,因而各国都很注意对他们的训练,"故春蒐、夏苗、秋狝、冬狩,皆于农隙以讲事也"①,利用农闲时间以田猎的方式组织国人进行军事训练。《左传》宣公十二年记载,楚国自从灭庸以来,"其君无日不讨(治)国人而训之","在军无日不讨军实而申儆之",特别重视对国人的训诫,使之保持旺盛的斗志。

在春秋列国的军队中,还存在着一定数量的族兵,称为"私属"或"私卒"。族兵属于宗族武装,由统率军队的国君和卿大夫的族人组成,具有亲兵的性质。以楚国为例:"其君之戎,分为二广","楚子为乘广三十乘,分为左右"②,楚庄王的私属有左右两"广",每"广"有兵车十五乘;卿族若敖氏有"若敖之六族"③,其他卿大夫也各有其"私卒"④。晋国的卿大夫也有各自的族兵,鄢陵之战中,"栾、范以其族夹公行"⑤,卿族栾氏和范氏的族兵护卫在主帅晋厉公的周围。晋卿郤克曾在齐国受辱,回国后请求晋景公出兵伐齐,景公不同意,郤克"请以其私属"⑥,打算率领郤氏的宗族武装讨伐齐国。

族兵的存在,是由当时的宗族社会结构和军政合一的体制所决

---

① 《左传》隐公五年。
② 《左传》宣公十二年。
③ 《左传》僖公二十八年。
④ 《左传》襄公二十五年。
⑤ 《左传》成公十六年。
⑥ 《左传》宣公十七年。

定的。当时各级贵族的族长,他们既是本族军队的主帅,又是国家军队的统帅,同时也是执政的卿大夫,集族权、军权、政权于一身。如春秋时晋国的卿,无一例外地身兼军职,均为各军的将佐,军政合一的特征十分明显。他们平时治国理民,行使行政长官的职权;战时则率族兵出征,担任军队的统帅。由于族兵属于各级统帅的亲兵,因而往往是各国军队中的骨干和精锐,具有很强的战斗力。公元前548年,群舒之一的舒鸠叛楚,楚出师讨伐,吴国派兵救援,吴、楚两军对垒,相持不下。此时,率族兵随军出征的楚大夫子强、息桓、子捷、子骈、子孟等五人"以其私卒先击吴师","吴师大败,遂围舒鸠,舒鸠溃。八月,楚灭舒鸠"①。在此次战役中,楚军中的族兵发挥了关键性的突击作用。鄢陵之战中,"楚师之良,在其中军王族而已"②,楚军的精锐部队是楚王的族兵,布置在中军,晋"三军萃于王族"③,集中兵力攻击楚之中军王族,大败楚师。族兵在军队中的重要性显而易见。

二 作战方式

春秋时期军队的主体是车兵,战争的主要方式是车战。车战的历史可以上溯到商代乃至更早的时代,到春秋时期,车战在我国至少已经有了千年以上的悠久历史。就军队的主体和作战方式而言,春秋时期和商周时期的情况大致相同,在形式上没有根本的区别;

---

① 《左传》襄公二十五年。
② 《左传》襄公二十六年。
③ 《左传》成公十六年。

从军事史的发展演变来看，春秋时期处在漫长的车战历史的最后阶段，表现出新旧军制更替变革的时代特征。

周代的战车在文献中有许多不同的称谓，如戎路、广车、阙车、革车、轻车、驰车、庼车、武车、苹车、辎车、重车、栈车、长毂，等等。这些复杂纷纭的称谓，应该是就不同战车的某些特征或特长而言的，如战车的形状、质地、装饰、功能、用途、速度等。有学者主张去繁就简，应以战车的战术性能对其进行概括分类。若以其作战特点分类，可分为攻车和守车两类；若以其运动速度分类，则可分为轻车和重车两类①。这种分类简明扼要，使我们对周代战车的主要功能和特点有了一个基本的认识。

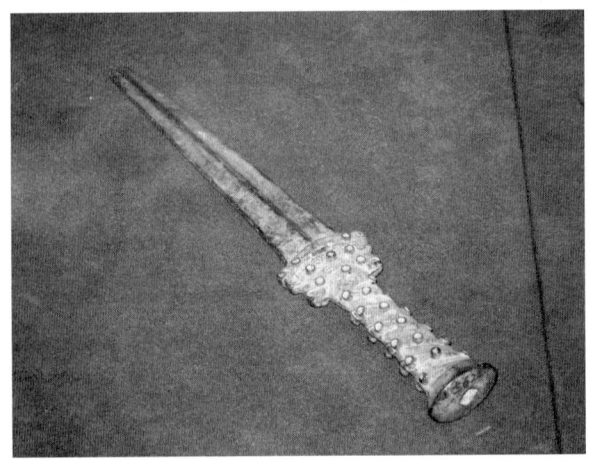

匕首 春秋中期

战车通常由四马驾挽，每车载甲士三名，按左、中、右排列。

---

① 蓝永蔚：《春秋时期的步兵》，北京：中华书局，1979年，第68页。

"兵车之法，左人持弓，右人持矛，中人御"①。左边的甲士持弓，为一车之首，称为"车左"，又叫"甲首"；右边的甲士持矛，称为"车右"，又叫"参乘"；中间的甲士驾驭战车，称为"御"或"御者"。除甲士外，每车还配备有一定数量的步兵，称为"卒"或"徒"。步兵没有独立的建制，而是隶属于车兵，受甲士的指挥。在战斗中，隶属于攻车的步卒要以一定的编制和队形配合车兵作战，隶属于守车的徒兵则主要从事运输给养、炊事、养马、车辆维修等后勤保障工作。每辆战车包括甲士和隶属步兵，构成了一个基本的战斗单位，这种车卒组合的基本单位文献中称之为"乘"，是周代军队的基本组织形式，也是军队的基本编制单位。在春秋以前，"革车一乘，士十人，徒二十人"②，每乘的兵力约为三十人，车兵与徒兵的比例为1∶2左右；到春秋中期以后，步兵的数量大增，每乘的兵员组合变为"甲士三人，步卒七十二人"③，一乘之兵多至七十五人。兵员组合的变化和步兵数量的剧增，表明传统的军事制度将发生重大变革。

在春秋时期，战争的主要方式仍然是车战。交战的双方多选择便于战车行动的平坦之地作为战场，排成整齐的车阵，然后交战。双方经过交战，战败的一方车阵一乱，就很难重整军阵继续作战，短时间内就可以决定战争的胜负。一鼓作气，速战速决，是车战的基本特点。发生在春秋时期的一些著名大战，如城濮之战、邲之战、鞌之战等，都是在一天之内决出胜负的。将春秋时期战争的特

---

① 《诗·鲁颂·閟宫》郑玄笺。
② 《周礼·地官·小司徒》郑玄注引《司马法》。
③ 《诗·小雅·信南山》孔颖达疏引《左传》成公元年服虔注引《司马法》。

春秋战车

点概括为"车不过千乘,兵不过十万,战不过一天"①,是比较恰当的。

三 军事制度的变革

在社会的方方面面都在发生重大变革的春秋时期,军事制度也发生了许多重要变化,其中对军事领域影响最为广泛而深刻的,是征兵制度的改革和独立步兵的出现。

由于兼并战争的日益频繁和战争规模的不断扩大,兵源不足成为春秋各国普遍存在的问题。国人"执干戈以卫社稷",野人不得当兵的传统旧制,限制了士兵的来源,已无法适应新形势下的战争对士兵的需求。因此,改革传统的征兵制度,打破过去那种对当兵

---

① 蓝永蔚:《春秋时期的步兵》,北京:中华书局,1979年,第8页。

权的限制,扩大士兵的来源,成为军事制度改革的当务之急和必然趋势。春秋列国中率先在这方面实行重大改革的,是晋国的"作爰田"与"作州兵"。

"作爰田"与"作州兵"是大致同时进行的。《国语·晋语三》记载:

> 公在秦三月,闻秦将成,乃使郤乞告吕甥。吕甥教之言,令国人于朝曰:"君使乞告二三子曰:'秦将归寡人,寡人不足以辱社稷,二三子其改置以代圉也。'"且赏以悦众,众皆哭,焉作辕田。吕甥致众而告之曰:"吾君惭焉其亡之不恤,而群臣是忧,不亦惠乎?君犹在外,若何?"众曰:"何为而可?"吕甥曰:"以韩之病,兵甲尽矣。若征缮以辅孺子,以为君援,虽四邻之闻之也,丧君有君,群臣辑睦,兵甲益多,好我者劝,恶我者惧,庶有益乎?"众皆说,焉作州兵。

辕、爰相通,"作辕田"即作爰田。《左传》僖公十五年的记载与上述内容大致相同。事情的经过是:公元前645年,秦、晋战于韩原,晋师败绩,晋惠公被秦军俘获,惠公为重返晋国,取得国人的支持,于是就作了爰田,"作爰田"的同时又"作州兵"。

何为"作爰田"?《左传》《国语》语焉不详,古今学者众说纷纭,多有异议,概括起来主要有五种说法:换田赏众、以田出车赋、分公田之税赏众、固定授田法、岁休轮耕法[①]。根据商鞅变法

---

① 王毓铨:《爰田(辕田)解》,《历史研究》1957年第4期,第79—88页。

后秦国的辕田制分析,将晋国的"作爰田"解释为改变过去的"易田之法",将土地分配固定下来,比较接近于事实。这是晋国对土地分配制度的一次重大改革,其目的是为了"赏以悦众",换取国人的支持。

"作州兵"是征兵制度的重大改革。"州"即国野制下的野人所居之地,其居民过去是无权当兵的。"作州兵"打破了对野人当兵的限制,将征兵的范围扩大到国人以外的社会阶层,以增加兵源,达到"兵甲益多"的目的。

值得注意的是,晋国"作州兵"的前提是"作爰田",征兵制度的改革是建立在土地分配制度变更的基础之上的。这是因为,根据历史唯物主义的观点,军队的发展同其他社会现象一样,归根到底是由构成社会经济基础的物质生产方式的变化决定的,同时,军事制度的变化反过来又对经济关系产生一定的影响。在中国古代社会,田制、军制与社会组织三位一体,互相结合,相互制约,其中一种制度发生变更,其他制度也要随之发生变化,以维持整个社会的有机平衡和协调发展。因此,"作爰田"与"作州兵"是一件事情的两个方面,反映了古代田制与军制之间的密切关系。

自晋国率先实行田制和军制改革以后,其他国家纷纷仿效,相继进行了类似的改革。例如:公元前594年,鲁国"初税亩"[1],承认个人对土地的占有,按亩征收赋税;四年以后即"作丘甲"[2],实行军制改革。公元前543年,郑国改革田制,"子产使都鄙有章,

---

[1] 《左传》宣公十五年。
[2] 《左传》成公元年。

上下有服,田有封洫,庐井有伍"①,划定田界,将土地分配固定下来;时隔五年,"郑子产作丘赋"②,改革军赋制。鲁国的"初税亩"和郑国的"田有封洫",其性质与晋国的"作爰田"类同,都属于土地制度方面的改革;"作丘甲""作丘赋"则与晋国的"作州兵"相同,都是改革传统的征兵制度,扩大士兵的来源。

征兵制度的重大改革,对军事领域产生了广泛的影响。一方面,兵源的扩大导致了军队数量的迅速增加。晋国的军队之所以能在不到一百年的时间里由一军发展到六军,增兵五倍之多,与征兵制度的改革有直接的关系。经过考察就会发现,晋国扩军最快的是晋文公时期,恰在晋惠公"作州兵"之后,"作州兵"应是晋军扩张的直接和内在原因,两者的因果关系显而易见。另一方面,随着征兵范围的扩大,国人以外的庶人和其他社会人士大量涌入军队,改变了军队的传统结构,势必对军队的组织编制、军事训练、作战方式等产生重大影响,从而导致新的军事制度的建立。

春秋时期军事制度方面的另外一个重要变化,是独立建制的步兵兵种的出现。

在春秋以前,战争的主要方式是车战,军队的编制组合完全是按照车战的需要组织的,当时虽有徒兵,但只是依附于车兵,是车兵的有机组成部分,并没有作为独立的兵种出现。

从春秋时期开始,步兵已逐渐兴起。有学者指出:"步兵开始

---

① 《左传》襄公三十年。
② 《左传》昭公四年。

是从春秋初期华夏诸国对西方和北方戎狄族的战争中发展起来的。特别是与戎狄族战事频繁的晋国和郑国，步兵的出现更早。"①考诸史籍，这种看法是符合史实的。戎狄族多居于山地，地形适于步战而不利于车战，所以戎狄族多采用步战的方式。在与戎狄族实战的过程中，人们已经发现了车兵不适于在山地作战的局限性。公元前714年，北戎侵郑，郑庄公率车兵迎战，"患戎师"，他很担心抵御不了北戎的进攻，原因是"彼徒我车，惧其侵轶我也"②。活跃于山地的轻捷步兵，对行动不便的车兵造成了很大威胁。为适应与戎狄作战的需要，郑、晋等国开始在车兵之外组建步兵。"晋居深山，戎狄之与邻"③，"戎狄之民实环之"④，晋国周围分布着众多的狄族，狄族的侵扰成为晋国的大患，为有效地抵御狄患，晋国较早组建了独立的步兵。《左传》僖公二十八年记载："晋侯作三行以御狄，荀林父将中行，屠击将右行，先蔑将左行。"有人认为，晋"作三行"是因为已有三军，三行实为三军，为避僭越"天子六军，诸侯三军"古制之嫌，故将新设的三军称为三行。如杜预注曰："晋置上、中、下三军，今复增置三行，以辟天子六军。"可作为这种观点的代表。根据《左传》昭公元年记载的晋国"毁车以为行"、改车为徒的情况分析，"行"为步兵建制，以与车兵之"军"相区别，杜预对晋"作三行"的解释是不妥的。实际上，晋国在"作三行"之前就已经有了步兵，如《左传》僖公十年提到的"左行共

---

① 蓝永蔚：《春秋时期的步兵》，北京：中华书局，1979年，第25页。
② 《左传》隐公九年。
③ 《左传》昭公十五年。
④ 《国语·晋语》。

华,右行贾华"就是步兵的两个统帅。"作三行"可理解为晋文公时期已经有了独立的步兵建制,在此之前虽有步兵,但还没有形成独立的兵种。此后,晋国还把一部分车兵改编成了步兵。公元前541年,晋军在与狄军的一次遭遇战中,战场地形险隘,战车无法施展,晋将魏舒鉴于"彼徒我车,所遇又阨"的不利形势,"乃毁车以为行,五乘为三伍"①,改车兵为步兵,将原来的车兵编制改为步兵编制。这一举措果然奏效,使晋军顺利地打败了狄军。

步兵脱离车兵编制,成为独立建制的兵种,是中国古代军事史上的一件大事,预示着以车战为主的传统作战方式将发生重大变化。由于步兵具有机动性强、适于大规模野战、受战场地理条件制约较小等优越性,因而受到春秋列国的重视,改车为徒、发展独立的步兵成为当时军事制度改革的重要内容和必然趋势。到了战国时期,步兵迅速发展起来,成为各国的主要兵种和军队的主体,车兵降居次要地位,步战取代车战成为主要的作战方式。

春秋战国之际军队兵种的又一重要变化是骑兵的出现。春秋以前作战,载人和运输都用车,不单骑。②在古代文献中,有关骑马的确切记载以《左传》昭公二十五年(公元前517年)"左师展将以公乘马而归"为最早,据此推断,骑马的风习约始于春秋晚期。《孙子兵法》中没有关于骑战的论述,说明在孙武用兵时骑兵尚未出现或尚在初始阶段,其作用微不足道。"骑射所以便山谷也"③,和步兵一样,较早使用骑兵的应是居于山地或擅长游牧的戎狄之

---

① 《左传》昭公元年。
② 杨宽:《战国史》,上海:上海人民出版社,1980年,第290页。
③ 顾炎武:《日知录》,第二十九条"骑"。

族。华夏族诸国使用骑兵,应在春秋战国之际。战国初年,赵、韩、魏三家合灭智氏时,赵襄子"乃召延陵生,令将军车骑先至晋阳"①可知此时的骑兵还是和车兵混合编制的,尚未成为独立的兵种。公元前307年,赵武灵王"胡服骑射",实行军事改革,令军队着胡服,习骑射,"破卒散兵以奉骑射"②,致力于发展骑兵。从此,骑兵活跃于广阔的战争舞台上,成为与步兵和车兵并行的三大兵种之一。

---

① 《韩非子·十过》。
② 《战国策·赵策二》。

第六章 世官制度及其变革

一 宗族体系与政权组织

周代是宗族社会的鼎盛时期，无论是周王室还是诸侯国，无一例外地都存在着发达的宗族体系，宗族网络纵横交织。广而言之，天下所有的同姓贵族同属一个宗族，奉周王为大宗主（族长），故王室有"宗周"之称；各诸侯国的同姓贵族构成该国的大宗族，尊国君为大宗主，因而有"宗国"之称；卿大夫的宗族中有嫡系和旁系，其下属还有宗族或家族。按照宗法制即宗族法规的规定，各级宗主又有大宗、小宗之分和相应的从属关系，具体说来就是：天子为天下之大宗，由王室分封出去的诸侯为小宗；诸侯对天子而言是小宗，对其下属则为大宗。余皆以此类推。这种大宗与小宗的相对划分和大宗统小宗的上下从属关系，形成了"大邦维屏，大宗维翰；怀德维宁，宗子维城"①的宗族政治格局。

---

① 《诗·大雅·板》。

如《左传》襄公十四年所载:"天子有公,诸侯有卿,卿置侧室,大夫有贰宗。"周代的宗族政权主要是通过"天子建国,诸侯立家,卿置侧室"①的分级立宗的分封制建立起来的,其结构呈现出多层次的特点。这里所说的"国""家""侧室""贰宗"实际上就是以宗族为核心的各级政权,天子、公、诸侯、卿、大夫等贵族统治者则是各级宗族政权的宗主。

周代的宗族具有政权的性质,可通过周人对宗庙的重视及宗庙的功能得到说明。宗庙是供奉和祭祀祖先的场所。《左传》庄公二十八年记载:"凡邑,有宗庙先君之主曰都,无曰邑。"宗庙的所在地谓之"都",又称为"宗邑",是宗族统治的中心。原本代表宗族历史传统的宗庙,被人们赋予了多方面的政治内涵,使之成为政权的象征。建国立家首先要营筑宗庙社稷,如:《墨子·明鬼下》载有"三代之圣王,其始建国营都日,必择国之正坛,置以为宗庙";《吕氏春秋·慎势》载有"古之王者,择天下之中而立国,择国之中而立宫,择宫之中而立庙";《礼记·祭义》载有"建国之神位,右社稷而左宗庙";《礼记·曲礼下》载有"君子将营宫室,宗庙为先,厩库为次,居室为后"。此说有史为证,例如:《诗·大雅·绵》记载,古公亶父建国于周原,"作庙翼翼";《诗·大雅·崧高》亦记载,周宣王时申伯受封立国,"有俶其城,寝庙既成,既成藐藐"。宗庙不仅是贵族统治者供奉祖宗神灵的殿堂,而且是重要的施政场所。"国之大事,在祀与戎",举凡国家的隆重祭典,军事上

---

① 《左传》桓公二年。

的"帅师者受命""治兵""授兵"①、献捷、献俘、国与国之间的外交盟会，册命的典礼，每月的告朔、听政等都是在宗庙里举行。正因为宗庙在古代国家的政治生活中有如此显赫的位置和重要的功能，古人每每将宗庙与国家的代名词"社稷"相提并称。如：《吕氏春秋·务本》曰"安危荣辱之本在于主，主之本在于宗庙"，国君的职责就是保证"宗庙之安也，社稷之不危也"；《国语·越语上》把灭人之国谓之"残汝社稷，灭汝宗庙"；此外，还有"宗庙之灭，天下之失"②"灭其社稷，夷其宗庙"③一类的记载，都是代表某个国家寿终正寝了。不难看出，宗庙和国家在含义上是可以画等号的。宗庙的上述性质和功能，集中体现了宗族的政权属性。

周代的宗族既是政治实体，又是经济实体，因而每个宗族都有其公共的财产和独立经营的经济。宗主掌管本族的公共财产，"故天子有田以处其子孙，诸侯有国以处其子孙，大夫有采以处其子孙，是谓制度"④。通过分宗制形成的各级宗族实体，其财产主要是土地和人民，由各级宗主支配。公共财产是宗族赖以存在的经济基础，对宗族内部而言，除非在别族立宗的情况下，族产是不能瓜分的，否则就意味着宗族的解体。

宗族还建有族军，拥有自己的武装。西周金文中"唯王命明公遣三族伐东国"⑤"以乃族从父征"⑥等记载，讲的就是族军随宗主

---

① 《左传》成公十三年、庄公八年、隐公十一年。
② 《吕氏春秋·遇合》。
③ 《吕氏春秋·知化》。
④ 《礼记·礼运》。
⑤ 《明公簋铭文》。
⑥ 《班簋铭文》。

征战的情况。春秋时期诸侯国的卿大夫也多有族军,如楚国有"若敖之六卒"①,邲之战中晋卿知庄子"以其族反之"②。这类宗族武装显然是由宗主控制的。

总之,周代的社会结构是以宗族为核心的,其政权组织亦表现为宗族形态,宗族体系与政权组织合而为一,族权与政权密不可分。

二 宗族政治与贵族世官制度

在以宗族为核心的政治体制下,对于一个宗族来说,宗主的地位至关重要。"宗邑无主,则民不威"③。宗主以本族宗庙社稷的代表自居,拥有广泛的权力,在政治、经济和军事上处于支配的地位。"封略之内,何非君土?食土之毛,谁非君臣?"④宗主有庇护宗族成员的责任,身为宗主的卿大夫在国家任职为官的重要目的就是庇护其宗族,即所谓"守其官职,保族宜家"⑤;反之,"弃官则族无所庇"⑥。宗主对内决断全族事务,对外则代表全族的利益,其得失安危关系到宗族的兴亡。宗主得势,官居高位,则宗族获其荫庇,兴旺发达;宗主失势,丢官弃职,则殃及全族,常常是整个宗族被驱逐或灭亡。此类史事甚多,不胜枚举。

---

① 《左传》僖公二十八年。
② 《左传》宣公十二年。
③ 《左传》庄公二十八年。
④ 《左传》昭公七年。
⑤ 《左传》襄公三十年。
⑥ 《左传》文公十六年。

周代的政权结构表现为宗族形态，国家政权与宗族组织水乳交融。无论在周王室还是在诸侯国，掌握政权的均为占统治地位的各级宗族的宗主，执政的卿士由贵族宗主担任，这种政治体制亦可称为贵族政体。为了说明这个问题，兹将周王室的历代执政大臣排列于下：

武王：周公旦、召公奭、太公望、毕公高、毛叔郑、康叔封、闳夭、太颠、散宜生、南宫括（据《史记·周本纪》）。

成王：周公旦、召公奭、毕公高、荣伯（据《史记·周本纪》）。

康王：召公奭、芮伯、彤伯、毕公、卫侯、毛公（据《尚书·顾命》）。

昭王：不详。

穆王：祭公谋父、吕侯、毛公（据《史记·周本纪》《毛公鼎》铭文）。

共王：伯邑父、荣伯、定伯、单伯、井伯、伯俗父（据《卫盉》《五祀卫鼎》铭文）。

懿王：不详。

孝王：不详。

夷王：不详。

厉王：荣夷公、芮良夫、召公、周公（据《史记·周本纪》）。

宣王：虢文公、仲山甫（据《史记·周本纪》）。

幽王：虢石父、伯阳甫、郑桓公（据《史记·周本纪》《国语·郑语》）。

平王：郑武公、郑庄公（据《左传》隐公三年）。

桓王：郑庄公、虢公忌父、虢公林父、周公黑肩（据顾栋高《春秋大事表·春秋王迹拾遗表》，以下所列俱出此书）。

庄王：虢公、周公黑肩。

僖王：虢公、周公忌父。

惠王：虢公、周公忌父、宰孔。

襄王：宰孔、周公忌父、王子虎、周公阅、王叔桓公。

顷王：周公阅、王叔桓公、王孙苏。

匡王：周公阅、王孙苏、召伯、毛伯。

定王：王孙苏、召伯、毛伯、单襄公、刘康公。

简王：单襄公、刘康公、周公楚、尹武公。

灵王：王叔陈生、伯舆、单靖公。

景王：单靖公、刘定公、单献公、成简公、单成公、刘献公、单穆公。

敬王：刘文公、单穆公、单武公、刘桓公、单平公。

从上列名单可得出以下几点认识：

其一，周王室的执政大臣多由同姓贵族担任。他们多数为王畿内强宗大族的宗主，也有一部分入相王室的畿外诸侯。同姓贵族出任卿士，与周王共掌朝政，成为王室政权的固定程式。这种基本的政治格局贯穿于有周一代，延续到春秋晚期，前后变化不大。

其二，少数异姓贵族亦可出任王室卿士。如武王时期的太公望、闳夭、太颠等人，他们是文王的心腹旧臣，在兴周灭商的过程中功勋卓著，故被委以重任，以酬其功。再如灵王时期的卿士伯舆，其先从平王东迁，在王室危难之际鼎力相助，"王赖之，而赐之骈旄之盟，曰'世世无失职'"①。可见，异姓贵族要获取卿士一类的职务，必须对王室做出特殊的贡献。异姓贵族在王室任卿职者实属凤毛麟角，他们不像姬姓贵族那样有深厚的政治基础，因而常常是骤盛骤衰，昙花一现，世袭卿职者极为罕见。在姬姓贵族眼里，那些暂居高位的异姓贵族只不过是时来运转的暴发户而已。如灵王时王叔陈生与伯舆争政，王叔之宰以鄙视的口吻称伯舆为"筚门闺窦之人"，对其以贱凌贵愤愤不平。

其三，周王室的执政卿往往由几个比较固定的强宗大族出任，带有世卿制的色彩。如周氏、召氏宗族，早在西周初年就以其分支居留畿内，辅弼王室，直到春秋晚期的定王、简王时期，仍有其后裔召伯和周公楚执政。单氏宗族也源远流长，敬王时期的执政卿单穆公、单武公、单平公，其祖上至少可以追溯到约五百年前西周中叶共王时期的单伯。毛氏宗族亦然，如果从康王时期的毛公算起，到定王时期的毛伯为止，其间已经历了四百多年。这些强宗大族数百年长盛不衰，或衰而复盛，连续或隔代继任卿士，是王室政权的主要支柱。此外，王室执政大臣亦由不同宗族的宗主轮流担任，但一般不超出姬姓贵族的圈子，具有贵族共政的特点。

另有证据表明，有些宗族的数代宗主相继担任周王室的同一官职，所任官职较为固定，具有贵族世官制的特点。陕西扶风一带是周原的所在地，西周时期是畿内贵族聚居之地，这里曾发现过一处西周铜器窖藏，出土铜器七件，其中五件有铭②，据铭文可排出器

---

① 《左传》襄公十年。
② 吴镇烽、雒忠如:《陕西省扶风县强家村出土的西周铜器》，《文物》1975年第8期，第57—63页。

主虢季氏五代相连的世系。由铜器时代判断,虢季氏主要活动于西周中期,历经穆、共、懿、孝、夷五个王世。虢季氏的三代宗主名前均冠以官称"师",说明其世袭王室"师"职。西周金文中的"师"属于显职,参与和管理王室的军政事务,职权较为广泛①。在周原还发现过一处重要的西周铜器窖藏,共出铜器一百零三件,其中有铭者七十五件②。这批铜器的主人为微氏宗族,是微子启的后代。由铭文记载可知,微氏宗族的源流非常清楚,这支臣服于周人的殷商后裔延续七代,历经西周武、成、康、昭、穆、共、懿、孝、夷、厉十个王世,几乎与西周王朝相始终。特别值得注意的是,微氏宗族的七代宗主均担任王室史官,世代为"史",以官庇族。有学者认为,西周中央政权有卿事寮和太史寮两大官署:卿事寮长官是太师,是军事和政治上的首长,所属有许多"师氏",简称为"师";太史寮长官是太史,掌管礼制和秘书工作,是文职和神职官员领袖,所属有许多史官。虢季氏世代为"师"和微氏世代为"史",说明"师"和"史"这样重要的官职都是世袭的③。

周王室的政权格局已如上述,下面来看看诸侯国的情况。

由于史籍失载,诸侯国在西周时期的发展线索大都不很清楚。进入春秋时期,诸侯国成为历史舞台上的主要角色,记述诸侯史事的典籍也多了起来,列国兴衰之迹昭然于世,历历在目。我们在此选取具有代表性且史迹明晰的鲁、郑、楚、晋等国,分析诸侯国的

---

① 关于"师"的具体职权,参阅张亚初、刘雨:《西周金文官制研究》,北京:中华书局,1986年,第4—6页。
② 陕西周原考古队:《陕西扶风庄白一号西周青铜器窖藏发掘简报》,《文物》1978年第3期,第1—19页。
③ 杨宽:《西周史》,上海:上海人民出版社,1999年,第372页。

宗族政权。

鲁国的政权为公族所把持。春秋初年，鲁惠公卒，太子允年幼，"长庶子息摄当国，行君事，是为隐公"①。隐公在位十一年，以公子翚、公子无骇为执政。公子翚杀隐公，立太子允为君，是为桓公，公子翚与公族臧孙达秉政。鲁桓公有四子，长子同继君位为庄公，其余三子依次为庆父、叔牙、季友，后来发展成三支强宗大族：庆父之后为孟氏，叔牙之后为叔氏，季友之后为季氏，史称"三桓"。庄公、闵公在位期间，公子庆父与公族臧孙氏执政。僖公以后，三桓世掌鲁政。据顾栋高《春秋大事表·春秋鲁政下逮表》统计，从僖公到哀公八公近二百年间，鲁国的执政卿相继为季友、公子遂、季孙行父、仲孙蔑、叔孙豹、季孙宿、叔孙舍、季孙如意、阳虎、季孙斯、季孙肥等人，其中除公子遂为庄公之子、阳虎以陪臣执国命外，其余的执政卿均为三桓之宗主。终春秋之世，未见有异姓宗族入主鲁政者。鲁国的政权由公室宗族轮流执掌，是典型的公族共政。

郑国立国较晚，"郑桓公友者，周厉王少子而宣王庶弟也。宣王立二十二年，友初封于郑"②。其初封地似在畿内，西周末年尔徙新郑，成为独立的畿外诸侯。由于建国时间不长，郑国在春秋早期不像其他国家那样有根深蒂固的旧公族势力，自庄公至穆公的近百年间，郑国的执政卿史多失载，可考者仅祭仲、高渠弥、叔詹、皇武子数人，其族源亦难以确指。郑穆公子嗣甚多，后发展成数支强宗大族，史称"七穆"。据《春秋大事表·春秋郑执政表》统计，

---

① 《史记·鲁周公世家》。
② 《史记·郑世家》。

穆公以后的历代执政卿相继为子良、子罕、子驷、子孔、子展、伯有、子皮、子产、子太叔、驷歂、罕达、驷弘等人,他们都是郑穆公的后代,即七穆诸分支。可见,春秋时期郑国的政权主要由公族掌握,与鲁国的情形颇为相似。

春秋时期楚君称王,历代国君的分支宗族为王族,相当于其他国家的公族。楚国的首席执政卿称为"令尹",据《春秋大事表·春秋楚令尹表》统计,终春秋之世,先后担任令尹者共二十六人,其中除楚文王时期的彭仲爽为申俘外,其余全部出自王室贵族。显而易见,楚国的政权是由王族掌握的。

晋国的情况与其他国家有所不同。春秋早期,晋国公室内部为争夺君权展开了激烈的斗争。先是被封于曲沃的小宗武公灭掉了大宗公室,许多自西周延续下来的旧公族亡于内乱;之后,晋献公"尽杀群公子"①,诛灭桓叔、庄伯之族;不久,公室内乱再起,献公在骊姬的唆使下"尽逐群公子",以致出现了"国无公族焉"②的局面。晋文公即位以后,开始启用异姓贵族,不再重用公室贵族,异姓贵族取代公族而成为晋国政权的支柱。在春秋列国中,晋国的军政合一体制最为典型,执政卿同时是统率军队的将领。换言之,晋诸军将佐必为执政卿,卿的数量与军队将佐的人数是统一的,首席执政卿无一例外地由中军将即元帅担任,集政权与军权于一身。春秋中期以后,晋国的政权和军权基本上被异姓宗族所控制。据统计,自晋文公"作三军,谋元帅"③开始,终春秋之世,在晋国先后

---

① 《左传》庄公二十五年。
② 《国语·晋语二》。
③ 《左传》僖公二十七年。

出任过卿职的宗族有郤氏、狐氏、栾氏、先氏、胥氏、赵氏、箕氏、荀氏（后分为中行氏、智氏两支）、臾氏、范氏（士氏）、韩氏、巩氏、魏氏、程氏等，其中绝大多数为异姓宗族[①]。同姓公族长衰不振，无力主宰国政，异姓宗族迅速崛起，轮流掌握军政大权，这是晋国的宗族政权有别于其他国家宗族政权的显著特点。

通过以上分析不难看出，在西周和春秋时期，无论是周王室还是诸侯国，其政权结构和政治体制大同小异，都是以宗族政治为基础和核心的。国家政权建立在宗族政治的基础之上，政权与族权合而为一；贵族宗主掌握国家的军政大权，或轮流执政，或世代为卿，具有贵族共政和世官制的特点。

三 宗族政治的瓦解与官僚制度的出现

春秋时期是中国古代社会的大变革时代，社会的方方面面都在发生着深刻的变化。在此背景下，国家的内部结构和政治体制也发生了根本性的变化，变化的趋势是：宗族体系走向崩溃，郡县制开始推行；传统的宗族政治逐渐瓦解，新型的官僚制度随之出现。

春秋列国之间的兼并战争和各国内部的政治斗争，是导致宗族体系崩溃和宗族政治瓦解的主要原因。

进入春秋时期，王室衰微，周王逐渐失去了天下共主的地位，无力号令天下，诸侯国纷纷崛起，出现了诸侯争霸的局面。诸侯争霸实际上是列国之间的兼并战争，争霸的结果使一批又一批的国家

---

① 周苏平：《春秋时期晋国政权的演变及其原因之分析》，《西北大学学报》（哲学社会科学版），1987年第2期，第39—46页。

和部族亡国灭族。据学者考证,"春秋二百四十二年之间,列国之可考者,通四裔计之,都一百七十有七"①。这些国家和部族绝大多数亡于春秋,为大国所兼并。司马迁云:"《春秋》之中,弑君三十六,亡国五十二,诸侯奔走不得保其社稷者不可胜数。"②春秋时期实际的亡国之数远不止太史公所说的五十二个。当时的诸侯霸主和区域性的强国都或多或少地吞并过邻近的弱小国家,郑国执政卿子产云:"昔天子之地一圻,列国一同,自是以衰。今大国多数圻矣,若无侵小,何以至焉?"③ 春秋时地广数圻的大国都是在兼并小国的基础上形成的。在春秋大国中,灭国最多的首推雄踞江汉流域的楚国,其可考者达四十余国之多。东土大邦齐国亦灭国不少,相传齐桓公"并国三十五"④,其详已不可考。中原霸主晋国在开拓疆土的过程中也灭掉了许多国家,"虞、虢、焦、滑、霍、扬、韩、魏,皆姬姓也,晋是以大。若非侵小,将何所取?武、献以下,兼国多矣"⑤。独霸西土的秦国亦不例外,史称秦穆公"益国十二,开地千里,遂霸西戎"⑥。就连鲁国这种未曾称霸的二流诸侯国,居然也吞并了九个国家。终春秋之世,数以百计的弱小国家成了诸侯兼并的牺牲品。国家的不断消亡伴随着宗族的大量灭亡,那些被兼并的国家亡宗灭族,丧失了宗庙社稷,原有的宗族体系及其政权组织不复存在。

---

① 石璋如等:《中国历史地理·春秋篇》,(台北)中国文化大学出版社,1983年版。
② 《史记·太史公自序》。
③ 《左传》襄公二十五年。
④ 《荀子·仲尼》。
⑤ 《左传》襄公二十九年。
⑥ 《史记·秦本纪》。

春秋时期，诸侯国内部的政治格局也发生了急剧的变化。公室与卿大夫、卿大夫与卿大夫、同姓贵族与异姓贵族之间的政治斗争此起彼伏，宗族兼并史不绝书。列国内部政治斗争的原因和过程虽错综复杂，千头万绪，但其最终结果则是一致的，即导致了宗族的大量灭亡。以齐国为例，异姓贵族田氏经过四代人的苦心经营，相继灭掉了栾氏、国氏、高氏、鲍氏、晏氏等旧贵族，"齐国之政皆归田常"①，取代公族而主国政，变姜齐为田齐，完成了田氏代齐的政权演变。晋国政权的变更，也伴随着宗族的大量灭亡。《左传》昭公三年记载的晋叔向对齐晏子所讲的一番话很能说明晋国宗族灭亡的情况："栾、郤、胥、原、狐、续、庆、伯，降在皂隶，政在家门，民无所依。"这里所提到的八个宗族，过去曾是活跃在晋国政坛上的强宗大族，权势显赫，后来相继亡宗灭族，其子孙由昔日的贵族沦落为平民或奴隶。叔向又说："晋之公族尽矣。肸闻之，公室将卑，其宗族枝叶先落，则公室从之。肸之宗十一族，唯羊舌氏在而已。"与叔向同宗的有十一个分支宗族，此时仅剩下羊舌氏一族，其他宗族已亡而不存。到春秋晚期，晋国的卿族仅有韩氏、赵氏、魏氏、智氏、范氏、中行氏六大家。但六卿并没有就此停止兼并，范氏、中行氏、智氏又相继被灭，最终形成了韩、赵、魏三家分晋的格局。在其他国家，宗族之间的兼并也频频发生，"纳其室"②"分其室"③"取其室"④"兼其室"⑤的事件层出不穷。"室"

---

① 《史记·田敬仲完世家》。
② 《国语·晋语》。
③ 《左传》成公七年。
④ 《左传》襄公三十年。
⑤ 《左传》襄公十九年。

是一种财产单位,包括宗族的各种财产,如土地、奴隶、牲畜、器用、货贿等等,宗族灭亡,"室"亦随之被人兼并或瓜分。宗族的大量灭亡,导致了宗族体系的崩溃。

周代国家的内部结构表现为多层次的宗族体系,各级宗族同时也是国家政权。大大小小的统治宗族以都邑为据点临土治民,发挥着类似于国家地方行政组织的职能。这种结构在春秋时期开始解体,逐渐被新兴的郡县制所取代。

据文献记载,春秋时期实行县制的国家有楚、晋、秦、齐、吴等国。楚县和晋县屡屡见诸史籍,面貌比较清楚;其他国家的县制史多失载,其详已难以考知。

楚国设县的主要途径是灭国置县。楚国在春秋时期兼并了许多国家,常常于亡国之地设县管理,并用原来的国名作为县名。例如,申、息是与楚为邻的两个小国,春秋初年楚文王"实县申、息"①,灭之以置县。楚庄王趁陈国内乱出兵伐之,"因县陈"②,灭陈以为县。

楚县是武力征服邻国的产物,以国为县,因而规模较大,且主要分布于楚之边境。见于文献记载的十几个楚县,大都设置在与中原诸国频频交战的北部边境地区,驻有重兵,实际上起着边际军事重镇的作用。掌管楚县的长官称为县公或县尹,其主要职责是领兵作战,保卫或拓展疆土。县公、县尹由楚王直接任命,楚王可以随时免职或调迁之。这说明,楚县隶属于国君,县政大权掌握在国君手中。

---

① 《左传》哀公十七年。
② 《左传》宣公十一年。

晋国设县的途径在春秋早期略同于楚国，也是灭国置县。春秋中期以后，晋县的设置则主要是通过另外一种途径，这就是：晋国国内贵族之间的兼并斗争日趋剧烈，其结果使一批又一批的贵族亡宗灭族，丧失封邑，那些取胜的强宗大族获得了亡族者的封邑土地，遂改邑为县，设县管理。如公族祁氏、羊舌氏被灭族后，"魏献子为政，分祁氏之田以为七县，分羊舌氏之田以为三县"①，公族灭亡后，其封邑被异姓卿族以设县分管的方式所瓜分。又如"州县，栾豹之邑也。及栾氏亡，范宣子、赵文子、韩宣子皆欲之"②，栾氏亡族之后，其封邑改设州县，成为卿族争夺的对象。此类现象在晋国比比皆是，宗族的大量灭亡为县制的广泛推行创造了条件。

由于晋国主要是在内部灭族分邑为县，因而晋县的数量多于楚县，但规模较小。《左传》昭公五年云："韩赋七邑，皆成县也；羊舌四族，皆强家也。晋人若丧韩起、杨肸，五卿八大夫辅韩须、杨石，因其十家九县，长毂九百；其余四十县，遗守四千，奋其武怒，以报其大耻。"其中明确提到当时卿族拥有五十余县。时隔不久，祁氏、羊舌氏亡，其邑分为十县，使晋县增加到六十余个。如果加上其他亡族者的邑县，晋县的数量还会更多。与楚国不同，晋县主要分布在内地，因为县的前身是旧贵族的封邑，多在人烟稠密的富庶之地。掌管晋县的长官称为县大夫，多由卿族子弟担任。《史记·晋世家》记载，晋顷公十二年，"晋之宗家祁傒孙、叔向子相恶于君，六卿欲弱公室，乃遂以法尽灭其族，而分其邑为十县，各令其子为大夫"。晋县隶属于卿族，国君无力控制，与楚县不同，

---

① 《左传》昭公二十八年。
② 《左传》昭公三年。

这种格局是由晋国特定的政治背景所决定的。从《左传》记载的情况来看，晋县没有管理县政之职官，有一定程度之司法权，同时又是提供军赋、征发徭役的单位，说明它已基本具备了地方行政组织的功能①。除县之外，晋国还设有郡，由"上大夫受县，下大夫受郡"②可知，县大郡小，与后世郡大县小、以郡辖县的郡县制有所不同。

楚县和晋县代表了春秋县制的两种类型，这两种各具特色的县制都是中国古代地方行政建制由宗族都邑制向郡县制转变的过渡形态。相形之下，晋国的县制更接近于战国、秦、汉时期的郡县制。晋、楚两国县制产生的途径虽不尽相同，但都是在宗族体系土崩瓦解这一历史背景下形成的。灭国也罢，亡族也罢，其直接后果都是导致了宗族政权的崩溃。诸侯国和诸侯国内部分支宗族的灭亡，是郡县制产生的社会条件。换言之，郡县制是作为宗族政权的替代者出现的。

春秋时期政治体制的又一显著变化，是新型官僚制度的出现。

官僚之称，古已有之，几乎和国家的产生一样古老。官者管也，是指国家职事人员；"同官为寮"③，寮、僚相通，是指同署办事的官吏。简而言之，官僚是国家职事人员或者官吏的泛称。在不同的历史时期，官僚的形态是不相同的。在春秋以前，官僚位在贵族之下，类似于后世的管家和管事，所以又称臣正、有司、百僚、百官等等，他们各守其职、各司其事，一般不参与国家政务。到了

---

① 周苏平：《春秋时期晋国的县制》，《史学月刊》1986年第2期，第14—20页。
② 《左传》哀公二年。
③ 《左传》文公七年。

战国时代，官僚制度形成，它是和传统的贵族世官制相对的新的政治制度，是指根据个人的能力、学识、才干和功劳选拔、任免、使用官吏的制度，宗族血缘关系不再作为官吏升迁进退的依据。

中国古代国家为贵族政体，国家政权由贵族宗主掌握，采取宗主共政的形式。宗族政权中有许多管理具体事务的官吏和家臣，如商王国的各种臣正，周王、诸侯和卿大夫宗族内的有司及各种家臣等等。"委质为臣，无有二心，委质而策死，古之法也"①。家臣和宗主通过"委质为臣"之礼，以契约的方式确立君臣关系，臣子必须效忠于君主，终身服侍，死而后已。这些家臣性质的官吏，其身份实质上是宗主的管家和管事，替宗主管理宗族内部事务。家臣"不敢知国"②，不得参与国家事务。家臣和宗主的关系是主仆关系，有些家臣凭借主人的权势耀武扬威，好像有很大的权力，实际上他们不过是贵族的爪牙和奴才而已，法定的社会政治地位十分低下。在宗主掌权的贵族政体下，臣官有职无权，身贱位卑，因而始终没有形成发达的官僚制度。

在社会剧烈动荡的春秋时期，列国的旧贵族大量灭亡，宗族体系土崩瓦解，建立在宗族体系之上的宗族政权也难以继续维持。在有的国家如晋国，异姓卿族逐渐掌握了政权，他们废除了传统的分封制和贵族世官制，设县委官治民，重用官僚，向封建专制的国家迈进。随着贵族政体的解体，家臣的地位迅速上升，有的挣脱了家臣不敢知国的传统枷锁，想方设法参与国家人事，"陪臣执国命"③

---

① 《国语·晋语九》。
② 《左传》昭公二十五年。
③ 《论语·季氏》。

者已非个别现象。此外，有的贵族为了夺权斗争的需要，广招士人，收养食客，与之结为主仆关系。这些才华出众但身世贱微的士人食客为了报答收养之恩，忠心耿耿，任凭主人呼唤驱使。他们是官僚队伍的后备军，一旦主人夺取政权，他们就自然而然地转变为效忠其主的官僚，与执掌国政的主人结成新型的封建君臣关系。可见，官僚政治是在宗族政治崩溃的前提下形成的，由家臣制度和养士制度演变而来。

春秋末期，新型的官僚已活跃于历史舞台，孔门弟子中有不少这类人物。孔子授徒三千，"学而优则仕"①，其目的就是培养官僚。孔门弟子入仕后，无论是仕于国君参与国政，还是仕于卿大夫为其家臣，大都成为新型官僚。他们和国君及卿大夫之间没有血缘关系，不是凭身份高贵而是凭其才学入仕，凭才干换取俸禄，而不拥有禄邑；君臣之间没有依附性，合则留，不合则去，而不是终身制或世袭制。这些都是新型官僚的特点，与宗族政治体制下的旧官僚有本质的区别。

进入战国时期，各国经过以否定宗族政治为主要内容的变法运动，先后完成了由宗族国家向封建专制国家的转变。随着生产力的进步、社会分工的发展、军事活动的频繁，国家的内政和外交事务剧增，官僚队伍迅速壮大，并逐渐形成了稳定而系统的制度。官僚成为独立的阶层，依照国家法令或国君的旨意行使管理国家的职责，国家机器的运转主要通过官僚进行。至此，官僚政治彻底取代了宗族政治，封建官僚制度最终确立。

---

① 《论语·子张》。

第七章 国野制度与村社组织

春秋前期，诸侯国统治地方的主要方式是沿用西周所确立的世袭采邑制度。在世袭采邑制度下，各级贵族在封邑内占有土地和人民，掌握着相对独立的军政大权。当时的国野制度，是地方政区结构的主要表现形态。然而，春秋时期的国野制度与西周时期相比，已经开始发生了变化。个别国家虽然保留了国都鄙野制，但也对它做了部分调整，表现在"国"对"野"的控制逐渐加强，"野"开始向新的地方行政统治区转变①。

一 春秋列国的拓疆活动

春秋时期，由于社会生产力的发展，劳动力的价值进一步提高，"野"中某些地区具备了建立城郭、经营农业的条件，从而刺激了贵族占领更多地盘，剥削更多劳动力的贪欲。同时也由于

---

① 赵世超：《周代国野制度研究》，西安：陕西人民出版社，1991年，第240页。

"国"中人口不断增加，迫切需要向外移民。于是，春秋时期的一些大诸侯国，先后都开展了拓疆活动。如晋国夺取了原为戎、狄活动区的大片土地。《左传》记载：僖公三十三年（公元前627年），"晋败狄于箕……获白狄子"；宣公十一年（公元前598年），晋景公亲履狄地，与众狄首领会于欑函，双方结为联盟，从而使以潞氏为首的赤狄陷于孤立；宣公十五年（公元前594年），荀林父败赤狄于曲梁，旋又灭潞氏，杀其首领酆舒；同年，晋又灭长狄鄋瞒；次年，又灭赤狄甲氏及留吁、铎辰。赤狄潞氏在今山西潞城东北，甲氏在长治境内，铎辰在长治东南，留吁在长治、屯留南，长狄活动于临汾、长治至山东西部一带，而荀林父与赤狄交战的曲梁在今河北鸡泽。赤狄、长狄被灭，晋迅速向东拓进，自晋东南至于冀南、豫北，大片狄土及为狄所攘夺的邢、卫故地，如河内、朝歌、邯郸等，皆为晋邑。至此，晋与东方齐、鲁、卫诸国比境而邻，开始连成一片。此后，晋国又用类似的办法对付北戎，同样取得了很大的收获。公元前541年，晋将荀吴与魏舒大败北戎无终及群狄于太原，接着又率军攻灭白狄所建的肥国和鼓国。北戎无终部活动区在今山西太原西南，肥在今河北藁城西南，鼓在河北晋州，通过这一系列的战争，晋国的势力遂扩展到今山西及河北的中部。

在晋国大规模拓疆的同时，南方的楚国也在积极向外发展。一方面北上攘夺汉东诸国和土著部族的土地，使随、郧、罗、蔡、陈、唐、宋等国、族或迁或亡，或为附庸，尽置楚的控制之下；另一方面，楚又向南方的群蛮、百濮进攻，对汉南地区的控制也进一步巩固。之后，楚国又对东方的群舒和淮水流域的其他东夷小邦进行了征伐。这样，使楚国的势力大大扩张，成为南方地区最为强大的诸侯国。

与此同时,郑、鲁、齐、秦等春秋时期的大国也都先后展开过向外的拓疆活动。这种活动打破了以往小邦林立的局面,使胜利者获得了大片土地,单靠扩大原来的国城,已无法全部包容于其中。因此,与向外发展相伴随,春秋时,强大的诸侯都纷纷在新获的边地上构筑城邑,一方面借以分散"国"中人口,一方面又利用新增加的统治据点来控制更大的统治区域。如鲁国曾于朗、成、祝、平阳、费等地筑城,楚国曾于郑、栎、巢、陈、蔡、城父等地筑城。这些新筑的城,有的属于被灭小国的都邑,但大多是以"野"中人民的聚居点为基础发展起来的。

二 县 的 设 置

以上所述各国新筑的城邑一部分由国君直接掌握,称为公邑;其余大部分则赐予卿大夫,称为都。《诗·小雅·十月之交》曾提到"皇父孔圣,作都于向",可知卿大夫建都始于西周,只是到了春秋时期才成为比较普遍的现象。都城之外,还散布着许多的小邑。《左传》襄公二十六年记载,卫国孙林父反叛,晋人"取卫西鄙懿氏六十以与孙氏";襄公二十八年记载,"与晏子邶殿,其鄙六十"。邶殿是都,六十个小邑是鄙,散布于邶殿周围。大规模地筑城使各国的统治据点陡然增加,而每一个据点又分别控制着一定的统治地域,这样,野人便被进一步置于国中贵族的控制之下了。

在贵族采邑制度保留并占据主导地位的同时,郡县制度在春秋时期已开始初步形成。《史记·秦本纪》记载:"武公十年,伐邽、冀戎，初县之。"秦武公十年即公元前 688 年，是春秋时期关于设县的最早记录。有学者认为此时的县，只是表示"对这一地区实行了占领和并吞"，因为秦国直到公元前 350 年的商鞅变法时，才"并诸小乡聚，集为大县"的。

与秦国的情况不同，楚国在兼并战争中发展较快，先后吞并了不少边境的小国，在得到这些新土地后，或将其中的一部分赏赐给贵族作采邑，但是更多的是在其地设置县，由国君直接任命县公进行统治。楚国的县由于设在边境落后地区，所以面积一般相当大。有学者曾做过统计，楚国在春秋时共设县十七个①，有申、息、商、沉、析、郧、陈、蔡、东不羹、西不羹等。其中七个是被灭亡的小国，六个是利用小国旧都改建而成，另有四个是原来边疆上的别都。县的长官称县公，由贵族充当，也可以世袭。他们地位很高，仅次于令尹和司马，直辖于楚王，代王驻守各地。多数大县有一套集中的政治组织和军事组织，有一支强大的军队，由县公统帅，参加对外战争，这既便于国君的集中统治，也利于加强边防。同时，县公虽可世袭，但国君罢免其职要比取缔一个封邑便利得多。所以，县的大量设立，不仅对于王权的强化具有积极意义，同时也意味着国君统治"野"人的权力得到了延伸，而且在郢都外围增置了这么多军事据点，对楚国的北上争霸和扩张起了重要作用。

春秋时期另一个设县较多的诸侯国是晋国。《左传》记载，僖公三十三年（公元前 627 年），晋襄公"以再命命先茅之县赏胥臣"。可见晋之设县也是很早的事。《左传》昭公五年记载了楚国分

---

① 杨宽：《春秋时代楚国县制的性质问题》，《中国史研究》1981 年第 4 期，第 19—44 页。

析晋国的军事实力时提到:"韩赋七邑,皆成县也。羊舌四族,皆强家也。……晋人……因其十县九家,长毂九百,其余四十县,遗守四千,奋其武怒,以报其大耻。"说明当时晋国设县还是较多的,且有一定的规模,杜预以"百乘"①为一县的标准,可知晋国当时的军事实力是非常强大的。晋国县的长官既称守,也称大夫,称守是就其官职而言,称大夫是就其爵位而言。县大夫之职通常由卿大夫及其弟子担任,多不世袭,与过去的采邑制有很大的不同,有利于集权政治的形成。晋国的县开始由国君控制,但随着卿大夫势力的崛起,许多县的统治权落入了强大的卿大夫之手。卿大夫们同时也在自己的领邑内设置县。这样,县作为一级行政机构也就逐渐由边地向中部地区推进了。《左传》昭公二十八年记载:"魏献子为政,分祁氏之田以为七县,分羊舌氏之田以为三县。"执政魏献子在灭掉晋国大族后,将旧的采邑设为县,直属于国君,选用了一批曾有军功的人和有杰出才能的人任县大夫,打破了长期以来按照亲亲原则分封采邑的旧制,对晋国集权政治的形成起到了重要的作用。

比较秦、楚、晋各国所置之县可以看出,楚国多以改造旧有小国作为县,且大小无定,各县的县公也多为王室重臣和军事统帅,似不能简单地视同一级基层行政长官。这同晋国所置之县相比,显然不可同日而语。为此,曾有学者指出,秦、楚、晋的区别,或许正可代表春秋时"野"中统治机构逐步设立的一般进程②。如果说秦国的县仅仅是对新占领区做了军事上的占领,那么,晋、楚两国却已开始对占领区作行政管理上的改造工作了,只是楚国的改造还

---

① 杜预:《春秋经传集解》昭公二年。
② 赵世超:《周代国野制度研究》,西安:陕西人民出版社,1991年,第245页。

属于初步阶段，而晋国却要深入得多。由最初的军事占领区逐步过渡为行政区划，标志着春秋县制的发生和发展。可以说，春秋地方结构中，国野制的基本保留和县制的发生发展，正是新旧文明历史性转变的渐变过程。

三　村社组织的变化

国、野划分是西周、春秋时期特有的历史现象。它鲜明地体现出周代社会最基本的阶级结构。楚人范无宇所言"地有高下，天有晦明，民有君臣，国有都鄙，古之制也"①，即把都鄙之别看得如同自然法则，有着不可更改的秩序。国野制这种特殊的社会结构形式，其形成和存在必然要依据特殊的历史条件为基础。这种历史条件应包括两个方面，一是阶级形成后的部族征服战争，再是原始共同体组织的普遍存在②。

直接导致国、野划分的应是阶级萌芽后的部族征服战争。国野制既不是氏族内部自然生长的阶级对立发展演变的结果，也不是原始时代纯粹部落间的战争所能造成。氏族内部的阶级分化绝不会发生壁垒森严的地区对立，纯粹的氏族社会中亦"不曾有奴隶，奴役异族部落的事情照例也是没有的"③。统治者之所以要把被征服的异族置于国郊以外的野中，是由于当时生产规模的狭小，家族宗族

---

①　《国语·楚语》。
②　胡新生：《西周春秋时期的国野制与部族国家形态》，《文史哲》1985年第3期，第59—67页。
③　《马克思恩格斯选集》第4卷，北京：人民出版社，1972年，第93页。

的容量有限，虽然能将部分战俘收入族内，但却不能消化吸收所有的战俘。这时，战胜者就只好保留对方原来的家族组织，将他们置于统治部族住地以外的地区，以索取贡赋的形式榨取其集体的剩余生产物。因此，这种保有原始宗族关系的村社组织在以井田制为基础的农村公社中普遍存在，并构成当时社会最基本的经济单位，发挥着组织集体劳动、解决日常纠纷、管理其他公共事务等方面的职能。

周代农业中实行井田制度，土地属于国家所有，不得自由买卖，如《诗经·小雅·北山》所谓，"溥天之下，莫非王土；率土之滨，莫非王臣"。土地要按时分配，定期轮换。奴隶二十岁受田，六十岁归田。"受田，上田夫百亩，中田夫二百亩，下田夫三百亩"，且"三年一换土易居"①。井田分为公田和私田两个部分，公田是由奴隶共同耕种的土地，私田是由各家自行耕种的土地。奴隶在耕种时要优先保证公田的生产，然后才能耕种私田。他们在里胥、邻长的监督下集体劳动，"群萃而州处……以旦暮从事于田野"②。《诗经·豳风·七月》具体描述了农民全年的生产和生活情况，无论耕种、收获、采集、织丝麻、染色、狩猎等，都是集体行动。年终全体乡里成员还要举行祭祀活动，共同祝酒庆贺，"跻彼公堂，称彼兕觥，万寿无疆"，表明这种乡里是以家族和宗族的血缘关系为纽带联结而成的。《逸周书·大聚》也说："合族同亲，以敬为长，饮食相约，兴弹相庸，耦耕俱耘。"也清晰地刻画了一幅合族而聚，共同生产、共同生活的宗族场面。

---

① 《公羊传》宣公十五年何休注。
② 《国语·齐语》。

春秋时期基于井田制之上的这种负责组织、管理公社集体生产和生活的基层组织称为"社"或"书社"。《吕氏春秋·高义》记载:"书社三百。"《左传》昭公二十五年记载:"自莒疆以西,请致千社。"杜预注:"二十五家为社。千社,二万五千家。"《荀子·仲尼》篇:"与之书社三百。"王先谦注曰:"书社,谓以社之户口书于版图。""版",《周礼·天官·宫伯》郑玄注云:"名籍也,以版为之,今时乡户籍,谓之户版。""图",《周礼·天官·司会》郑玄注云:"土地形象,田地广狭。"可见,春秋时期的书社已比较普遍。之所以把公社称为书社,是因为公社必须把社区内的户口、土地数字制成清册上交于各国统治者,作为对公社农民征收田税和力役的根据。《管子·小称》:"公子开方以书社七百下卫矣。"房玄龄注曰:"古者群居,二十五家则共置社,谓以社数书于策。谓用此七百之书社降下于卫也。"《管子纂诂》卷十一记载:"二十五家为里,里必置社,书户口、田圃于策,藏之社中,谓之书社。七百,一万七千五百家。"也就是说二十五家为一里,在里中设社,将户口田数登记在策上,存放在社中。《汉书·食货志》在谈到井田制的组织系统时说:"五家为邻,五邻为里,四里为族,五族为党,五党为州,五州为乡。"这与《诗经》《逸周书》所述里、社、族组织之数完全一致。可见,先秦时期的"里""社""书社"均是一回事,是井田制中最基层的组织。邻、里关系不仅是一种地缘上的关系,同时也是一种血缘上的关系。"社"既是大集体生产和生活的组合形式,又是以家族为核心的血缘关系组织。考古发掘也证实了周代社会组织关系上的这种特征。河南郑州碧沙岗发掘的一百四十五座春秋、战国墓群中,多数墓都是用一件或数件日常使用的器物来随葬,从数量或质量上都看不出有什么悬殊的差别。在四十五个灰坑中,出土了几十件石斧、蚌刀、骨刀、铜镞、陶纺轮、陶网坠等农具、手工业工具和渔猎工具,以及上千件动物遗骨,说明这些墓主生前是从事农业、家庭手工业、渔猎业的劳动者,也就是井田上劳动的农民,死后又葬在一起。可见,春秋至战国前期郑国继续存在着宗族关系和井田制组织①。

然而,伴随着春秋时期各国大规模的拓疆活动和不断的军事征服进程,建都设邑甚至置县成为各国管理新占领区的主要方式。在这种情况下,村社组织的职能开始发生了变化。

首先,卿大夫居都,为公室守邑,使部分部族或宗族首领的权力被取代。《史记·楚世家》记载:"惠王二年,子西召故平王太子建之子胜于吴,以为巢大夫,号为白公。"巢为群舒之一,此前分属于吴国、楚国,但未见设置官吏的记载,可能由其部族首领充当代理人,到白公胜出任巢大夫时,原来的部族首领即使仍然存在,也变得无足轻重了。其后,随着县的出现,地方上出现了县公、县大夫、县师等官职,都邑里也出现了以邑宰为主的管理系统。起初担任邑宰的尚多为贵族同宗子弟,他们以家长代表的身份居于都,代行剥削野人的权力。后来,随着卿大夫的采地规模不断扩大,一家竟可占有数个大都。如:"韩赋七邑";范氏占有随、范、郇、栎等邑;鲁国季氏既有宗邑费,后又从公室手里夺取了下邑。这样,卿大夫手下的邑宰人数也日渐增加。加之,一邑当中,也开始分设不同的职掌,邑宰之外,又出现了司徒、司马、马正、工师、贾正

---

① 河南省文化局文物工作队第一队:《郑州碧沙岗发掘简报》,《文物参考资料》1956年第3期,第27—41页。

等。且由于春秋时人口流动已经发生，并日益频繁，故邑宰等官职的选派渐渐不以同族为限，加入了一些异姓的才识之士。如孔子的弟子出任宰官者甚多，其中有些甚至出身于下层。县大夫和邑宰的委任既不尽出于"亲亲"，而其职掌又带有地方行政的性质，所以这些人便共同构成了后来国家官吏的前身。县、邑由公室或私家选派的管理人直接进行统治，鄙、野中村社或部族首长的重要性就会相应削弱，以前的统治和剥削不通过村社或部族首领便难于执行，现在在不少场合都改由宰官发号施令，如《国语·晋语九》记载："赵简子使尹铎为晋阳。请曰：'以为茧丝乎？抑为保障乎？'简子曰：'保障哉！'尹铎损其户数。"茧丝象征赋税，损其户数，则每户的负担就可减轻。而户数的多少可以由邑宰掌握，可见宰官的职权已经很大，而且大大削弱了原来村社中家族族长的权力。

其次，由于生产力的不断提高，春秋时的农业生产已经开始从大集体劳动向小集体劳动甚至是个体劳动转化，这就必然使父权制的大家庭成为一个具有相对独立性的生产生活单位，并且逐步取代了过去的大家族的地位。这样，以整个家族或包含几个家族的村社作为纳贡、服役单位的情况就不能持续下去了。上述《国语·晋语》中的赵氏在其采邑中已开始按户征赋即是一例。公元前594年，鲁国实行"初税亩"，开始按照每个大家庭实耕土地的多少征收赋税，说明鲁国已将剥削的对象落实到了每户。至于税率，孟子曾言夏、商、周三代"皆什一也"。《论语·颜渊》云："哀公问于有若曰：'年饥，用不足，如之何？'有若对曰：'盍彻乎？'曰：'二，吾犹不足，如之何其彻也？'对曰：'百姓足，君孰与不足？百姓不足，君孰与足？'"这里的"二，吾犹不足"的"二"字，何晏《集解》曰"谓十二而税",即十分抽二。《孟子·告子下》又说:"白圭曰:'吾欲二十而取一,何如?'孟子曰:'子之道,貉道也。'"孟子以为二十取一过轻,鲁国什取二又过重,足见那时的彻法税率自然较少于什二,概为孟子所云的什一税。

最后,由于春秋时期各诸侯国之间的战争日益频繁、规模不断扩大,加之都、县的设立,野人(即居住在野的民众)也朝着国家编户的方向迈进了一步,各诸侯国开始向野人征收赋、税、役,使国、野之间的剥削形式和内容逐步趋于划一,野人也开始服兵役和缴纳军赋。如《左传》记载,僖公十五年(公元前645年),晋国为了扩充兵源而"作州兵"。《周礼·地官·载师》注引《司马法》云:"王国,百里为郊,二百里为州,三百里为野,四百里为县,五百里为都。""州"在"郊"与"野"之间,是野人所居之处,本来是不服兵役的,而此时适应战争的需要也开始服兵役。按照礼法的规定,晋国只能有一军的兵力,但晋献公"作二军",晋文公搜于被庐"作三军",三年后又搜于清原"作五军",八年后"舍二军"复三军之数,到了公元前588年则改"作六军"①,永为定制。晋国军队人数的骤增,没有野人作兵源,组成这样庞大的队伍是完全不可想象的。此外,《左传》记载,襄公十一年,鲁国"作三军",季氏令其下属带着各自统辖的采邑民众加入他所掌握的军队,就是把兵役负担进一步摊派到邑中野人的头上。公元前590年鲁国"作丘甲",公元前538年郑国"作丘赋"。"丘"本属野人居住之区,既不当兵,也不出兵赋。《穀梁传》成公元年有"丘甲,国之

————————

① 《左传》闵公元年、僖公二十七年、僖公三十一年、文公六年、成公三年。

事也,丘作甲,非正也。……夫甲,非人人之所能为也"。此时,鲁、郑两国"丘"中野人出丘甲、丘赋,承担起原本由国人承担的义务,获得了保卫国家的权力,从而使野人与下层国人的地位开始接近。这样,野人所处的原始村社组织制度逐步被国家统一管理体制所取代。战国以降,当个体私有制经济突破原始村社组织的外壳独立出来,改变了社会的基本经济单位时,"野"内的原始族居状态便被彻底打破,国野制随之消失。

第八章 农业发展与土地制度的变化

春秋时期由于冶铁业的兴起,农业中开始出现铁制农具,加之耕牛在农田中的使用,以及水利工程的兴修和整治,使得这一时期的农业生产比西周时期有了明显的进步。

一 铁器的出现和推广

铁制工具在中国是什么时候发明和开始使用的,在历史学上曾被认为是中国古代史分期的一个关键,在考古学上也还没有完全解决。但至少在春秋时期,我国已开始冶铁和使用铁器当无异议。

1976年,在山西灵石的一座商代墓葬中发现了一件铜钺,通体有铁锈,经化验,其刃部的含铁量达到8.02%,这可能是由于熔炉的温度已能达到将半生的铁矿冶炼出来的程度且这些铁被铸进器物中。说明当时的人们不仅认识了铁的性能,而且还初步掌握了冶铁所必需的温度条件。1972年底,在河北藁城台西商代遗址中出土了一组青铜器和玉器,其中有一件铁刃铜钺,在铜质的钺身前部嵌以

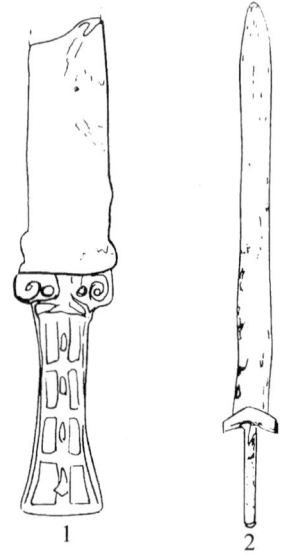

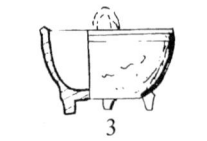

1. 铜柄铁剑　2. 铁剑　3. 铁鼎

铁制的钺刃，据专家鉴定，这个铁刃可能来自陨铁。有的专家据此说，在商代铁的使用已经开始了①。但是，陨铁是自然铁，不是人工铁，陨铁的使用，只能说是人类开始认识了铁。真正进入铁器时代是以人工冶铁术的出现为标志。

文献中的"铁"字，最早见于西周春秋之交。《诗经·秦风·驷驖》有"驷驖孔阜，六辔在手"之句，意思是说，秦襄公打猎时乘着四匹黑色大马驾的车，手里挽着六条缰绳。这里的"驖"字在孔颖达《正义》中写作"铁"字，意即马色如铁，可见铁在当时已是很常见的东西。《左传》鲁昭公二十九年（公元前513年）载："冬，晋赵鞅、荀寅帅师城汝滨，遂赋晋国一鼓铁，以铸刑鼎，著范宣子所为《刑书》焉。"这是我国历史上最早使用生铁铸造器物的记载。《国语·齐语》记载，管仲曾向齐桓公提出用铁铸造农具的建议："美金以铸剑戟，试诸狗马；恶金以铸锄、夷、斤、斸，试诸壤土。""美金"指青铜，用以铸造兵器；"恶金"指铁，用以铸造农具、工具等。《吴越春秋·阖闾内传》中说，吴王阖闾用"童男童女三百人鼓橐装炭"，然后，"金铁刀濡"，铸成

---

① 郭沫若：《中国史稿》第1册，北京：人民出版社，1976年，第196页。

"干将""莫邪"两柄剑。《越绝书》卷第十一中说,楚王请欧冶子和干将"凿茨山,泄其溪,取铁英",铸成"龙渊""秦阿""工布"三柄铁剑,并议论说,过去有过"以石为兵""以玉为兵""以铜为兵"的时代,现在是"以铁为兵"的时代,"作铁兵,威服三军,天下闻之,莫敢不服。"从这个故事可以看到,铁兵器在春秋、战国之际的战争中发挥了空前的威力。

这些史料,由于注释不同,或人们对史料本身的可靠程度存在分歧,是否能够作为春秋时期人工炼铁的证明,长期以来学术界一直存在着争议。由于考古发掘中春秋铁器的不断出土,尤其是春秋早、中期人工炼铁器的出现,证明了春秋时期已开始跨入铁器时代。发现的年代最早的铁器是1978年在甘肃灵台景家庄秦墓中出土的一把铜柄铁剑,剑叶残长9厘米,铁剑叶焊接于铜格

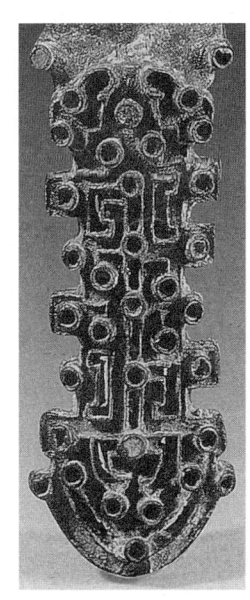

嵌绿松石短剑 春秋晚期

上，年代属于春秋早期。1990年在河南三门峡虢国贵族墓中也出土了一把铜柄铁剑，年代属于春秋早期。1976年在湖南长沙杨家山春秋晚期墓中出土一柄铁剑和一件铁鼎形器，剑为含碳约0.5%的碳钢，鼎为白口生铁。1978年在河南淅川下寺楚国墓中发现一件玉柄铁剑。1974年在江苏六合（今南京六合区）程桥1、2号墓中出土了铁条、铁丸，铁条是经过锻打挤出夹杂的氧化物而形成的熟铁，铁刃则是生铁铸造的。由此可见，熟铁、生铁、钢这三者于春秋时期都已存在，说明此时冶铁业已经发展到一定的水平。

考古发现，在陕西、河北、河南、湖南、湖北、江苏等地先后出土春秋时期的铁䥶、铁铲、铁镰、铁锄、铁锛等农具二十六件以上[①]。这些出土的铁器从时间上来说，从春秋早期、中期到春秋战国之际均有；从分布的地域来看，兼涉北方的周、秦、燕和南方的吴、越、楚，与文献的相关记载也是相吻合的，说明春秋时代制造和使用铁农具已比较广泛。

除金属农具以外，春秋时仍继续使用非金属的农具。在江苏、江西、河南、河北、山东、山西等地诸多春秋遗址中，都曾出土一定数量的木、石、骨、蚌等农具。由此看来，尽管铁农具已开始在各国推广应用，但在各类农具中并不占主要地位，作为农业生产主要工具的仍然是传统的非金属农具。

然而，春秋时期铁器的出现和使用，仍然具有划时代的意义。由于铁工具的坚固锐利远远超过了石、木、骨、蚌和青铜器，铁农

---

① 顾德融、朱顺龙：《春秋史》，上海：上海人民出版社，2001年，第201页。

具的逐步使用和迅速推广，提高了开垦荒地的能力，便于深耕细作，推动了农业生产的迅猛发展。

二 耕作技术的进步和兴修水利

春秋时期耕作技术的进步，首先表现为牛耕的出现和推广。

铁制农具出现以后，牛耕渐趋普遍起来。《国语·晋语九》："夫范氏、中行氏不恤庶难，欲擅晋国，今其子孙将耕于齐，宗庙之牺为畎亩之勤。"这是说晋国的范氏、中行氏在晋国贵族间的斗争中失败后，他们的子孙逃亡到了齐国当农民，只好将宗庙中作为牺牲的牛改为耕地的工具。《论语·雍也》："犁牛之子，骍且角。虽欲勿用，山川其舍诸？"说明一般耕牛已不作祭品。在山西浑源出土的晋国铜牛尊，其鼻穿环（现藏上海博物馆），也从一个侧面证实牛已被牵引以从事生产劳动。

春秋时，由于牛耕成为时尚，所以许多人名往往以牛和耕、犁相联。《史记·仲尼弟子列传》记载，孔子弟子"冉耕，字伯牛""司马耕，字子牛"。《论语·颜渊》："司马耕问仁。"孔安国注曰："牛，宋人，弟子司马犁。"取人名特意将"牛"与"耕""犁"等字相联，反映了春秋时期以牛挽犁耕地的生产场景。

西周时期，农业生产的主要耕作方式是"耦耕"，完全依靠人力的集体劳动。春秋时期，牛耕和铁器的出现，大大提高了农业生产效率，有利于各国大面积地开垦荒地，充分发挥土地的潜力。如周平王东迁之初，郑国还是荆棘遍地，经过郑人"庸次比耦，以艾杀此地"①，披荆斩棘，很快将这里变为了一个农业发达的地区。楚国的祖先活动于江汉地区，在春秋初年时尚且是辟地荆山，筚路蓝缕，与草莽共处。但随着楚国耕地的开发和农业经营水平的提高，它不仅在经济上迅速赶上了中原各地，而且在政治上也成为强大的霸主。由于开垦的新地较多，楚国执政大夫蒍掩在全国范围内登记土地农田治理情况，以增加国家的税收。晋国的"南鄙"原本是"狐狸所居，豺狼所嗥"的地方，晋惠公将其赐予姜戎之后，"诸戎除翦其荆棘，驱其狐狸豺狼"②，开发为可耕的农田，后来魏国据有此处时，已是一派农业兴旺的新景象。由于各国不断地垦荒，使原来各国边境之间的空地大大减少。《左传》哀公十二年（公元前483年）记载："宋、郑之间有隙地焉。"郑人先后在这儿建立了六座城邑，以安置从宋国逃亡而来的族人，从而使这块荒地得以开垦，变成了一大片良田。

其次，春秋时期耕作技术的进步，表现为耕作技术和耕作制度的进步。《诗经·齐风·甫田》："无田甫田，维莠骄骄。"《毛传》曰："甫，大也。大田过度而无人功，终不能获。"朱熹《诗集传》也说："田甫田而力不给，则草盛矣。"说明春秋时已注意通过中耕管理来提高单位面积的产量，原始粗放的广种薄收开始逐渐为人们所放弃。《左传》隐公六年引周任之言："为国家者，见恶，如农夫之务去草焉，芟夷而蕴崇之，绝其本根，勿使能殖，则善者信矣。"芟、夷连用，系指除草，将田间之草除掉之后堆积起来

---

① 《左传》昭公十六年。
② 《左传》襄公十四年。

使其发酵,既可防止草根重新孳生,又能用以肥田。《国语·齐语》记载,当时的农民"挟其枪、刈、耨、镈,以旦暮从事于田野","及耕,深耕而疾耰之",除草、施肥,深耕熟耘,农人终日辛劳于田间。

与加强田间管理相应,春秋以来人工灌溉与排水工程的兴修也有了明显的发展①。如《左传》襄公十年记载,郑国的子驷在执政时曾"为田洫",大力整修用于田间排水的沟洫;襄公三十年记载,子产又使"田有封洫",取得了成效,得到了民人称颂,"我有田畴,子产殖之"。《左传》襄公二十五年则记载:"楚蒍掩为司马,子木使庀赋,数甲兵。甲午,蒍掩书土田,度山林,鸠薮泽,辨京陵,表淳卤,数疆潦,规偃猪(潴),町原防,牧隰皋,井衍沃,量入修赋。"这段文字描写了楚国依据土地的不同情况制定纳税的标准,但从"规偃猪"(即规度土地受水多少)与"町原防"(即修筑田界、堤防)等可以看出,在长期的生产进程中,楚国的土地已被精心整治为各种不同的类型,其间部分农田包括大片方块井田与不规则的小块田地已有了排水设施。

与此同时,较大规模的水利工程也崭露头角。《诗经·周南·汝坟》:"遵彼汝坟,伐其条枚。"《毛传》:"汝,水名;坟,大防

---

① 古史分期讨论中,有人引用古代埃及和两河流域国家由于灌溉系统的发达而出现中央集权的史实,认为大禹治水就完成了大规模的灌溉系统,促进了中央集权的出现。然而,中国的情况不同,大禹治水是当时中原地区水涝成灾时人们兴修的排水工程,而非灌溉系统。据统计,西汉时的农田灌溉亩数才二千多万,占全部耕地的很小比例。春秋时各国兴修的排水沟渠也是离田地近的沟渠积水浅、离田地远的沟渠积水深,足以证实此时各国兴修的沟渠主要是一种排水工程,而不是灌溉工程,如果是为了灌田之用,水位应高于田地。

也。"《春秋》襄公十六年记载:"公会晋侯、宋公、卫侯、郑伯、曹伯、莒子、邾子、薛伯、杞伯、小邾子于湨梁。"湨梁,即湨水之堤梁,《尔雅·释地》"梁莫大于湨梁",说明当时的一些重要河流上已经有了堤防的修筑。《春秋》庄公九年记载,鲁国"浚洙"。洙水为泗水支流,"浚洙"即是对洙水水道加以疏通。楚国在令尹孙叔敖执政时,曾在淮河流域上修建水渠系统,"决期思之水,而灌雩娄之野"①。期思陂在今河南商城及附近一带,孙叔敖将期思水(今史河和灌河)引入周围众多的中小陂塘而形成期思-雩娄灌溉工程。在兴建水渠的同时,我国历史上最早的人工运河也已建成。吴王夫差开凿的邗沟,自邗(在今江苏扬州东南)至末口(在今江苏淮安北),沟通了江、淮两大水系。后吴王夫差又"阙为深沟,通于商、鲁之间,北属之沂,西属之济,以会晋公午于黄池"②,进一步沟通了与沂水、济水的交通。正是由于各国都有国家经营的水利事业,所以齐桓公在葵丘大会诸侯时,有"无遏籴""无曲防""无壅泉"的誓约③,以协调各国关系共同防水患兴水利。

三 井田制的演变

井田制度到了春秋时期逐渐发生了变化。由于铁制工具的出现,大量的荒地得以开辟,私田数量日渐增加。加之春秋时期农业

---

① 《淮南子·人间训》。
② 《国语·吴语》。
③ 《公羊传》僖公三年、《穀梁传》僖公九年、《孟子·告子下》。

技术的不断进步,农作物的产量有所提高。于是,公社农民对私田的劳动兴趣逐渐增加,但对公田却不管不顾,正如《左传》僖公十五年所云"不肯尽力于公田",出现了"公田不治"的现象。《诗经·齐风·甫田》也云"无田甫田,维莠骄骄""无田甫田,维莠桀桀"。公田上莠草丛生,无人管理。《国语·周语》记述了周王室的使者途经陈国时,看到"野有庾积,场功未毕",庄稼丢在田里没有人收割,堆积在场院上的谷物没有人碾打,反映了公田衰落的情景。

青铜蚌形镰

与公田衰落形成鲜明对比,私田却日益发展起来。表现在:一方面,私田的数量日渐上升;另一方面,由于私田在相当长的时期不向国家交税,所以拥有大量私田的私家在经济上逐渐富庶起来,他们凭借自己强大的经济实力,通过土地的买卖甚至凌夺,企图扩大自己的私田。《左传》记载:成公十一年(公元前580年),"晋郤至与周争鄇田";成公十七年(公元前574年),晋"郤锜夺夷阳五田","郤犨与长鱼矫争田";昭公九年(公元前533年),"周甘人与晋阎嘉争阎田";昭公十四年(公元前528年),"晋邢侯与雍子争鄐田,久而无成"。这种争田、夺地的事件,反映了当时土地私有的现象已经出现,西周以来井田上那种"田里不鬻"的现象被打破了。

"公田不治",直接影响了依靠公田收取赋税的各国公室(诸侯)的经济收入。于是,各国贵族逐渐放弃了以公田收获作为租税的剥削方法,实行"履亩而税"。所谓"履亩而税",就是不再区分公田、私田,而是丈量全部土地,按照实有耕地的数量加以征税,税率大致还是见"什税一"①。但这种见"什税一"的税收比耕作不善的"公田"的收获要多,加上新垦地也要收税,贵族统治者的收入大大增加,所以"履亩而税"的方法先后被各国采用。公元前685年,管仲在齐国率先实行"相地而衰征"②,即视土地肥瘠分等级征税,成为春秋时最早实行"履亩而税"的国家。

公元前645年,晋国"作爰田"③,废除了土地定期分授的制度,把田地直接赏赐给贵族,并且改易了原来公田和私田上的疆界,"易其疆畔",使贵族的采地连成一片。但是,晋国的"作爰田"还没有承认贵族对土地的所有权。如《左传》僖公三十三年记载,贵族先茅绝后,晋襄公把他的采地赐给了胥臣。贵族绝后,采地要归还公室,说明所有权仍在公室。《左传》成公十一年载,晋

---

① 《左传》宣公十五年杜预注:"公田之法,十取其一。今又履其余亩,复十收其一。"
② 《国语·齐语》。
③ 《左传》僖公十五年。

郤至与周争鄇田。周王的使者刘康公、单襄公驳斥郤至时说："襄王劳文公而赐之温，狐氏、阳氏先处之，而后及子。"晋侯能使温三易其主，同样说明温的所有权始终在公室。采地由公室赏赐，贵族占有，这仍然是"田里不鬻"的原则。不过，"作爰田"之后，贵族对采地的占有权无论在数量上还是内容上都进一步扩大了。从数量上看，"作爰田"开创了资助公田给贵族的先例。此后，晋侯为了换取大夫的支持，继续把一些公邑之田以赏赐的名义资助给有功的贵族，如晋文公赐狐氏、阳氏以温，赐赵衰以原，晋襄公赐胥臣以先茅之县等等。这就使一些贵族的采地迅速扩大，打破了按爵位占田的旧制。从内容上看，无论是旧有的采地，还是新赏赐的采地，都不再区分公田、私田，且赐给贵族的土地属世袭占有，不得随意收回再赐他人。《国语·晋语六》就记载了晋厉公在鄢陵之战后，可赏赐的公邑之田所剩不多，他改封贵族封地，结果遭到了贵族的反对，终于招来杀身之祸。正是由于贵族对土地的这种世袭占有权，晋国贵族在"作爰田"之后争田夺地的斗争异常激烈，《左传》有关争田夺地的记载凡十二见，晋国就有八见，而且全部发生在"作爰田"之后。可见，晋国的"作爰田"是应贵族扩大采地占有权而作，"作爰田"之后，由于采地内公田的取消和公邑之田的再赏赐，又促使了这种占有权的内涵进一步扩大。尽管还只是占有，但占有的程度已发生了很大的变化。从土地的王室所有到诸侯所有的发展过程来看，诸侯的变占有为所有是随着王室的衰微逐渐合法化了的。"作爰田"之后，晋国的土地从"田里不鬻"到可以买卖，从公室所有到合法化了的私家所有已成为发展的趋势①。

公元前594年，鲁国实行"初税亩"。《穀梁传》宣公十五年记载："初税亩，初者，始。古者什一，籍而不税。初税亩，非正也。古者三百步为里，名曰井田。井田者，九百亩，公田居一，私田居一。私田稼不善，则非吏。公田稼不善，则非民。初税亩者，非公之去公田，而履亩十取一也。"《公羊传》宣公十五年记载："初税亩，初者何？始也。税亩者何？履亩而税也。……何讥乎始履亩而税？古者什一而藉。什一者，天下之中正也，什一行而颂声作矣。"

---

① 关于爰田，有不少学者都进行过研究，并取得很大的成就，但绝大多数人都认为爰田只是一种定期分配份地的制度，属于井田制的范围，也就是说，爰田只是井田制的一种实施办法。这种解释似乎有一定道理，但有许多矛盾无法解释：爰田制的基本内容"三年一换土易居"（《公羊传》宣公十五年何休注），所以"换土易居"的原因是各家所耕的土地质量不一样，有"上田""中田""下田"之分，"上田，夫百亩；中田，夫二百亩；下田，夫三百亩"（《汉书·食货志》）。显然，爰田最重要的一点就是每家所耕的土地质量与数量不一样，因此才有必要定期换田。而井田制则完全不同，那是"方里而井，井九百亩""八家皆私百亩"。这里根本没有注意到土质的好坏，因而没有数量多少的区别，所以不需换田。很显然，在有关井田的记载中，是与换田的内容不相关的。徐中舒首先把井田与爰田看作是两种田制，他在《试论周代田制及其社会性质》中明确指出："《周礼》中原有三种不同的田制：一种是属大司徒所掌的不易、一易、再易的爰田；一种是属遂人所掌的'三年一换土易居'的爰田；还有一种是属于小司徒所掌的井田。"然而，徐中舒把井田与爰田这两种不同的田制看成是并行存在的，其区别只在于实施的地区不同："井田是从高地农业基础上，在肥沃低地上逐渐发展起来的田制。……换耕制的爰田，是人类社会发展中普遍存在的制度。从欧洲到亚洲都是存在的。井田，只是适合中国东方低地的田制，不是普遍存在的制度。西周生产力，就是以爰田制的三田制和年年耕种的井田制，作为最高指标。"（徐中舒：《中国的奴隶制与封建制分期问题论文选集》，北京：三联书店，1962年。）对于这种观点，林剑鸣提出不同意见，认为"把换田的原因归结为'高原'是不符合实际的"。他指出："秦、晋等国都位处高原，如果是这样，就不应该存在井田。可见，井田和爰田的实施，原因不在于地的高低，而在于生产关系的变动，爰田是井田制崩溃以后出现的一种田制，这种田制对井田制的生产关系做了某些调整（如剥削的形式和奴隶地位的改变），虽然这种调整没有从根本改变奴隶制的生产关系，但它确是对井田制的一种改良，是属于奴隶制土地国有这个范围内的改革，如秦的爰田就是在西周井田制崩溃以后建立的，晋国的'作爰田'也是在原来本国井田制已不能维持的时刻出现的。因此，爰田制是井田制的发展，虽然它没有改变奴隶制土地国有的性质，但奴隶制国有土地本身也有发展、变化。"（林剑鸣：《秦史稿》，上海：上海人民出版社，1981年，第110页。）

杜预《春秋经传集解》说："公田之法，十取其一。今又履其余亩，复十收其一，故哀公曰：'二，吾犹不足。遂以为常，故曰初。'"从上述引文可以看出，所谓初税亩，就是按亩征税，过去只在公田按十分之一征税，现在不论公田、私田一律收税，客观上承认了私田的合法性。今人多把初税亩看成是田税改革，其实，田税改革是以田制改革为基础的。《汉书·食货志》就曾明确指出："公田不治，故鲁宣公初税亩。""公田不治"反映了鲁国贵族厌恶井田上的剥削方式——助法，要求扩大采地占有权的强烈程度。面对这种局面，鲁国进行了田制改革，正如《穀梁传》所言："藉而不税，初税亩，非正也。"就是说采用了"初税亩"取代"藉"的办法。"藉"者，助也。助耕的取消，就意味着把采地内公田的收益权交给了贵族，而且是以"履亩而税"作为交换条件，显然比晋国的"作爰田"有所发展。

公元前548年，楚国实行了赋税改革。《左传》襄公二十五年记载："蒍掩书土田，度山林，鸠薮泽……量入修赋。"楚国执政者

《左传》"初税亩"书影

要求"书土田",即登记土泽田地的状况,实际上主要是对新垦的私田进行统一登记,承认私田的合法性,然后"量入修赋",让占有田地的人按照实际收入来缴纳战车、马匹和武器装备费用,以增加国家的军事赋税。这种赋税制度的改革,必然促使楚国私田公开、迅速地发展。

此外,陈国实行了"赋封田"的赋税改革。《左传》哀公十一年记载:"辕颇为司徒,赋封田以嫁公女。有余,以为己大器。国人逐之,故出。"司徒辕颇因为挪用、贪污了一些军赋,遭到了国人的驱逐。事实上,陈国早在周定王时公田上就已经"田在草间,功成而不收",此时如果没有取消旧的剥削方式——助耕,没有把采地内的公田交给贵族占有,向贵族"赋封田"是不可想象的。

公元前543年,子产在郑国也进行了田制、赋税方面的改革。子产一方面维护井田制,"使都鄙有章,上下有服,田有封洫";另一方面,对私田以妥协的办法加以处理,使"庐井有伍"①,就是不剥夺私田主的土地所有权,把土地连同居民按"伍"编制起来,加以管理,征收税赋。公元前538年,子产为了增加国家的财政收入,改变了军赋的征收办法,而"作丘赋"②。作丘赋,即是按丘收取军赋,除了井田外,私田也要征收军赋。反映了郑国井田制的进一步瓦解,封建土地所有制的普遍存在。

秦国是春秋时期赋税改革较晚的国家,于公元前408年实行"初租禾"③制度。"初租禾"与"初税亩"性质相同,依照土地的面

---

① 《左传》襄公三十年。
② 《左传》昭公四年。
③ 《史记·六国年表》。

积来征收租税，实际上承认了封建土地私有制的合法化。

春秋时期各国的田赋改革引起了生产关系方面的一系列变化，各种变化因素又交互影响，进一步促使井田制迅速走向崩溃。一方面，旧的农村公社的土地公有制逐渐被土地私人占有取代，公田与私田之间的界限逐渐消失。这种状况既是土地占有制和所有制在经济领域的一种新的表现，也是促使社会生产关系发生变化的内在原因和条件。另一方面，"履亩而税"需要农民与耕地的关系保持相对的固定，于是，"三年一换主（土）易居"①变为"自爱其处"②，原来农业中的宗族公社逐步分化瓦解，以私田为基础、以个体劳动为主要方式的封建生产关系全面确立。到了战国时期，各国进一步展开了加快封建化进程的变法运动，如秦国的商鞅变法"废井田，开阡陌"，承认土地私有，在全国范围内确立了封建土地所有制，使井田制彻底瓦解。

---

① 《公羊传》宣公十五年何休《解诂》。
② 《汉书·食货志》。

第九章 手工业与商业的发展

春秋时期是我国古代生产力发生根本性转变的时期，由青铜器时代逐步进入铁器时代。冶铁业的出现推动社会生产力迅猛发展，使社会经济发生了根本性的转变，农业上开始使用铁制农具和牛耕，各国先后修建了大规模的水利工程。先进的耕作技术和先进的生产力水平，促使社会生产关系也发生了实质性的变化。伴随着社会经济的发展，商业和城市经济也开始繁荣，与此同时，"工商食官"制度全面瓦解，个体手工业者、自由商人开始出现。

一　铁器与青铜铸造业

春秋时期，伴随着社会经济的发展和生产方式的改变，铁制农具开始在农业生产中逐渐运用推广，并被广泛应用于军事乃至社会生活的各个领域。因此，铁器铸造是春秋时期重要的手工业部门之一。

考古发掘出土了大量春秋时期的铁器，据不完全统计，包括春秋早、中、晚三期铁器共计八十件以上①。从出土的铁器品种看，早期以武器为主，也有农具、工具，中晚期的种类大大增多，有农具、工具、武器、礼器和日常用具，表明铁器的应用范围日益广泛。从出土的区域来看，早期仅在西北地区和河南西部的秦、虢等国，中晚期已遍布周、郑、秦、燕、齐、鲁、吴、越、楚、蜀等国，其中尤以南方出土的铁器较多，说明楚、吴等国冶铁手工业后来居上。

青铜王子午鼎 春秋晚期 饪食器

秦公簋 春秋中期 盛食器

铁器的冶炼工艺大致分为三种。早期的铁制品多用块炼法，即把铁矿石加热到 800 ℃—1 000 ℃，产生不熔化的铁块，由于它的含碳量低，结构疏松，质地柔软，只有经过锻打，提高其性能以后，才能制成所需的器具，这种由矿石直接炼成的熟铁块，被称为块炼铁、软铁，或称为锻铁，如程桥墓出土的铁条；为增加块炼铁的强度和韧性，采用高温热处理技术，并不断锤打，使炉中的碳逐渐渗入铁而变成含碳适中，硬、韧度较好的钢，这种钢即是块炼渗

---

① 顾德融、朱顺龙：《春秋史》，上海：上海人民出版社，2001 年，第 169 页。

碳钢,如杨家山墓出土的剑;将铁矿石加热到 1 200 ℃—1 350 ℃,使矿石熔化成液态,从而直接浇铸成各种器皿,这种铁即是生铁,又称铸铁,如杨家山墓出土的鼎和程桥墓出土的铁丸。一般而言,用块炼法冶铁是早期阶段普遍使用的方法,在经历了相当长的锻铁冶炼发展过程后,才出现了生铁铸造技术。我国发现最早人工冶炼铁属春秋早期,而到春秋晚期就已出现了生铁铸器。它的出现具有十分重大的意义。因为生铁克服了块炼铁的弱点,不需反复锻打,从炼炉中出来的铁水,就能用以直接浇铸,这便有效提高了劳动生产率,使大量生产和铸造复杂的器形成为可能。湖北大冶铜绿山考古发掘证实,春秋时人们已熟练掌握了使用竖炉的冶铜技术①,此点自然为冶炼生铁提供了基础,可以推测,当时的冶铁业也已采用鼓风竖炉,在原料、耐火材料和冶炼技术方面都有了相应的发展。生铁质地坚硬,但却性脆易折,春秋时已出现了热处理技术,

陈喜壶及铭文
春秋时期　盛酒、水器

---

① 夏鼐、殷玮璋:《湖北铜绿山古铜矿》,《考古学报》1982 年第 1 期。

借此来增加产品的韧性,经过处理的铁器,其锐利程度和使用寿命进一步提高,能够在生产中发挥其越来越大的作用。《吴越春秋·阖闾内传》生动地描写了吴王阖闾铸造"干将""莫邪"两柄宝剑时,"采五山之铁精,六合之金英……使童男童女三百人鼓橐装炭,金铁刀濡,遂以成剑"。使用三百童男童女鼓风装炭共同炼铁,说明用于鼓风的橐很多,炼铁的炉子相当大。反映了春秋时已出现规模巨大、组织有序的冶铁工场。

世界各国的冶铁技术发展史上,一般都曾经历过低温炼铁和高温炼铁两个阶段,先发明锻铁,后出现铸铁和韧性铸铁技术,两者之间却往往相隔很长时间,以欧洲为例,从发明块炼铁到使用生铁整整用了两千五百年。我国使用块炼铁虽比西方稍晚,但生铁制品的出现和韧性铸铁技术的出现却比外国最早使用生铁的时间还早一千八百多年。先进的冶铁手工业在中国大地的出现,对春秋时期的社会产生了巨大的影响。正如恩格斯所说:"铁使更大面积的农田耕作,开垦广阔的森林地区成为可能;它给手工业工人提供了一种其坚固和锐利非石头或当时所知道的其他金属所能抵挡的工具。"冶铁手工业的产生,大大推动了春秋时期的生产力,促使农业、手工业、商业产生了根本性的变革,生产关系亦随之出现了大的转折,为中国由奴隶社会进入封建社会奠定了物质基础。

与铁器铸造业同时存在的另一个重要手工业部门是青铜铸造业。考古证实,中国的青铜铸造在夏代或更早就已出现,在春秋时期并没有因铁器铸造业的出现而衰落,而是发展到一个新的高峰。首先,青铜器的数量急剧增加。从春秋的遗址和墓葬中陆续出土了数量众多的青铜器皿,其中大型墓葬有如安徽寿县蔡侯墓共出土青

青铜镶嵌龙纹敦　春秋晚期　盛食器

青铜鸟形盉　春秋早期　盛酒器

青铜错金圆鼎　春秋中期　饪食器

青铜蟠虺纹簠　春秋中期　盛食器

铜器具四百八十六件[1]，河南淅川下寺楚墓共出土各类青铜器七百多件[2]，河南三门峡上村岭虢国墓仅青铜礼器一项就出土一百八十一件[3]。其次，青铜器的种类也很多。春秋以前的青铜器以礼器为

---

[1] 安徽省文物管理委员会、安徽省博物馆：《寿县蔡侯墓出土遗物》，北京：科学出版社，1959年。

[2] 河南省丹江库区文物发掘队：《河南省淅川县下寺春秋楚墓》，《文物》1980年第10期，第13—21页。

[3] 中国科学院考古研究所：《上村岭虢国墓地》，北京：科学出版社，1959年。

大宗，而且主要是王室、王臣铸造的礼器。随着王权衰落、诸侯国兴起，大小诸侯国纷纷铸造礼器，诸侯、卿大夫以至家臣铸造的青铜礼器急骤增多。除了姬姓、姜姓等大国有大批青铜礼器发现之外，一些小国如邓、䣄、邾等国的礼器也有不少发现。青铜日用器物如釜、甑、铜镜、带钩等迅速增加，还出现了较多青铜农具和青铜建筑饰件，说明青铜器的使用逐步突破贵族礼乐的范围，扩大到政治、军事、生产和日常生活等社会生活的各个领域。1973年发掘的湖北大冶铜绿山古铜矿遗址，清理出不同时期、不同结构、不同支护方法的竖井、斜井和盲井数百个，平巷一百余条。发掘古炼场三处，并出土了一批古代炼铜炉，经过复原后炼铜竖炉高约1.5米，壁厚为0.4米。随同出土的还有大量用于采矿和冶炼生产的铜、铁、木、竹、石、骨质的生产工具。这个古铜矿使用时间很长，从主要遗存来看，前后使用跨春秋、战国至汉代数百年的时间，共采矿冶铜达8—10万吨[1]。由此也可以推出当时青铜铸造业的规模是相当大的。

春秋中晚期以后，青铜铸造工艺有了新的突破，采用焊接、分铸法，用锡、铜、铅合金将附件直接焊接到器身之上，此外，还使用器身与附件分别作模的分铸法。山西侯马铸铜遗址出土了三万多块陶范，可以辨认的器形有鼎、豆、壶、簋、匜、匕、斧、铲、锛、刀、镞、剑、钟、镜、带钩、空首布和车马饰等，说明这个作坊曾经生产礼器、兵器、工具、农具、乐器、货币、车马饰品等各种器具。从这些陶范可以看出当时青铜器皿"分铸法"的应用较前

---

[1] 湖北省黄石市博物馆等：《铜绿山——中国古矿冶遗址》前言，北京：文物出版社，1980年。

蟠虺纹铜构件　春秋　建筑材料

更加普遍,有的先铸附件,再铸器身时与附件接合,也有的先铸器身,再铸附件相接合,但青铜工具和兵器一般仍用单范铸造,而且一范多用①。山西长子 7 号晋墓出土的鉴、列鼎、扁、豆等铜器均系采用分铸再焊接的办法制成的②。此外,在河南新郑、安徽寿县、河南辉县琉璃阁、山西长治分水岭以及陕西宝鸡等地发现的这一时期的铜器,也都具有这些特征。分铸法的广泛使用,除使产品趋于规格化外,还便于处理形制极为复杂的铸件,创造出气势雄伟、结构复杂的艺术作品。

春秋晚期,铁给手工业者提供了坚韧锐利的工具,从而可以对

---

① 山西省文管会侯马工作站:《1959 年侯马"牛村古城"南东周遗址发掘简报》,《文物》1960 年第 8、9 期。

② 陶正刚、李奉山:《山西长子县东周墓》,《考古学报》1984 年第 4 期,第 503 页。

青铜器进行更细微的加工。在这种新的技术条件下，镶嵌纯铜和金、银丝的工艺和以描写宴飨、狩猎等贵族生活为主题的画像线刻工艺发展起来了。如在安徽寿县蔡侯墓出土了敦、豆、缶、方鉴、四耳盘等七件铜器，均采用红铜镶嵌花纹[1]；在山西太原金胜村251号春秋大墓出土了两件错金带钩，是金银错器具[2]；在江苏六合（今南京六合区）程桥2号墓出土的一件铜器上，有线刻的树林、野兽、对饮的人物及捧豆侍者等贵族宴饮和狩猎的残图[3]。这种镶嵌技术无论在题材还是在技术上，都是一种创新。

春秋时期还出现了新的青铜铸造技术。在河南淅川下寺楚国墓葬中，2号墓所出的铜镜和1号、3号墓出土的铜盏盖钮和器足经鉴定是用失蜡法铸造而成的，它们是迄今发现的我国最早的失蜡法工艺标本[4]。失蜡法工艺是将易熔化的黄蜡制成模后，在蜡模表面用细泥浆多次浇淋，涂上耐火材料，使其硬化，做成铸型，再经烘烤，使蜡油流出，然后浇注铜液，铸成结构复杂的青铜器。失蜡法的应用开创了我国铸造工艺的新方向。

由于春秋时青铜器制作技术比西周进步，制造的青铜器皿更加精美。如河南新郑出土的莲鹤方壶，盖上铸镂空莲瓣两层，立一鹤，昂首展翅。方壶周边饰以蟠龙纹，腹旁以两龙为耳，腹上部各有一组相互缠绕的三兽，四隅用飞兽为扉棱，圈足上四边各有两兽

---

[1] 安徽省文物管理委员会等：《寿县蔡侯墓出土遗物》，北京：科学出版社，1956年。
[2] 山西省考古研究所、太原市文物管理委员会：《太原金胜村251号春秋大墓及车马坑发掘简报》，《文物》1989年第9期，第59—87页。
[3] 马承源：《漫谈战国青铜器上的画像》，《文物》1961年第10期，第26—30页。
[4] 河南省丹江库区文物发掘队：《河南省淅川县下寺春秋楚墓》，《文物》1980年第10期，第13—21页。

相对。全壶设计奇巧,鹤、兽、龙造型精美,花纹雕刻细腻,是春秋时期的代表作品①。

随着春秋时期手工业的发展,出现了独具风格的青铜器产品。《周礼·冬官·考工记》记载:"郑之刀,宋之斤,鲁之削,吴粤之剑,迁乎其地而弗能为良,地气然也。"如吴、越以铸剑工艺而闻名,今从考古上已经得到了证实。现藏山西省博物馆的吴王光剑出于山西原平峙峪;现藏安徽省博物馆的另一柄吴王光剑出于安徽庐江;越王勾践剑出于湖北江陵望山等。这些铜器的形制大体与中原地区的相似,而吴王光剑的火焰状花纹和越王勾践剑的菱形花纹却表现出明显的特色。这两柄铜剑铸造十分精美,已历时二千五百多年,出土时银光闪耀,明洁如新,剑锋犀利,至今犹可断发,代表了吴、越青铜铸造业的高超技艺。

二 玉石器、漆器和纺织业

春秋时期,凡贵族墓葬均常见用玉石作为随葬品的,尤其是大、中型贵族墓出土的数量较多。这些玉石器除一部分如圭、璋、玦、璧、琮、璜等与礼仪有关外,其他大多为装饰艺术品,包括一些用宝石琉璃组成的串饰、坠饰。其中有不少玉石器雕琢成鱼、龙、人、兽、鸟、禽、蚕、蝉等形象。河南光山宝相寺发现的黄君孟夫妇墓,年代属春秋早中期,墓中共出土玉器一百八十五件②。

---

① 《中华文物鉴赏》,江苏:江苏教育出版社,1990年,第44—45页。
② 河南信阳地区文管会、光山县文管会:《春秋早期黄君孟夫妇墓发掘报告》,《考古》1984年第4期,第302页。

江苏吴县严山发现的"吴国宫廷用玉"窖藏，共出土玉石器四百零二件，年代属于春秋晚期①。这两批玉器数量大、种类多、制作精美，是研究春秋时期玉器的重要资料。

髹漆是在器物表面涂漆使之美观和坚固耐

山东临淄郎家庄1号墓出土的漆器图

用的工艺，所用的漆由漆树皮里的粘汁制成，是人类至今掌握的少数几种天然涂料之一。商、周已有漆器，春秋时得到进一步发展。至20世纪80年代中期，春秋时期漆器出土地点达十几处，与前代相比数量已有明显增多。春秋早期的上村岭虢国墓地，曾出土漆豆、漆盘多件②；春秋早中期的光山黄君孟夫妇墓，其G2主棺外通体髹黑漆，四周朱漆彩绘曲纹、波纹和三角纹，并出土木胎漆豆、漆斗、漆盖，大多为黑底红彩③；春秋中晚期的湖北当阳赵巷4号墓，出土漆木器二十多件，有方壶、簋、豆、俎、镇墓兽、瑟等。这些漆器多以整块木料刳成，髹黑漆底，绘红色花纹，以金、银勾画点缀，色彩艳丽，层次感强。特别是三件漆俎，上面还描绘

---

① 吴县文物管理委员会：《江苏吴县春秋吴国玉器窖藏》，《文物》1988年第11期，第2—14页。

② 中国科学院考古研究所：《上村岭虢国墓地》，北京：科学出版社，1959年。

③ 河南信阳地区文管会、光山县文管会：《春秋早期黄君孟夫妇墓发掘报告》，《考古》1984年第4期，第302页。

有体态多变、灵活生动的珍禽神兽①。

螭形玉佩

丝织品是春秋时代手工纺织业中的精品，是贵族们的主要衣服原料。当时在黄河流域的周、晋、齐、鲁、秦、郑、卫和长江下游的楚、吴、越等国都普遍种桑养蚕。《诗经》中关于采桑、桑园的诗就有十多首，说明农村中采桑、养蚕、织丝是妇女的主要劳动，也是农业生产的重要方面。《汉书·地理志》记载，当时的齐国是丝织业的中心，"故其俗弥侈，织作冰纨绮绣纯丽之物，号为冠带衣履天下"。《管子·小匡》记载，齐桓公称霸时曾以花锦厚礼回赠诸侯。《晏子春秋·外篇》记载，齐景公曾在台榭上披盖绣着花纹的丝织品。现已发掘的春秋时期的丝织品实物有安徽舒城凤凰嘴的铜鬲上的残绢，该残绢编织密度为每平方厘米有经线25根、纬线17根，较之西周墓中的丝织品精细得多②。山东临淄（今淄博临淄

---

① 宜昌地区博物馆：《湖北当阳赵巷4号春秋墓发掘简报》，《文物》1990年第10期，第25—33页。
② 安徽省文化局文物工作队：《安徽舒城出土的铜器》，《考古》1964年第10期，第498—503页。

区）郎家庄1号墓出土了绢、锦、刺绣的残片和玉、玛瑙制作的蚕形器，说明齐国贵族不仅生前重视丝、蚕，还将它们作为重要的殉葬品。墓中的一块丝织品，经密56×2根/厘米，纬密32根/厘米，经丝投影宽0.2—0.5毫米，纬丝投影宽0.13—0.2毫米，可见它们织造得十分精细①。1983年河南信阳地区光山县发现的黄夫人孟姬墓中，出土了丝织品残片六件，其中紫色绣绢二件、丝绢四件。二件紫绢质地均匀，绣窝曲纹，锁绣针法，由三色或四色线绣成。四件丝绢中，三件为纬重平组织，经线多为双根，一件为细绢，织造均匀紧密，每平方厘米有经线82.5根、纬线43根。这几件绢纺织物是我国纺织史研究中难得的实物标本。

蟠虺纹玉佩

三　手工业官营、私营制度

由国家设置机构和职官经营手工业是商、周以来的传统。春秋时期，官营手工业继续发展。《国语·晋语四》："工商食官。"韦昭注："工，百工。……食官，官禀之。"手工业者由官府供

---

① 山东省博物馆：《临淄郎家庄一号东周殉人墓》，《考古学报》1977年第1期，第73—164页。

养。《国语·齐语》"处工就官府",就是说手工业者由官府直接控制管理。当时各国官府管理手工业的官吏有工正、工尹、工师等职。大凡礼器、兵器、车马器等属的生产均由官府控制,而一些日常生活用品则由所谓"工肆之人"的民间手工业者自产自销。

官营手工业者是世袭的。《周礼·冬官·考工记》:"世谓之工。"郑玄注:"父子世以相教。"《国语·齐语》:"工之子恒为工。"《礼记·王制》:"凡执技以事上者,祝、史、御、医、卜及百工。凡执技以事上者,不贰事,不移官。"《左传》襄公九年:"其庶人力于农穑,商工皂隶,不知迁业。"这些史料说明,官营手工业者世代为官府的工匠,不能任意迁移和改变职业。他们世代相袭,以宗族为单位共同居住,且以本宗族最擅长的行业作为自己的氏名、人名,如裘氏善缝、磬氏善石。这种习俗的形成,当是某些宗族长期从事某一行业的生产,由于代代传习,积累了丰富的生产经验,形成了独特的技巧,有了自己的代表性产品并得到社会的公认,日久沿袭,这种代表性的产品也就成为自己的名号了。

官营手工业是直接为奴隶主贵族服务的。为了满足他们奢侈生活的需要,官营手工业的经营范围是十分广泛的,质量要求也是十分高的。所有在官府手工业中服役的工匠,不但具有专门技能,世代相传,而且各有其由于长期经验积累而成为家传的秘方绝技。这些人各守其业,安心生产。正如《管子·小匡》所载:"处工必就官府,处商必就市井。……以教其子弟少而习焉,其心安焉,不见异物而迁焉。是故其父兄之教不肃而成,其子弟之学不劳而能。"

《周礼·冬官·考工记》①记载当时的社会上有六种职事,"百工"是其中的一种。内有治木的工匠七种,治金的工匠六种,治皮的工匠五种,施色的工匠五种,琢磨的工匠五种,制陶的工匠二种。每一种大的行业中又可以分为若干个小的工种。如治木的工匠分为轮人(制车轮、车盖)、舆人(制车床)、弓人(制弓)、庐人(制兵器柄)、匠人(建宫城)、车人(制器具)、梓人(制乐器架和饮器)等。除了细密的分工之外,工匠们对工料的选取也是十分讲究的。"天有时,地有气,材有美,工有巧,合此四者,然后可以为良",把天时、地气、材美和工巧,看作制成精工产品的四个条件。这里把"天时"即天时气候的变化与产品质量的关系,"地气"即特殊的地理环境、地方优势与产品的关系提到了与工匠技巧、木材的资质同等重要位置上,可见人们在生产的过程中已经积累了丰富的经验。

官营手工业除技术力量处于绝对的优势之外,在工匠的数量上也处于绝对的优势。据《齐侯钟》铭文记载:"余命汝司予莱,陶铁徒四丁,为汝敌寮。"齐灵公十五年(公元前567年)齐灭莱后,赏赐给功臣叔夷制陶、冶铁的手工业者四千人。《左传》成公二年(公元前589年)记载:"楚伐鲁,鲁臣孟孙请往赂之以执斫、执针、织纴,皆百人。"鲁国用三百名木工、缝纫工、纺织工向楚国

---

① 关于《周礼·冬官·考工记》究竟成书于何时,学术界有不同的看法。有人认为是春秋末年齐国的著作(杜石然等:《中国科学技术史稿》上册,北京:科学出版社,1982年,第108页;马承源:《中国古代青铜器》,上海:上海人民出版社,1982年,第6页;顾德融、朱顺龙:《春秋史》,上海:上海人民出版社,2001年6月,第196页),有人认为是战国初"记述齐国官营手工业各个工种的设计规范和制造工艺的文献"(见杨宽:《战国史》(增订本),上海:上海人民出版社,1998年,第103页)。

兽面为"硬刀刻",内环平行弧线为"游丝刻"的玉件

行贿。从各国赠送、赏赐的手工业者的数量一次就有几百人、上千人来看,当时各国的官营手工业作坊中工匠的数量是很多的。考古发掘也已证实当时各地制铜、制陶等作坊遗址面积有几平方千米、几万平方米之大①,可以推断春秋时期的官营手工业作坊的规模是十分巨大的。正是在广大奴隶集体劳动的基础上,春秋时期创造了辉煌的手工业成就。

春秋后期,由于生产力的发展,特别是铁工具的大量使用,为个体劳动创造了较为充分的条件,提供了私营独立手工业者大量出现的客观可能。同时,官营手工业中劳动者逃亡、怠工的斗争日益加剧。迫于形势,有一些官营手工业部门开始允许私营。如晋文公

---

① 铜绿山古矿冶遗址的面积为 2 平方千米,山西侯马铸铜遗址的面积约 20 万平方米,参见张之恒、周裕兴:《夏商周考古》,南京:南京大学出版社,1995 年,第 359、361 页。

实行"轻关易道,通商宽农"①;卫国推行"通商惠工"②等政策,都为民间专业手工业的发展提供了场所和环境。此外,伴随着社会生产部门的增多、生产技术的改进,原来和农业结合的家庭手工业者对一些手工业产品已无法兼顾,这部分产品的生产需要分离出来由专业手工业者完成;原来生产多种产品的手工业者已无力一个人完成,产品制作需要分得更细,成为几个不同的专业,由不同的专业手工业者完成。这样,私营专业手工业者便大量发展起来。

据文献资料记载,春秋后期出现的私营专业手工业者有作履、结网、编草席、做假足、织缟、制陶、木工、制车等。这些手工业者的作坊多集中于专门制造货物和出售货物的肆中,所谓"百工居肆,以成其事"③,也有分散居住和流徙不定的。如公输班就是当时著名的私营手工业者,先在鲁国居住,季子的母亲死后,他曾请求用机械为季母下葬。后受雇于楚惠王,为其制作云梯,准备攻打宋国。从其自由迁徙、居无定所来看,他是一个自由的私营手工业者。《说苑·反质》记载:"鲁人身善织屦,妻善织缟,而徙于越。或谓之曰:'子必穷。'鲁人曰:'何也?'曰:'屦为履,缟为冠也,而越人徒跣剪发,游不用之国,欲无穷可得乎?'"鲁人夫妇本来都有专门手工技艺,但是他们不在自己的家中或肆上营业,而到处流动,甚至要远徙于越。可见,当时已有转徙无常的流动手工业者。

---

① 《国语·晋语四》。
② 《左传》僖公二年。
③ 《论语·子张》。

四 商业和金属货币的发展

春秋时期尤其是春秋中晚期,私营手工业者的大量涌现,使商品生产日渐增加,手工业各部门之间、工农业之间产品相互需求扩大,交换频繁,促进了商业的发展①。由于铁器的大量使用和牛耕的推广,农业生产力提高,农业劳动者的剩余产品增多,出售余粮的数量和农户也相应增多;奴隶主通过租税剥削获得的多余的农产品也投放市场,为日益众多的工商业者提供了必需的食品。工、农业产品总量的增加及其相互交换是商业发展的主要条件。公元前651年,齐桓公大会诸侯于葵丘,盟词中有一条便是"无遏籴"②,说明粮食的需求与贸易已在各诸侯国之间发展起来。

商品生产的日益发展,促进了各诸侯国之间的商品流通。如《左传》僖公二十三年(公元前637年)记载,晋公子重耳逃亡到楚国,楚王设宴招待,问重耳日后何以回报,重耳答曰:"子女玉帛则君有之,羽毛齿革则君地生焉。其波及晋国者,君之余也,其何以报君?"可知春秋前期,晋、楚之间的商品交换已经很频繁,楚国的鸟羽、毛皮、象牙、犀革已成为晋国的重要商品。《左传》

---

① 恩格斯关于人类社会的三次大分工理论的主要内容:畜牧业从农业中分离出来是第一次社会分工,它导致奴隶制的萌芽;手工业从社会生产中分离出来是第二次社会分工,它导致奴隶制的发生、发展和氏族制的逐步解体;商业从社会生产中分化出来是第三次社会分工,它导致商品货币经济的发展。如果说前两次社会分工在中国是有史可证的,那么,第三次分工在原始社会末期的出现却找不出商品经济发展的充分事实。因此,中国的三次社会分工不应该定于夏以前,应推迟至春秋之前。只有到春秋时期商品货币经济才进入社会生活的各个领域。

② 《孟子·告子下》。

襄公二十六年（公元前547年）也记载："如杞梓、皮革，自楚往也。虽楚有材，晋实用之。"进一步证实晋、楚两国之间商品交流的历史源远流长。东方的齐国一直有经商的传统，"太公劝其女功，极技巧，通鱼盐，则人物归之，襁至而辐凑，故齐冠带衣履天下"①。齐桓公时任用管仲进行改革，对商人采取"弛关市之征，五十而取一"②的鼓励政策，以招徕商贾。同时，对市场设立专门的机构进行管理，防止商人乘机抬高物价，损伤百姓利益，国家同时加强对市场的控制，以稳定国家的经济。就这样，临淄城很快成为当时重要的商品基地，东方著名的纺织品中心。

商品生产的日益发展，不可避免地促使社会进一步分工，出现了专门从事商品交换的商人阶层。春秋时期的商人大体上分为两类：一类是小商小贩。他们或坐列贩卖，或沿街叫卖，或肩挑背负，赶赴乡野聚落串售。这些小商贩被称为贱丈夫，大概来自脱离村社的庶人和获释的原城市中的官工商业奴隶，他们中一部分人成为小本经营的民间工商业者。个别没落的贵族，也有从事小本经营的。如管仲，原是姬姓之后，境遇困顿，与鲍叔牙在南阳合伙小本经营，因管仲家贫，鲍叔牙常让管仲多取财利③。另一类是富商大贾。这类人钱多善贾，凭借雄厚的资本，役使大量的商业劳动者，用几十辆、几百辆车运转货物。在国内囤积居奇，操纵物价，在诸侯国之间进行大规模的贸易活动，并多与各诸侯国统治者上层有交往或参与一些政治斗争。《国语·晋语八》记载，春秋末期的晋国，

---

① 《史记·货殖列传》。
② 《管子·大匡篇》。
③ 《史记·管晏列传》。

"绛之富商,韦藩木楗,以过于朝,唯其功庸少也,而能金玉其车,文错其服,能行诸侯之贿"。地处南北交通中枢的郑国,国君和商人订立盟约:国君不侵犯商人的利益,商人不迁移到别国去。郑国重视商业,商人参加政治活动也更为显著,例如郑国商人弦高路遇秦兵,假借君命犒师,秦兵不敢袭郑。

民间私营工商业的发展,特别是富商大贾的兴起,是作为"工商食官"制度的对立物而出现的。《史记·货殖列传》记载这类人"千金之家比一都之君,巨万者乃与王者同乐,岂所谓素封者邪,非也"。"素封"的产生,不仅突破了奴隶制官营工商管理体制,而且使整个权力和财产统一的分封制度受到猛烈的冲击,加速其瓦解。

商品交换的发展,必然要引起货币的改革。西周以前使用的主要是贝币,金属货币为数甚少。春秋时代开始出现了专职的货币——铜铸币。但铜铸币的大量出现,是从春秋晚期开始。此外还出现了银质的铲币及黄金铸币等金属货币,并逐步形成不同的货币体系与流通区域。

《史记·循吏列传》记载,楚国原本铸造一种小形体的贝壳形铜币,但楚庄王却将其改铸成大币,导致社会秩序的不稳定,最后不得不罢免大币,恢复旧币制,才使市场重新走向繁荣。《国语·周语下》也记载了周景王二十一年(公元前524年)将铸大钱,尽管单穆公反复劝阻,但"王弗听,卒铸大钱"。可见春秋时期各国铸造金属货币已是习以为常的事情,当时铸造的货币有各种不同的形制与等次,且广为流传,统治者往往采用改铸货币的方式对百姓进行掠夺,从而引发了市场秩序的混乱和货币流通的阻滞。

春秋中晚期的金属货币，在考古发掘中也多有发现。最早产生的金属铸币是铜制的铲形空首布币，有两种形制：一种耸肩尖足，通高约 13 厘米左右，当是晋国的货币；另一种柄和足较短，肩为平肩或斜肩，足为桥形，系周人的铸币。山西侯马的晋国城址附近，曾发现十余枚耸肩尖足空首布，出土于春秋晚期的地层。还发现有泥质的空首布铸范，表明这些空首布为当地所造。其中有一枚空首布铸有"××××黄釿"六字，说明这种空首布的单位是釿①。1937 年发掘的河南汲县（今卫辉）山彪镇春秋晚期墓中，曾出土与此形制相同的空首布六百余枚，通长 11.7 厘米，质地很薄②。1970 年，在河南洛阳附近的伊川富留店发现一处空首布窖藏，计有七百五十三枚空首布，层层叠压，有序地排放在一个陶瓮中。其中，有大型平肩空首布六百零四枚，占总数的 80%；有一百四十九枚为斜肩的空首布，占总数的 20%。大型平肩空首布通长 5.3—5.5 厘米，净重多为 30 克左右。大多数铸有钱文一字，字的变化繁多，尚不知其确切含义。斜肩空首布通长 8.5—8.8 厘米、足宽 4.8—5.1 厘米，净重一般 19.3 克，钱文都是一个"武"字，大概是地名。初步推测，大型平肩空首布可能在春秋中期就已出现，斜肩的空首布可能出现略晚③。此外，在河南孟津、宜阳、新安等地也都曾发现过埋藏的大型平肩、小型斜肩及平肩空首布④。

---

① 山西省文管会侯马工作站：《1959 年侯马"牛村古城"南东周遗址发掘简报》，《文物》1960 年第 8、9 期。
② 郭宝钧：《山彪镇与琉璃阁》，北京：科学出版社，1959 年，第 36 页。
③ 洛阳博物馆：《洛阳附近出土的三批空首布》，《考古》1974 年第 1 期，第 6 页。
④ 蔡运章、侯鸿军：《洛阳附近出土的两批东周货币》，《中原文物》1981 年第 3 期，第 13—15 页。

银质的铸币及黄金铸币也有发现。1974年在河南扶沟古城村出土了十八枚银币和三百九十二枚金币,银币有空首布和实首布,部分银币的背面有刻文"×",为古文"五"字。金币有金版和金饼两种。金版中有"郢爰""陈爰""鄟爰"等;金饼分扁圆形、平底鼓面形、凹底形、马蹄形几种。部分金饼底面有"上""大吉""木""六半"等方字,其中楚银币和"鄟爰"都是首次发现,对研究我国币制具有重要意义①。

春秋时期商品经济的发展,特别是民间私营商业、货币经济的兴起,加速了私有化的发展和农村公社的分解。奴隶主贵族为了维持和扩大奢侈生活,通过横征暴敛以增加收入,结果导致公社农民的破产逃亡,促使建立在残余公社基础上的井田制度的彻底瓦解。尤其是在商品经济的冲击下,出现了土地买卖,既是破坏井田制的强大动力,又成为地主土地所有制发展的前提条件。

---

① 郝本性、郝万章:《河南扶沟古城村出土的楚金银币》,《文物》1980年第10期,第61—67页。

第十章 社会生活

一 衣 食 住 行

(一) 服饰

中国古代的服饰，蕴涵着丰富的社会生活信息，发挥着重要的社会功能。古代社会的物质文明、礼仪制度、生活习俗、文化风尚乃至政治变迁等重要信息，在服饰上都有或多或少的体现。

周代是中国古代服饰制度化的时期，在服饰发展史上占有重要地位。关于周代的服饰，古文献中有很多记载，尤以《周礼》《仪礼》《礼记》所载为详。"三礼"记载的服饰制度，许多是在西周时期形成的。

"服以旌礼"[①]，依礼着服，等级有序，贵贱有别，是周代服饰制度的显著特点。周人以礼治国，各种社会活动均被纳入礼的范畴，形成了繁缛的礼仪。服饰从属于礼仪，适应礼仪的需要，参加

---

① 《左传》昭公九年。

祭礼、朝会、兵戎、丧葬、婚嫁等礼仪活动，应着相应的服饰。社会各阶层的等级序列和贵贱之别，通过服饰的质地、形状、尺寸、颜色、花纹等体现出来。

冕服即贵族的礼服，是周代最重要的服饰。冕服包括冠、上衣、下裳、腰带、佩饰、履等，是一套完整的服饰。服上饰有十二章纹，依次为日、月、星、龙、山、华虫（雉鸟）、宗彝、藻、火、粉米、黼（斧形）、黻等，各具象征意义。《左传》桓公二年记载了冕服的名物制度："衮、冕、黻、珽，带、裳、幅、舄，衡、紞、纮、綖，昭其度也；藻率、鞞、鞛、鞶、厉、游、缨，昭其数也；火、龙、黼、黻，昭其文也；五色比象，昭其物也。"衮即画卷龙于衣；冕即头上戴的冠类首服；黻为佩于带下的蔽膝；珽即玉笏，也称圭；带即装束的革带；裳为下身衣，亦称裙；幅即行縢，似今之绑腿；舄即履；衡即维持冠的横笄；紞即悬瑱的丝绳，垂于冠之两旁；纮为系冠之绳；綖为冠之上覆者，后世称为冕板。火即画火纹；龙即画龙纹；黼即刺绣斧形纹；黻即刺绣弓形纹；五色比象即用五种颜色画纹饰，指服章而言。这些名目繁多的衣物和服饰，以

青铜罍及其铭文　春秋时期　盛酒器

及服饰上绘画或刺绣的花纹,各有其功能和象征意义。冕服是士以上贵族穿着的礼服,天子、诸侯、卿大夫的冕服各不相同,有严格的等级和区别,古代礼书对此有详细的记载和考述。

除冕服外,还有弁服、元端、深衣、袍、裘及多种佩饰。弁服是次于冕服的一种首服,冕尊而弁次之。周代的弁有爵弁、皮弁、韦弁之分,质地、形制、使用的场合各不相同。元端和深衣是除冕服之外用途最广的服饰。元端自天子至于士皆可服之,深衣自天子达于庶人皆服之。元端为国家之法服,天子服之以燕居,诸侯服之以祭宗庙,大夫及士则朝服元端,夕服深衣。冕服和元端都是衣裳分别而不相连属,只有深衣是衣与裳相连在一起的。深衣的用途极为广泛,"故可以为文,可以为武,可以摈相,可以治军旅,完且弗费,善衣之次也"①。由于深衣不费而易为,故庶人的吉服也就是深衣。

春秋时期的主要服饰,如冕服、元端、深衣等,基本上沿袭了西周的服制而小有变化。同时,这一时期的服饰还出现了一些新的因素。

由于地理和气候的差异,政治上的多元化,加之各地奢俭风尚的不同,春秋时期的服饰具有一定的地域性,多样化的特点比较明显。晋景公时,楚国乐官钟仪被晋人俘获,囚于晋之军府。钟仪"南冠而絷"②,引起了晋景公的注意。所谓"南冠",即在南方楚国流行的冠,与中原之冠有别。陈国与楚近邻,陈人亦戴此冠,陈灵公曾与大臣"南冠如夏氏"③寻欢作乐。吕不韦极力扶持为质他国

---

① 《礼记·深衣》。
② 《左传》成公九年。
③ 《国语·周语中》。

的秦公子异人,使其"楚服而见"①华阳夫人。所谓"楚服",即楚人的服饰。可见当时楚人的冠服异于他国,特征明显。

栾书缶　春秋中期　容器　　　青铜甗　春秋早期　炊蒸器

由于文化传统和生活习俗各异,不同部族的服饰也有明显的区别。当时,华夏诸族与周边戎狄等族虽有交往,但族类壁垒犹存,华夷有别的观念仍很顽固,体现部族文化特色的饮食、服饰、语言等多不相同。戎子驹支曾对晋国的执政卿范宣子说:"我诸戎饮食衣服不与华同,贽币不通,言语不达②。"孔子对管仲辅佐齐桓公尊王攘夷,维护华夏文化传统的功业大加赞赏,认为如果没有管仲,我们就会沦为"被发左衽"的夷狄之民③。可见,服饰的差异是华夷之别

① 《战国策·秦策五》。
② 《左传》襄公十四年。
③ 《论语·宪问》。

的重要标志。所以,战国时赵武灵王胡服骑射,打破华夷有别的界限,采用和推广便于骑射的胡人服饰,被视为历史上很有影响的重大事件。

(二)饮食

"食者,民之本也"①;"夫礼之初,始诸饮食"②。饮食不仅是人类赖以生存的最基本的物质条件,而且是社会文明的重要渊源之一,礼仪制度和风俗习尚多是从饮食生活开始的。

中国是文明古国,饮食文化源远流长。在中国古代,饮食的功能十分广泛,祭祖礼神、期友会亲、报上励下、安邦睦邻、养性健身等等重要事项,都离不开饮食活动。换言之,通过饮食活动,可以调节人与神、人与人、人与自然、身体与心性等诸种复杂关系,使之达到和谐。因此,要了解古代的社会文明,不可不考察当时的饮食活动。

窃曲纹罍 春秋时期 酿酒器

青铜双兽三轮盘 春秋晚期 盥器

周代对饮食特别重视。《尚书·洪范》讲国家政务,将"食"列为"八政"之首;《周礼》记载周代官制,将食官统归"天官"之列,视之为最重要的一类官职;周代的礼仪制度,更是与饮食密

---

① 《淮南子·主术训》。
② 《礼记·礼运》。

不可分。

周代是礼治社会，依据周礼规范人们的社会行为，食礼则是周礼的核心内容之一。周代的饮食礼俗，后来经过儒家的精心整理，比较完整地保存在《周礼》《仪礼》和《礼记》的某些篇章中。周人对客食之礼、待客之礼、侍食之礼、丧食之礼、宴饮之礼、进食之礼，都有十分具体的规定。以宴饮之礼为例，"三礼"中详细记载有各种筵宴的礼仪，宴饮之礼已相当规范化。周人宴饮的场面，在《诗经》中多有描写，以《小雅·宾之初筵》之一章最为生动，诗的大意是：宾客就席，揖拜有礼；笾豆成行，佳肴丰盛；酒醇且甘，饮而舒心；悬钟设鼓，献酬频频；箭靶张立，弓已满弦；对手赛射，比试高低；中者为胜，败者罚饮。诗人的艺术描写，生动地展现了宴饮之礼的具体仪节。

春秋时期的饮食活动，在继承西周饮食文化传统的基础上，出现了许多新的文化因素，饮食生活丰富多彩。

贵族的饮食活动，礼仪化的色彩依然浓厚，在客食、待客、侍食、丧食、宴饮、进食等方面，基本上遵循着周礼所规定的仪节，注重饮食之礼。

饮食用器有了较大的变化。西周时期贵族的饮食用器主要是青铜器；东周时

虎形灶　春秋晚期　炊器

期，青铜器开始衰落，漆器普遍流行开来。漆器已广泛应用于日常生活的各个方面，属于饮食用器的有耳杯、豆、樽、盘、壶、卮、盂、鼎、匕、食具箱和酒具箱等，还有奁、盒、匣、匜、案、几、俎等相关器物。漆器制作得非常精美，造型精巧，颜色鲜亮，纹饰丰富，透出一种秀逸之美。多姿多彩的漆器，给饮食生活带来了清新的气息。

在菜肴的烹制上，人们更注重滋味，对五味调和非常讲究。《吕氏春秋》中有许多关于饮食的论述，其中的《本味》篇专讲饮食的滋味调和。"调和之事，必以甘酸苦辛咸，先后多少，其齐（剂）甚微，皆有自起。"菜肴必须用五味调和，放调料的先后次序和剂量多少很有讲究，不可马虎。"鼎中之变，精妙微纤，口弗能言，志不能喻。"按照当时美食家的标准，美味佳肴应该是"久而不弊，熟而不烂，甘而不哝，酸而不酷，咸而不减，辛而不烈，淡而不薄，肥而不厚"。《吕氏春秋·本味》所讲的这套五味调和理论，是人们在长期的烹调实践中总结出来的。

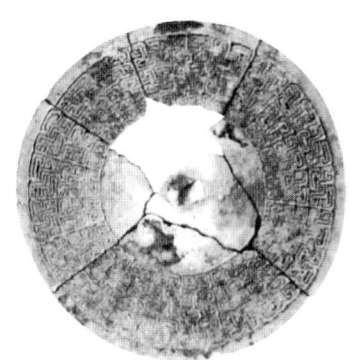

螭虎纹镜　春秋早期　用具

蟠虺纹镜　春秋中期　用具

"食以体政"的思想观念在春秋时期得到了充分发挥。一些思想家和政治家熟谙烹饪之道，常常用烹饪喻说安邦治国，由平常的烹饪原理演绎出深刻的政治哲理。思想深邃的哲人老子，有"治大国若烹小鲜"①的名言，认为治国与烹饪的原理是一样的。春秋晋国的师旷以"五味"比喻齐桓公称霸与大臣的关系，"管仲善断割之，隰明善煎熬之，宾须无善齐和之"②，将这些善于治国的功臣比喻为厨艺高超的烹饪大师，而齐桓公就好比一个美食家，享受着大师们精心烹制的佳肴。齐相晏婴则以五味中和的烹调原理，向齐景公论证君臣应有的协和关系，说理透彻。

　　东周时期兴起的诸子百家，对饮食问题多有论述，形成了各具特色的饮食理论。在诸子百家中，较有代表性的是墨家和儒家的饮食理论。墨家提倡"量腹而食，度身而衣"③的节俭理论，主张"其为食也，足以增气充虚，强体适腹而已矣"④。不贪食味之美，不求烹调之精，将饮食生活维持在较低的水平，是墨家饮食理论的基本特色。儒家的饮食理论注重礼仪礼教，讲究饮食的艺术和卫生。《论语》中有许多关于饮食和食教的内容，以《乡党》篇的记述最为集中。从这些记述来看，孔子对饮食非常讲究。"食不厌精，脍不厌细"，要求饭菜做得越精细越好；"色恶，不食；臭恶，不食"，烹饪不得法，菜肴颜色不好，气味不正，孔子是不吃的；"食不语，寝不言"，吃饭睡觉不能说话，为的是吃得卫生，睡得安稳。儒家

---

① 《老子》六十章。
② 《新序·杂事》。
③ 《墨子·鲁问》。
④ 《墨子·辞过》。

的饮食观与墨家正好相反,墨家指责儒家"贪于饮食"①,就是针对以孔子为代表的儒者对饮食的过于讲究。儒家的饮食思想与观念为后世所继承和发扬,成为中国传统饮食文化的核心,对中国饮食文化的发展起着不可忽视的导向作用。

(三) 居住

周代是宗族社会,各类居民均被纳入宗族网络,居住形式的基本特点是聚族而居。当时的居民聚居点统称为"邑",规模有大有小,既有"十室之邑",亦有"百室之邑"②,还有大至一县之地的邑③。国都和一般城市也称之为邑,"凡邑,有宗庙先君之主曰都,无曰邑"④,作为各级宗族政权所在地的中心城邑称为"都"或"都邑",一般的居民聚居点则称为邑。在政治中心所在地的都邑,人口较多且相对集中,城区有一定的规划,不同身份和等级的居民分区按族居住;在远离都邑的鄙野之地,人口稀少,延续着较原始的族居形式。

作为王公贵族居住和施政的场所,春秋时期的宫殿建筑基本上沿袭了西周的宫室制度。从已发掘的春秋列国都城的情况来看,以宫殿建筑群为主体的宫城均设在全城的最高处,主要宫殿多建在高大的分土台基上,居高临下,气势威严,显示了宫殿在都城布局中的核心地位。

据文献记载,春秋列国都有一些宏大华丽的宫殿建筑。晋国的"铜鞮之宫"占地达数里之广⑤。晋平公在汾水之滨修建的"虒

---

① 《墨子·非儒》。
② 《穀梁传》庄公九年。
③ 《左传》昭公五年:"韩赋七邑,皆成县也。"
④ 《左传》庄公二十八年。
⑤ 《左传》襄公三十一年。

祁之宫"①，规模宏大，用材考究，其木质建筑材料到千年之后的北魏时期仍基本完好②。楚国的"章华之台"，高十丈，广十五丈③，楚平王举全国之力营建，"数年乃成"，导致"国民罢焉，财用尽焉，年谷败焉，百官烦焉"④，其工程之浩大可想而知。王公贵族们"高台深池，撞钟舞女"⑤，极尽奢侈淫逸之能事。

当时，国与国之间的外交活动相当频繁，诸侯使节往来不断，各国都有接待宾客的馆舍，称为"客馆"⑥或"诸侯之馆"⑦。据《左传》襄公三十一年记载：晋文公在位时，把接待诸侯使者的宾馆修得又高又大，就像国君的寝宫一样；宾馆内有库房和车马，生活设施齐全；有专人负责宾馆的修缮和道路整修，晚上有人巡守，"不畏寇盗，而亦不患燥湿"，使客人有"宾至如归"的感觉。除国家宾馆外，那些豢养食客的王公贵族也有接待和安置食客的馆舍。

（四）交通

春秋时期的交通建设有了新的发展。大致在这一时期，太行山、秦岭等险山峻岭都已经有车路通行。交通设施是否修整，是体现政府行政能力的重要标志。周定王时，王室使臣单襄公途经陈国，看到道路不修、馆舍不整，于是预料陈国将亡。晋平公在位期间，晋国道路失修，也受到郑国政治家子产的批评。一些较开明的

---

① 《左传》昭公八年。
② 《水经·汾水注》云："汾水西径虒祁宫北，横水有故梁，截汾水中，凡有三十柱，柱径五尺，裁与水平，盖晋平公之故梁也。"
③ 《水经·沔水注》。
④ 《国语·楚语上》。
⑤ 《左传》昭公二十年。
⑥ 《左传》僖公三十三年。
⑦ 《左传》襄公三十一年。

君主采取"轻关易道,通商宽农"①的政策,促进了商业的活跃,商人"负任担荷,服牛轺马,以周四方"②,以交通运输业的发展为条件牟取商业利润。

驿传制度在当时已很健全。由政府沿交通要道设立交通站,置备车马以及专职管理人员,遇紧急情况,则乘传疾驰,次第相继,以迅速通达。当时中原各国大都已经建立了这种驿传之制。

盘口盉　春秋时期　温酒器

随着交通干道的建设,相应的交通设施也更加健全。据《周礼·地官·遗人》记载:在贯通都市和村野的交通大道上,每隔十里,设置有"庐",可以提供行旅饮食;每隔三十里,有可以止宿的"宿",设有"路室",备有粮草;每隔五十里有"市",有住宿条件更为优越的"候馆",行旅生活用品也更为丰富。交通设施的健全,说明当时的陆路交通已相当发达。

春秋时期的造船及航行技术明显提高,为水路交通和航运提供了条件。公元前647年,晋国发生饥荒,"秦于是乎输粟于晋,自雍及绛相继,命之曰泛舟之役"③。这是我国历史上第一次大规模河运的记录。除内河航运外,近海航行在当时也已出现。例如:吴

---

① 《国语·晋语四》。
② 《国语·齐语》。
③ 《左传》僖公十三年。

大夫徐承"帅舟师将自海入齐,齐人败之,吴师乃还"①;越王勾践袭吴,命范蠡等"率师沿海溯淮以绝吴路"②;范蠡在灭吴之后,"装其轻宝珠玉,自与其私徒属乘舟浮海以行,终不反"③;孔子所谓"道不行,乘桴浮于海"④,也反映近海航运条件的成熟。

二 婚姻礼俗

周代的婚姻形态,表现为一夫一妻制与贵族的多妻制并行。当时,婚姻活动已在礼制的规范下运作,形成了一系列法定或约定俗成的礼仪。

婚姻具有多方面的社会功能,其重要性已被人们广泛认识。按照《礼记》的概括,婚姻为礼之大体,婚礼为礼之根本,具有明男女之别、立夫妇之义、成父子之亲、正君臣之位等重要功能⑤。对婚姻之社会功能及其重要性的认识,是人们在长期的社会生活中逐渐形成的。

在周代,人们已经认识到了近亲婚姻的不良后果。《左传》僖公二十三年记载有"男女同姓,其生不蕃"的话;《国语·晋语四》也有"同姓不婚,恶不殖也"的话。从优生的角度审视男女婚媾,实行"同姓不婚"的禁忌。在选择婚姻对象时,首先要辨明男女双

---

① 《左传》哀公十年。
② 《国语·吴语》。
③ 《史记·越王勾践世家》。
④ 《论语·公冶长》。
⑤ 《礼记·昏义》云:婚姻为"礼之大体,而所以成男女之别,而立夫妇之义也。男女有别,而后夫妇有义;夫妇有义,而后父子有亲;父子有亲,而后君臣有正。故曰:昏礼者,礼之本也"。

方的族姓。《左传·昭公元年》记载："男女辨姓，礼之大司也。"《礼记·坊记》记载："取妻不取同姓。"《左传》昭公元年也记载有"内官不及同姓""买妾不知其姓则卜之"的话。不仅正式婚配必须排除同姓，就连购买侍妾的随意之举也要以占卜的方式辨明女子之姓。同姓不婚及其所蕴涵的优生知识，是婚姻制度的一大进步。

周代贵族的婚姻具有政治联姻的性质。大而言之，周代的贵族分为姬姓贵族和异姓贵族两大集团，婚姻关系是联结两大集团的主要纽带。周代是等级社会，贵族的婚姻一般在贵族圈内进行。受"同姓不婚"的约束，以周王为首的姬姓贵族娶妻，应娶异姓贵族的女子；异姓贵族娶妻，也多在姬姓女子中选择。这种情况，在周代的铜器铭文中可以找到很多证据。分封制是周代的基本政治制度，所分封的异姓诸侯多为周人的姻亲功臣，与周族有传统的婚姻联盟关系，如姜姓的齐国与周人世代通婚，互为姻亲。周王称同姓诸侯为伯父、叔父，对异姓诸侯则以伯舅、叔舅相称，"申之以盟誓，重之以昏姻"[①]，将国家关系与婚姻关系融合起来，密切了相互间的政治联盟。

周人重视婚姻，对婚礼尤为讲究。《礼记·昏义》："昏礼者，将合二姓之好，上以事宗庙，而下以继后世也，故君子重之。"周代的婚礼，有六项程序，即纳采、问名、纳吉、纳征、请期、亲迎，称为"六礼"，包括从议婚到完婚的完整程序。《仪礼·士昏礼》对"六礼"的具体仪式有详细记载。第一道程序是"纳采"，即发动议婚。男方觉得某家之女可作议婚对象，便请媒妁执雁作拜

[①] 《左传》成公十一年。

见之礼,提亲说合。若女家同意议婚,则男家再去女家求婚。第二道程序是"问名",当时"男女非有行媒,不相知名"①,所以要遣媒人前往询问女方姓名,问名回来后通过占卜以定吉凶。第三道程序是"纳吉",男家卜得吉兆后,遣媒人前去告知女家,决定缔结婚姻。第四道程序是"纳征",男家将财物聘礼送往女家。第五道程序是"请期",男家择定吉日婚期,告知女家。最后一道程序是"亲迎",即新郎前往女家迎娶新娘。至此,婚礼方告完成。这套繁缛的婚姻礼俗形成于周代,主要流行于贵族士大夫阶层。"六礼"对后世的影响很大,在以后两千多年的封建社会里,婚礼仪式基本上都是按照"六礼"的程序框架进行的,只是繁简程序不尽相同而已。

同时,原始婚俗的遗风依然存在,继续得到社会认可。如《周礼·地官·媒氏》记载:"中春之月,令会男女。于是时也,奔者不禁。若无故而不用令者,罚之。司男女之无夫家者而会之。"在每年的春季,未婚男女可以幽会私奔,不受任何限制。

春秋是中国古代社会发生变革的历史时期,社会的方方面面都在深刻地变化,承前启后的时代特征尤为明显。就婚姻形态及相关制度和习俗而言,一方面沿袭着西周的基本婚制和礼俗,同时又有所损益,出现了一些新的现象。

春秋时仍然遵行"同姓不婚"的原则,但已不像过去那样严格。诸侯国君的夫人,大都娶自异姓国家,卿大夫也多从异姓宗族娶妻。相邻的两个异姓国家,常常互相通婚,形成了比较稳定的婚姻盟国。如东方的鲁国和齐国,世通婚姻,国君的夫人多为对方公

---

① 《礼记·曲礼上》。

室宗女,继承了姬、姜两姓长期通婚的传统。秦国和晋国也是如此,两国不同姓,且相邻近,每每互通婚姻,后世称缔结婚姻为"秦晋之好",即由此而来。有的国家似乎并未严格遵行"同姓不婚"的原则,如晋国曾"嫁女于吴"①,鲁昭公以吴女为夫人。晋、鲁、吴三国均为姬姓之国,属同姓通婚。这种有违周礼的通婚均以南方的吴国为对象,因而有学者认为,"是南方不禁同姓昏也"②,将其视为地域性的婚俗。有的国君娶妻纳妇亦不避同姓,如晋献公以骊姬为夫人,晋平公的后宫中"有四姬焉"③。这类婚姻在春秋时期已非个别现象,说明"同姓不婚"的原则已遭到破坏。到战国时期,随着宗族社会的瓦解,姓氏已混淆不清,同姓不婚的观念日益淡化,逐渐成为历史的陈迹。

贵族为维系其等级地位,多实行贵族等级内婚制。诸侯和卿大夫都要在相同的等级之内迎娶异姓女子。然而天子找不到相同的等级,故只能求婚于诸侯,王室宗女也多下嫁于诸侯。国君的正妻称"夫人"或"元妃",大都从异姓之国娶来。卿大夫的正妻叫"内子",多数娶自异姓卿大夫和别国卿大夫之家,有时也上娶于公室④。当时贵族实行多妻制,嫁女时常有陪嫁者,称为"媵"。陪嫁者多是正妻的姊妹和侄女,同姓之国也常常送女陪嫁,"凡诸侯嫁女,同姓媵之"⑤。陪嫁者与正妻同事一夫,地位低于正妻,类似于

---

① 《左传》襄公二十三年。
② 吕思勉:《先秦史》,上海:上海古籍出版社,1982年,第268页。
③ 《左传》昭公元年。
④ 杨宽:《试论西周春秋间的宗法制度和贵族组织》,《古史新探》,北京:中华书局,1965年,第169—195页。
⑤ 《左传》成公九年。

兽面纹玉牌

玉扳指

妾。在贵族家族内部，常常发生子、侄、弟上烝已故的父、伯、叔、兄之妻妾（除生母外）和长辈下淫晚辈妻妾之事，此类事例甚多。这类男女关系，是原始婚俗的遗风，不可一概视之为"乱伦"。

士以下的平民家庭，多为一夫一妻。《盐铁论·散不足》说："古者夫妇之好，一男一女而成家室之道。及后，士一妾，大夫二，诸侯有侄娣九女而已。"可见，多妻制主要是在士以上的贵族中实行。城市居民中纳妾的现象比较普遍，其中有的人政治地位不高，经济上也不很宽裕。《孟子·离娄下》讲，"齐人有一妻一妾而处室者"，此人游遍全城，无人理睬，奔城外墓地乞食祭品，回家后却向妻妾吹嘘与某某贵人宴饮。从其穷困潦倒和攀附富贵的情态判断，这位拥有一妻一妾的齐人应属落魄士人或家资贫乏的小市民。一些小有财富的商贩也常常购纳侍妾。那些家资巨万的富商大贾更是姬妾成群。这类现象，透露出当时的城市婚姻已带有商业化的色彩。

关于当时的婚嫁年龄，文献中有不同的说法。《周礼·地官·媒氏》说："令男三十而娶，女二十而嫁。"相同的说法还见于《穀梁传》文公十二年、《礼记·曲礼》、《礼记·内则》等。《国语·越语上》说："女子十七不嫁，其父母有罪；丈夫二十不娶，其父母有罪。"《墨子·节用》说："丈夫年二十，毋敢不处家；女子年十五，毋敢不事人。"《韩非子·外储说右下》说："丈夫二十而室，妇人十五而嫁。"《左传》襄公九年还有"国君十五而生子"的记载。综合以上诸说可知，男女的婚嫁年龄，男子通常在二十至三十岁之间，女子在十五至二十岁之间，国君结婚较一般人要早。

据《大戴礼记·本命》记载，按照儒家的择妻标准，"女有五不取（娶）"，有五种女子不可娶之为妻，即"逆家子不取，乱家子不取,世有刑人不取,世有恶疾不取,丧妇长子不取"。婚后夫妻的地位极不平等,丈夫可以多种理由休弃妻子,"妇有七去:不顺父母去,无子去,淫去,妒去,有恶疾去,多言去,窃盗去"。妻子犯有"七去"中的任何一条,丈夫即可理直气壮地将其休弃。上述种种条律,都是针对女子而制定的。从择偶到离异,男子始终处于主动的地位。女子必须严守"妇道",否则将被休弃。儒家这种单方面规范女子的婚姻道德观念,成为奠定封建社会夫妻关系"男尊女卑"格局的基石。《大戴礼记》虽成书于西汉,但记述的多为传统旧礼,其中所反映的婚姻道德观念,有一个逐渐形成的过程,可以上溯到春秋战国时期。

妇女被夫家休弃的现象,在春秋时期非常普遍。以列国之间的婚姻为例,外嫁异国的女子被休弃而返归母国,称为"来归"或"大归"。诸侯之女大归,不仅是该女子的个人婚姻悲剧,对母国来说也是很难堪的。平民女子为人妻者遭丈夫遗弃更是常见的社会现象。齐桓公盟会诸侯,盟辞中有"士庶人毋专弃妻"①的禁令,说明弃妻现象在春秋列国相当普遍,对社会已造成了危害。管仲主张严厉处罚多次出妻的士人,"士三出妻,逐于境外"②。在当时,离异的女子可以再嫁。齐桓公有一位娶自蔡国的夫人"蔡姬",系蔡穆侯之妹。因荡舟游戏而惹怒桓公,送归蔡国,蔡姬归国后,还未等齐桓公断绝婚约就改嫁了他人。离异的贵族女子再嫁更是司空见惯。在齐国的士庶人家,离异者再嫁也习以为常,甚至有妇女多次改嫁者,以至齐国曾明令禁止妇女多次改嫁。

---

① 《管子·大匡》。
② 《管子·小匡》。

春秋时期,各地还有一些颇具地域特色的婚姻习俗。《汉书·地理志》说:齐"襄公淫乱,姑姊妹不嫁,于是令国中民家长女不得嫁,名曰'巫儿',为家主祠,嫁者不利其家,民至今以为俗"。齐地长女不嫁,恒守母家主祠,当是由来已久的习俗,并非是齐襄公的淫乱和一道政令所形成。襄公姑姊妹不嫁,倒可能是因为齐地的古老风俗使然。《战国策·齐策四》记载,北宫之女婴儿子"撤其环瑱,至老不嫁,以养父母"。这位女子就属于《汉书·地理志》中所说的"巫儿"。齐女不外嫁者,常招夫婿入赘,名士淳于髡就是"齐之赘婿"[①]。北方的中山、燕、赵,中原的郑、卫之地,则是另外一种情形。这些地区的年轻女子很少受礼教约束,或贪恋富贵,入诸侯后宫和为富人侍妾,或追求自由恋爱,婚配不拘礼仪。

三 城 市 生 活

春秋是中国古代社会的大变革时代,王室衰微,诸侯争霸,礼崩乐坏,除旧布新,是春秋历史的显著特点。春秋时期的城市,也不同程度地反映了这些历史特点。

春秋时期城邑的数量较西周有了明显的增加,有关筑城立邑的记载史不绝书。以鲁国为例,自隐公至哀公的二百余年间,较大规模的筑城、修城、扩城活动仅见于《春秋》《左传》记载者就有二十余次。鲁国是春秋时期的二流诸侯,国土有限,实力平平,其筑城活动尚如此频繁,那些地广大众、扩疆拓土能力极强的诸侯大国

---

① 《史记·滑稽列传》。

的筑城情况可想而知。

从史籍记载的情况来看，导致春秋时期城邑大量增加的原因，大致有以下四个方面：

一是诸侯争霸，修筑城池以便攻守。公元前571年，郑国投靠楚国，以晋国为首的齐、鲁、宋、卫、曹、邾、滕、薛等北方诸侯，占据郑国的军事要地虎牢关并在此筑城，以威胁郑国。公元前538年，吴大举伐楚，为抵御吴师，楚国同时修筑了钟离、巢、州来三座城池。公元前523年，楚平王采纳费无极的建议，"大城城父"，派太子建镇守于此，以防御北方诸侯。

二是迁国筑城。公元前659年，狄族攻打邢国，"邢迁于夷仪，诸侯城之，救患也"①。次年，"诸侯城楚丘而封卫焉"②，帮助亡于狄族的卫国筑新都而复国。十年之后，诸侯又修了楚丘的外城，以防御狄族。

三是卿大夫在其封邑内筑城。随着卿大夫势力的发展，他们纷纷在封邑修筑城池，营建壁垒，扩充军备，与公室相抗衡。这类筑城活动列国均较普遍，且主要发生在春秋中后期。

四是在新开发的空旷之地筑城，或改邑为城。随着国土的开发和人口的增加，过去人烟稀少的旷野地区和边远之邑逐渐繁荣，具备了营建城邑的条件。例如，宋国和郑国之间有弥作、顷丘、玉畅、嵒、戈、锡六处归属未定的"隙地"，即未开垦之地。春秋晚期，郑国"城嵒、戈、锡"，修筑了三座城邑，以安置逃往郑国避

---

① 《左传》僖公元年。
② 《左传》僖公二年。

难的宋国公室贵族①。

上述各种背景的筑城活动，使城邑的数量空前增加，分布的地区更加广泛。

春秋时期的城邑在城址的选择上，注重周围的自然环境，因地制宜。以中心城市国都而论，"凡立国都，非于大山之下，必于广川之上。高毋近旱，而水用足；下毋近水，而沟防省。因天材，就地利，故城郭不必中规矩，道路不必中准绳"②，地形优越，水源充足，是选择建都之地的首要条件。公元前585年，晋国计划迁都，景公召集卿大夫聚朝商议，诸大夫皆主张迁往盐池附近的郇、瑕氏之地，理由是此地"沃饶而近盐，国利君乐"。退朝后，晋景公私下征求韩献子的意见，献子主张迁都新田（今山西侯马西），因为新田"土厚水深，居之不疾，有汾、浍以流其恶"，自然环境良好。晋平公力排众议，采纳了韩献子的意见，将国都迁往新田③。晋国的迁都事例说明，春秋时期营建城市已很注意周围的自然条件和生态环境。

春秋都城的规划布局具有多样化的特点。春秋时期的周王室日趋衰落，经济实力有限，政治上难以号令诸侯，只是名义上的天下共主，无力大兴土木。王室东迁后，以洛邑为王都，沿用洛邑故城，墨守成规，在都城建设上没有大的举措。诸侯国的都城分为两种情况，有的沿用西周时期的旧都，如齐都临淄、鲁都曲阜等；有的则是春秋时期营建的新都，典型者如晋都新田、秦都雍城等。临

---

① 《左传》哀公十二年。
② 《管子·乘马》。
③ 《左传》成公六年。

淄和曲阜虽然都是传统的内城外郭的回字形结构，但在具体布局上则有区别。临淄由大、小两城组成，小城是宫城，位于大城西南，大城是官吏和百姓的居住及活动区，整座城市规模宏伟，显示了齐国作为东方第一大国和区域性诸侯霸主的实力。曲阜城内最重要的建筑物是按中轴线位置来规划的，宫城位于郭城中心，其布局近似于《周礼·考工记·匠人》所述的都城规划，而与其他东周都城有所不同，这种现象同鲁国较多地保留和继承了周礼的传统有关。晋都新田在今山西侯马市区西部，自公元前585年晋景公迁都于此，至公元前376年三家分晋，新田作为晋国的都城达二百多年。侯马晋城由六座城址组成，白店、台神、牛村、平望四座城址连成一片，其东为呈王古城，东北为马庄古城。白店古城属春秋早期，可能是建都以前的新田故址；其他五座城址应是晋景公迁都新田后的不同组成部分。在牛村和平望两城内部发现有建筑台基，可能是当时的宫殿区；牛村古城南郊为铸铜遗址，并发现有制石、制骨、制陶作坊；呈王古城的东南发现了祭祀和盟誓遗址；在浍河以南的上

夔龙纹半瓦当　春秋　建筑材料

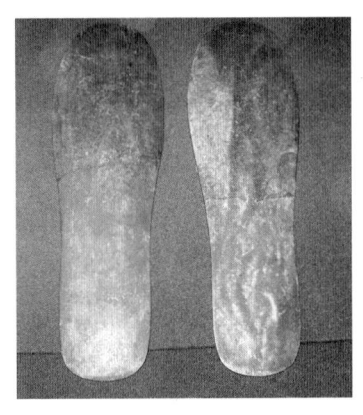

玉石鞋底　春秋中期　随葬品

马村一带，则发现了面积超过50万平方米的墓葬群。都城由数座小城组成，形成多单元的城市体系，布局不讲究规整，注重实用，是晋都新田的显著特点，体现了晋国不受传统礼制约束、勇于创新的政治文化特色。秦都雍城在今陕西凤翔城南，自秦德公元年（公元前677年）至秦献公二年（公元前383年），秦国在此建都近三百年之久。城址平面近方形，东西长约3 300米，南北宽约3 200米。在城内中部偏北的马家庄附近，发现一处保存完好的大型宗庙遗址，三组建筑呈品字形排列，布局规整，左右对称，主体建筑中庭部分有大量的祭祀坑，多数坑内残存有人骨或牛羊骨，是当时举行宗教祭祀活动的场所。在城内中部偏西的姚家岗附近，曾发现数十件铜质建筑构件，铸工精良，纹饰细密，用于连接和加固大型宫殿建筑的壁柱、壁带和门窗，同时具有装饰美化的功能。可以想见当时宫殿建筑的富丽堂皇。在雍城近郊四周的高地上，大都分布有当时的宫殿遗址。城址西南十公里的三畤原，是秦公陵园的所在地。秦都雍城气势宏伟，文化内涵丰富，展示了春秋秦国强大的实力及其发达的文化，使人们对秦国的都市文明和历史文化有了新的认识。

　　春秋时期的城市建设，已经注意到公共生活设施的规划。为了防旱防涝，解决城市的用水和排水问题，在营建城市时，一般选择"高毋近旱""下毋近水"之地作为城址。筑城时又专门修建了排水和取水设施。考古发掘表明，齐都临淄城内有全城性的排水系统，大城和小城均发现有排水道，在大城西北隅城墙处，有用大石垒砌的涵洞。类似的排水设施，在东周其他都城内也都有发现。城市的用水，一般用沟渠引城外河水或掘井汲取地下水的方法解决。在东周楚都纪南城内，发现了四百多眼水井，遍布全城，而以宫城北面的龙桥河两侧最为密集。水井的结构形式多样，多数井在上部砌陶壁，下部为土壁，部分为土井，也有少量竹圈井或木圈井。楚都地处南方水乡，水资源较为丰富，城内仍有大量的汲水设施，足见人们对城市用水问题的重视程度。在秦都雍城的宫殿区内，发现了一处藏冰的窖穴，容积约190立方米。冰窖在古文献中称为"凌阴"，《诗·豳风·七月》有"二之日凿冰冲冲，三之日纳于凌阴"的诗句，意思是说夏历十二月凿取冰块，正月将冰块藏入冰窖。据《周礼·天官》记载，"凌人"掌管冰政，十二月斩冰藏入凌阴，以供来年天暖时使用。冰的用途很广，贵族的宴饮、祭祀、接待宾客、丧葬等都要用冰。盛夏时节，国君还要向群臣颁赐冰块。由此推断，周王室和诸侯国的都城内，都应有藏冰的凌阴。秦都雍城凌阴建筑基址的发现，提供了这方面的例证。凌阴属于特殊的生活设施，只有贵族才能享用。普通市民盛夏的祛暑，食物的防腐保鲜，也有一些简易的方法和设施。在楚都纪南城发现的水井中，有的井底放置着一口大陶瓮，属于当时的冷藏窖。用地窖冷藏物品的方法，被古人广泛采用，并沿用至今。

春秋城市的经济功能较前更加显著。以侯马晋城为例，在牛村古城南郊一带分布着多处制作铜器、骨器、石器和陶器的作坊遗址。铸铜作坊遗址的规模很大，面积约20万平方米。在已发掘的5 000余平方米范围内，发现有居住址、窖穴、水井、道路、陶窑、熔铜炉等遗迹。出土遗物中有当时工匠们使用的各种陶质生活用具和用骨、石、铜、蚌等制作的工具。与铸铜手工业有关的遗物，有雕刻花纹用的骨质雕刀、青铜小刀，熔铜用的熔炉、鼓风管碎块，铸造青铜器的陶范及铜锭、铅锭等，据此可以大体了解当时从选料、制范到合范、浇铸等铸造铜器各工序的工艺和技术水平。铸铜陶范发现了五万多块，其中完整或能配套的近千件，所铸的器物类别有工具、兵器、货币、礼器、乐器、车马器、生活用具等。有些器物的陶范数量巨大，如镬锛类工具范，折合成完整范当在三千件以上，而且大部分范可以经过修整多次使用。带钩范有一万余件，十几种规格。这些产品已达到了规格化、系列化的批量生产，带有浓厚的商品性质。《楚辞·招魂》中有"晋制犀比，费白日些"的诗句，犀比即带钩。晋国生产的带钩精巧别致，远销到南方的楚国，给当地人们留下了深刻的印象。特别值得重视的是，铸铜遗址出土了大量的空首布芯，总数在十万个以上，发现了十多件空首布范和空首布实物。这种布形体较大，比较原始，是目前已发现的我国最早的金属铸币。有些布币上铸有文字，以标明币值。晋国的金属铸币不仅数量多，而且发展到了比较成熟的阶段①。以铜器铸造为代表的晋都手工业的生产规模及工艺技术成就，表明春秋时期的城市手工业发展到了新的阶段。

春秋城市的商业活动也较发达。齐国素有重商传统，经商者众多。齐桓公时管仲改革，将城市居民分为士、工、商三类，"制国以为二十一乡，工、商之乡六，士乡十五"②，使士、工、商三类不同身份和职业的城市居民分区居住，世守其职。以工、商各为三乡推算，从商者约占城市总人口的14.3%，比例是比较高的。商业人口众多，表明了城市商业活动的繁荣。在齐都临淄城内，有许多商

---

① 山西省考古研究所：北京：《侯马铸铜遗址》，北京：文物出版社，1993年。
② 《国语·齐语》。

品交易的市场,称为"国之诸市"。齐相晏婴的住宅就靠近市场,虽喧闹不堪,但"朝夕得所求",购买东西非常方便①。除中心城市外,卿大夫的城邑也每每设市,如鲁国叔孙氏的郈邑中就有管理商品市场的"贾正"②。随着商业的繁荣,都市中的富商大贾应运而生,如晋都绛之富商,"能金玉其车,文错其服,能行诸侯之贿"③。他们依靠经商积累了大量财富,其法定政治地位虽然不高,却能凭借经济实力交通诸侯,影响政治。商业的繁荣和商人的活跃,使城市成为财富集中的中心。

---

① 《左传》昭公三年。
② 《左传》昭公六年。
③ 《国语·晋语八》。

第十一章 各族关系与"华夷之辨"

一 各族分布

早在春秋时期各少数族与华夏族即已发生了密切的联系。华,即华夏族,亦称夏、诸夏,它是以上古的炎黄部落联盟为核心,逐渐融合许多不同来源的氏族部落集团而形成的具有共同经济和文化生活的族体,是中原主体居民的总称。散布于华夏族四周的少数民族概被称为"夷",具体又有蛮、夷、戎、狄等名称。文献中往往用此四个名称代指居于中原四方的少数族,称为东夷、西戎、南蛮、北狄,合称为"四夷"。但春秋时"四夷"的概念还不十分严格,大致来说,夷蛮亦代指东南诸部少数族,戎狄也用来泛指西北诸部少数族。

(一) 东方的夷族

"夷"字在商代甲骨文中写作"尸",如"隹尸方受又""侯告伐尸方"的"尸方"就是东方的夷族。周代金文中有"东夷""南夷"等名称。各种文献所记东夷的名号很多。《尚书》和《论语》

中有"九夷"之称,即繁多之意。《后汉书·东夷传》记有畎夷、方夷、风夷、阳夷、黄夷、白夷、赤夷、玄夷等,多以服色为号。《尚书·禹贡》举出东方的夷族有嵎夷、莱夷、鸟夷、淮夷四种,比较接近实际。

东方的夷族主要分布在今山东境内和淮水流域,是商代夷人的后裔。山东境内的夷族长于畜牧,又会养蚕,与中原华夏族接触较早,到春秋时已接近华夏族的发展水平。

春秋时,山东境内的夷族建立的莱、任、宿、须朐、颛臾、莒、郯、阳、鄫、介、根牟、牟等国,与齐、鲁两国关系密切,与楚国也有交往。它们中的多数在春秋时融入齐、鲁两国。莱,即金文《齐侯镈钟》的"镈",《晏子春秋》中也写作"镈",金文中作"逨"。莱地在今山东昌邑东,一说在龙口东南。齐国被封之时,莱国曾举兵伐齐,争夺营丘之地。公元前602年,齐、鲁会兵伐莱。公元前569年,齐又伐莱,莱人以牛马百匹贿赂齐人,使齐人退兵。公元前567年,齐灵公举兵灭莱。莱人以勇武强悍著称,公元前500年齐、鲁夹谷之会,齐人曾谋划"使莱人以兵劫鲁侯"①。任国在今山东济宁,宿在今山东东平东,须朐和颛臾在今山东东平西北,四国皆为风姓。宿与颛臾为鲁国附庸,后并入鲁国。鲁庄公娶须朐女成风,生鲁僖公。公元前639年,邾人灭须朐,次年鲁国又从邾人手里夺得须朐之地。莒、郯二国为嬴姓。莒在今山东莒县,灭于楚。郯在今山东郯城北,一直存在到战国后期。阳在今山东沂水渠西南,姬姓,公元前660年齐人取其地而迁其民。鄫在今山东

---

① 《左传》定公十年。

苍山西北，灭于莒。介在今山东胶州西南，灭于齐。牟在今山东莱芜东，与鲁通婚，鲁卿公孙兹聘牟女为妻，灭于鲁。根牟在今山东莒县西南，亦灭于鲁。

淮水流域的夷族主要有淮夷、徐夷、舒夷三支。淮夷分布在今淮河下游，渔猎是其经济生活的主要方式。春秋前期与鲁国关系密切，鲁僖公时宾服于鲁。至春秋后期，淮夷先归附楚，从楚伐吴，后又归附越，参与越王勾践北上争霸中原的战争。徐夷在《尚书·费誓》称徐戎，在今江苏泗洪南，文明程度较高。西周时徐夷相当强大。传说徐夷首领徐偃王曾受命为东方诸侯之长，统辖淮泗一带，有地方五百里，来朝者三十六国，行仁义而不忍进行战斗，被楚国打败。入春秋后，徐夷仍是东方大族，公元前657年打败了舒，公元前650年败于楚，同年又与齐伐莒氏，公元前620年伐莒，至公元前512年灭于吴。舒夷分布在今安徽中部舒城、庐江、桐城、巢湖市一带，有舒庸、舒蓼、舒鸠、舒龙、舒鲍、舒龚等分支，统称群舒，在今安徽庐江西南的舒国大约是群舒的宗国。春秋初年遭受徐夷和齐、鲁攻伐。公元前615年，楚子孔进兵舒国，俘虏了舒子平，群舒沦为楚国的附庸。后来群舒恃吴叛楚，被楚国先后攻灭。

(二) 北方的狄族

春秋时期的狄族有白狄、赤狄、长狄三支，分布地域很广。白狄，别种姬姓的一支，与秦同处雍州，在今陕西境内，建立了肥、鼓、鲜虞三国。公元前601年曾从晋伐秦。公元前530年，晋借道鲜虞灭肥，俘获肥子绵皋。公元前527年，晋伐鲜虞灭鼓，俘获鼓子鸢鞮。晋灭肥、鼓后，鲜虞国继续存在，改称中山国，建都于顾

(今河北正定），战国初年被魏国所灭。

赤狄是狄族中势力最大的一支，基本分布在今山西境内，有潞氏（在今山西潞城东北）、甲氏（在今山西长治境内）、留吁（在今山西长治、屯留南）、铎辰（在今山西长治东南）等诸部。赤狄与晋国有婚姻关系。晋献公娶狄人二女，生重耳、夷吾。重耳因公室内乱避狄国达十二年之久。在狄时期，又娶狄女季隗为妻，生有二子。跟随重耳出奔的赵衰娶狄女叔隗为妻，生赵盾。公元前598年，晋国大夫郤缺向憎恨赤狄的众狄谋求友好，在欑函相会，群狄服晋。公元前594年，赤狄潞氏执政大臣酆舒专权，杀晋景公姊潞子夫人，晋国派荀林父率军灭潞。次年，晋又派士会率兵灭赤狄甲氏、留吁和铎辰。此后，赤狄所处地区归于晋国，赤狄进而汇入华夏族。

长狄为厘姓，分布在今山西临汾、长治至山东西部一带。春秋初期，长狄频繁进扰中原列国。宋武公时，长狄犯宋，被宋击败于长丘（今河南封丘南）。春秋中期，长狄又多次劫掠齐、鲁、宋、卫诸国。《左传》记载：公元前623年狄人攻齐；公元前620年攻鲁；公元前618年攻齐；公元前617年攻宋；公元前616年又攻齐；同年又攻鲁国，鲁文公派大夫叔孙得臣迎击，与狄交战于咸（今山东巨野南），斩获长狄鄋瞒部的酋长侨如。不久，长狄灭亡。

（三）西方的戎族

殷代甲骨文和西周金文中作为族称的"戎"字，所指很不确定。广义的用法如"戎夷""戎狄"之"戎"，指的是非华夏族的部族，相当于"华夷"并称的"夷"，所以，徐夷有时也称为徐戎。春秋时比较有确切含义的用法是以西戎指氐、羌系的少数族。氐、羌历史发展很有特点：起源于原始农业部落，夏、商时才发展为游牧部落；与炎帝、黄帝族有渊源并系，后来却成为少数部族，所以春秋时还有姬姓之戎和姜姓之戎。

据《史记·匈奴列传》记载，西方的戎族"自陇以西有绵诸、犬戎、翟、獂之戎，岐、梁山、泾、漆之北有义渠、大荔、乌氏、朐衍之戎"。绵诸在今甘肃天水东，犬戎在今甘肃陇西以北通渭、渭源一带，翟在今甘肃临洮，獂在今甘肃陇西，义渠在今甘肃东北部、陕西北部及宁夏少数地方，大荔在今陕西大荔，乌氏在今甘肃平凉，朐衍在今宁夏。在今青海境内黄河上游的赐支河、湟河一带还有羌戎。公元前461年秦灭大荔；公元前5世纪中叶到公元前4世纪中叶，绵诸、乌氏、翟、獂先后为秦所灭，其他戎族方国大都归附于秦。

义渠和羌戎是西方戎族中最大的两支，与秦国相邻。春秋时义渠戎建立的义渠国，都城在今甘肃宁县西北。义渠戎可能有比较稳定的农牧经济，能够"筑城郭以自守"①，所以秦国对义渠国只能蚕食，而不能将其驱逐。羌戎则以射猎为业，春秋时与秦的关系尚不密切。

此外，中原还有骊戎、伊洛之戎和姜戎。骊戎在今山西南部析成山、王屋山之间。或说原居今陕西西安临潼区骊山下，因而得名。骊戎与晋国关系密切，晋献公夫人骊姬出于骊戎。伊洛之戎居于今河南西部伊河、洛河之间，文献中或以居邑称之为陆浑之戎、阴戎、九州之戎、杨拒、泉皋、伊雒之戎。后陆浑之戎与楚国交好，公元前525年被晋并灭。姜戎为四岳之裔，原居瓜州（在今甘

---

① 《史记·匈奴列传》。

肃敦煌西），被秦国驱逐流徙到晋国，晋惠公将其安置在"狐狸所居，豺狼所嗥"①的晋国南部边境地区，戎族披荆斩棘开发了这一地区。公元前638年秦晋殽之战，姜戎协助晋军打败了秦军。

（四）东南和岭南的越族

"越"族也写作"粤"族，分布于我国南方广大地区。《汉书·地理志》颜师古注曰："自交趾至会稽七八千里。百越杂处，名有种姓。"见于记载的越族部族有扬越、于越、瓯越、闽越、东越、南越、西瓯、骆越等等。《逸周书》、今本《竹书纪年》将越族历史追溯到中原的夏、商时期，考古学将东南地区以几何印纹陶为特征的青铜文化看成是古越族的文化遗存，也将越族的历史追溯到中原的商代。这说明越族是很早就生活在东南和岭南地区的土著居民。

越族有相沿悠久的文化特征。《史记·赵世家》记载："夫翦发文身，错臂左衽，瓯越之民也。"《淮南子·齐俗训》记载："胡人弹眉，越人契臂，中国歃血，所有各异，其于信一也。"其断发文身、衣着左衽以及刺臂而盟的社会习俗与华夏族迥然不同。

越族中居于今江苏南部的一支是吴国的土著居民，居于今浙江北部、中部的一支是越国的土著居民。春秋时期吴、越两国发展很快，军事力量强大，铸剑术闻名于天下，出土的吴王夫差剑、越王勾践剑精良锋利，举世所罕见。春秋后期的吴、越两国在中国古代史上有突出的地位。

吴即句吴②，其土著为越族。相传周太王长子太伯出奔到吴

---

① 《左传》襄公十四年。
② 《汉书·地理志》："号曰句吴。"颜师古注："音钩，夷俗语之发声也，亦犹越为于越也。"

地，从越族风俗文身断发，越人"归之者千家，立为吴太伯"①，建立了吴国。太伯建立的吴国以太湖地区为中心，东至于海，东南与越国相接，南达新安江上游南岸，西与楚国相接，北以长江为界。这个地区是长江下游通往淮河流域及中原的门户，远古以来就有发达的水田农耕文化，又接受中原文化影响，太伯传十九代至吴子寿梦。公元前584年，亡命于晋的楚大夫巫臣为晋出使吴，吴子寿梦任用巫臣训练车兵战阵，吴军学会车战，开始向楚及巢、徐等国攻伐。这年楚伐郑，齐、鲁、晋、宋等国救郑，吴国乘机攻入楚国。楚国腹背受敌，疲于奔命，吴国从楚国夺得淮河中下游和长江下游大片地区。公元前515年，吴王阖闾即位，又任用楚亡臣伍子胥和齐国军事家孙武进行改革，国力进一步壮大。公元前506年，吴联合蔡、唐与楚决战，攻取了郢都，楚国民众和财物大量被吴军俘获，这对楚国是空前未有的创伤，但由周入楚的华夏文化，却因这次战争更多地传播到长江下游，加速吴国的华夏化进程。

越国也称于越，其土著也是越族。相传夏后少康的庶子无余封于会稽（今浙江绍兴市）以奉祀禹。无余受封时，会稽经济发展水平很低，"人民山居"，"租税才给宗庙祭祀之费"，"无余质朴，不设宫室之饰，从民所居"②。无余后二十余世至允常。允常父为夫镡，夫镡以上至无余的世系缺佚无闻。因此，越王勾践以前越国的历史只能上溯到允常、夫镡两代。春秋末期越国的范围"南至于句无（今浙江诸暨南），北至于鄞（今浙江宁波鄞州区），西至于姑蔑

---

① 《史记·吴太伯世家》。
② 《吴越春秋·越王无余外传》。

(今太湖)",即今宁绍平原、杭嘉湖平原和金衢丘陵地区。考古发掘证实以上地区发现的商周至春秋时期的大量几何纹陶文化遗存特征十分相近,亦可作为文献所记越国地理范围的有力佐证。

越族还有瓯越,分布在今浙江南部;闽越,分布在今福建;南越,也称扬越,分布在今广东、广西。这些越族支系也有悠久的历史,但由于远离中原,先秦时与华夏诸国极少接触。

(五)长江中游的蛮族和濮族

蛮族是南方的一个大族系,与后来的苗族有渊源关系。春秋早期,长江中游地区有许多蛮族,如楚、罗(故地在今湖北宜城西)、卢(故地在今湖北南漳东北)、庸(故地在今湖北竹山东)等。春秋时楚人尚以蛮族自居,楚熊渠说:"我蛮夷也,不与中国之号谥。"[①]诸夏也不承认其为"中国""华夏"。周天子命楚人说:"镇尔南方夷越之国,无侵中国。"晋人、郑人皆称其为"荆蛮"[②]。楚之先世出于黄帝之孙颛顼的传说和鬻熊为周文王师、熊绎始封于楚的记载不应一概抹杀,但颛顼的这一支后裔在春秋以前十多个世纪里已与南方土著融合,风俗、语言、宗教、文化均与诸夏不同。春秋时期,楚人北上,重新与华夏发生关系,竞争中原霸权,其文化蒸蒸日上,又逐渐回归华夏族的一部分。楚国历史是中华各族分合聚散的一个突出事例。

春秋初年的楚国居于今湖北襄樊襄阳区西南的荆山一带,是长江中游众多蛮族中的一支,还不很强大,后在郢(今湖北荆州市西北的纪南城)建都。楚武王时(公元前740—前690年),曾被蛮族

---

① 《史记·楚世家》。
② 《国语·郑语》《国语·吴语》。

中的另外一支罗打败，楚将屈瑕被杀。楚武王以后，楚国强大起来，到楚庄王即位前已灭掉罗、卢等部。公元前 611 年，楚与秦、巴结盟，率领已归附于楚的蛮族各部灭亡了曾占有江汉平原至汉水中上游大片地方的强国——庸国，使散居在江汉间的蛮族全部归附。之后又继续进攻陆浑之戎，陈兵周郊，问鼎于周。公元前 597 年，邲之战大败晋军，迫使鲁、宋、郑、陈归附，成为春秋时期的霸主。春秋时期，楚国前后共吞并四十五国，疆域在各国中最大，国境内包括居住在长江流域的蛮人和淮河流域的夷人以及被征服的华夏诸侯国人。他们在长期的文化交流中，融合成既具华夏文化又具地方特色的楚文化。

濮，又称百濮，部落众多，春秋时分布于江汉之间。《左传》文公十六年（公元前 611 年）有"麇人率百濮聚于选，将伐楚"的记载，可知当时的百濮隶属于麇。此所谓"麇"，即《牧誓》西土八国之微，在今湖北郧县。麇所率的百濮亦当在其附近。楚国图霸中原，必先肃清南方的敌对势力，麇首当其冲。楚武王时"始开濮地而有之"①，"楚蚡冒于是乎始启濮"②。文公十六年楚国在灭庸后又攻伐麇，使其成为楚国的盟国。后麇在与楚国冲突中失败，大约在楚庄王时亡于楚，江汉地区的百濮则继续存在，因此公元前 523 年楚平王又有伐濮之举。濮人受楚人逼迫向西南迁徙，发展到今四川东部，分布到了更加广大的地区，楚人始终未能将其同化。

（六）西南的巴、蜀和西南夷

巴人活动于鄂西、川东地区，有古老的传说和悠久的历史，也

---

① 《史记·楚世家》。
② 《国语·郑语》。

被认为是蛮族的一支。春秋时巴人活动的地区主要在汉水流域。公元前703年，巴欲与邓（在今湖北襄樊北）交好，告于楚，楚派道朔带领巴行人韩服出使邓，途中被鄾人抢劫杀害。公元前688年，巴人随楚人伐中，因遭到楚人虐待而叛楚，夺取那处（在今湖北荆门市东南）。公元前676年，巴人伐楚，被楚军打败。公元前477年，巴人又伐楚，被楚人打败。这些事例说明，春秋时期巴人主要与楚国发生联系。春秋初年巴人从属于楚，后来与楚的关系破裂并走向对抗。几个历史事件涉及的地方均在汉水下游流域。公元前661年，楚、秦、巴灭庸，巴分得庸国西部即今重庆巫山、奉节一带，控制了长江中游进入上游的门户，政治中心从三峡向今重庆地区发展。

蜀人有悠久历史，古蜀国也是一个古老的方国。春秋时期是古蜀国的杜宇王朝时期。杜宇王朝从商末传到春秋中期，都是在郫（今四川郫县）或瞿上（今四川双流）。据《华阳国志·蜀志》记载：春秋中期以前，杜宇王朝最盛时，"乃以褒斜为前门，熊耳、灵关为后门，王垒、峨眉为城郭"。大致北抵汉中，西达羌氐，南包今凉山及云南北部，东与今重庆的巴国相接。春秋中期，开明王朝取代杜宇王朝，迁都于成都。蜀的中心地区是川西成都平原，这里自然条件优越，自杜宇王朝之始就"教民务农"。发达的农业是蜀国长期存在的基本条件。开明王朝治平水患又对农业发展做出了重大贡献。传说杜宇王朝末期玉山（在今都江堰市西北）出水形成水患，有一个叫鳖灵的人治平水患受禅为帝，鳖灵便成了开明王朝的第一位君主。蜀地矿产资源丰富，也是蜀国长期存在的重要条件。蜀盛产金、银、铜、铁、铝、锡等，俱见于《华阳国志·蜀志》记载。蜀地岷山脚下有一条犁牛河（亦名丽水），其处盛产黄金,楚国制造金币的金沙主要来源于犁牛河①。

西南夷在巴蜀西南,处于今云、贵、川三省交界地区。《史记·西南夷列传》记述:"西南夷君长以什数,夜郎最大。其西,靡莫之属以什数,滇最大。自滇以北君长以什数,邛都最大。此皆魋结、耕田,有邑聚。"夜郎的都邑在今贵州桐梓,地域范围主要在今贵州西部、北部,还包括今四川南部和云南北部部分地方。滇,中心在今云南晋宁,1956年在晋宁石寨山出土了西汉时的滇王金印②。晋宁在滇池南岸,滇池"方三百里,旁平地,肥饶千里"③,盖为滇的地域范围。邛都在今四川西昌东南。夜郎、滇和邛都族源不一,但有共同的农耕经济,都已定居,也有共同的习俗,并且处于大致相同的社会发展阶段,因而成为一个族群。此外,滇以西有昆明、嶲,据《史记·西南夷列传》记载为"皆编发,随畜迁徙,无常处,无君长",与夜郎、滇、邛都风俗不同,社会发展阶段更落后。夜郎、邛都以北还有笮都、冉駹、白马等氏族部落。春秋时,楚国为了开采金矿,除在今四川荥经设置官吏外,也在今云南楚雄市设置兵吏,由楚贵族岷山庄王经营其事,从此楚国的势力逐渐进入了西南夷地区。

二 华夷关系

中华民族在先秦历史上的发展过程可分为两大阶段。第一阶段

---

① 徐中舒:《试论岷山庄王与滇王庄蹻的关系》,《思想战线》1977年第4期,第75—82页。
② 云南省博物馆:《云南晋宁石寨山古墓群发掘报告》,北京:文物出版社,1959年。
③ 《史记·西南夷列传》。

是夏、商、西周，发展的结果是形成了华夏族；第二阶段是春秋战国，发展的结果是完成了中华民族的第一次融合[1]。第二阶段的春秋时期，华夏诸侯大国在"尊王攘夷"的旗帜下与四夷斗争，护卫和扩大了华夏文明，属于"四夷"的秦、楚等国分别在西方和南方开疆拓土，不断吸取中原华夏文明先进成果，并力图争霸中原，为战国时期秦、楚最终融入华夏族并被中原各国认同，形成以秦、楚、齐、燕、赵、魏、韩为中心的多民族统一国家打下了基础。

西周国家体制下，诸侯国是最重要的政治实体。各诸侯国受周王室约束，维护国内等级关系和相互关系，对"四夷"形成威慑力量。进入春秋以后，这种政治关系全被打乱了。平王东迁后王室更加衰微，徒有天下共主的空名，丧失实际主宰权，反而依赖诸侯国才能存在。拥戴平王东迁的晋、郑控制周室，平王试图摆脱其控制，但却招来郑庄公兵戎相见，终于不能自拔。作为东方姬姓诸国大宗的鲁国，本来是周室的忠实支柱、礼乐文明的典范，而平王死后竟不奔丧，继立的周桓王却不得不多次聘鲁加以笼络。诸侯国内政一片混乱，在争夺斗争中弑杀不断。王室衰微，诸侯内乱，"四夷"乘机内迁。西部宗周故地早为戎族占领，春秋初对华夏诸国的威胁来自北方和南方。北方的戎狄多为游牧部落，出没于今山西、河北、河南、山东、燕、齐、鲁、卫、宋、郑诸国屡遭劫掠破坏。南方的楚人吞灭汉阳姬姓诸国，更欲恃强入主中原，诚如《公羊传》僖公四年记载的"南夷与北狄交，中国不绝若线"。

在这种形势下，以"尊王攘夷"为旗帜的大国争霸斗争有双重

---

[1] 张岂之、刘宝才：《中国历史》先秦卷，北京：高等教育出版社，2001年，第246页。

意义：一方面是建立大国对中、小诸侯国的控制，扩张本国的势力；另一方面是聚合华夏诸国维护当时先进的农耕文明，抗御游牧部族的破坏。大国争霸斗争客观上促进了华夷的融合，在中华民族发展史上起了积极作用。最早建立霸业的齐桓公会盟诸侯十五次，与会的有齐、鲁、宋、卫、郑、陈、曹、许各诸侯国，基本限于黄河下游地区及黄河中游南岸地区。继齐称霸的晋国，自文公建立霸业，历襄、灵、成、景共五代，保持霸主地位八十余年。晋国霸业使华夏诸国的聚合从东部、中部扩大到中北部。齐、晋建立霸业的过程中，南方的楚国是一个强大的对手。楚国在发展过程中逐渐接受华夏文化，承认中原诸国的存在，改变其极端武力兼并政策。为争夺盟主地位，楚庄王时一度破陈、克郑、围宋、败晋。楚国称霸中原客观上加强了南方各族与中原华夏族的联系。与晋争霸的秦国，因为东进之路被三晋堵死，暂时致力于征服邻近的戎族而称霸西戎。春秋末，吴、越强大起来以后不断北上，也推进了东南地区与中原华夏各诸侯国的交往。

综观春秋时期的大国争霸在促进民族融合中的影响，我们可以得出以下三个方面的结论：第一，各大国分别灭掉许多邻近的少数族部落方国，如齐灭莱，鲁灭根牟，楚灭庸、鄾、群舒，晋灭赤狄诸国和陆浑之戎，秦灭西戎诸国。这些被灭国的少数族便与华夏族或后来成为华夏族的楚人、秦人等融合起来，从而扩大了中华民族的聚合范围。第二，本来属于"四夷"的楚国，其国王庄王却从"武"字的字形阐发了"止戈为武"的道理，自如地引用《周颂》的诗句大加发挥，说有"禁暴、戢兵、保大、定功、安民、和众、丰财"七德才称得上"武"，自己一条也不具备，有什么可以向后人展示的呢①？楚庄王与其先祖楚武王的观念相去何止千里。《左传》僖公二十三年记载，秦穆公宴享重耳，主客咏诗言志，重耳从人赵衰歌《黍苗》之诗，重耳赋《河水》之诗，穆公便知重耳急于借助秦国支持归晋之意，立刻赋《六月》之诗作答，表示寄重耳以厚望。《左传》襄公二十九年记载，吴国公子季札出使鲁国，听鲁国乐工演唱《周南》《召南》《邶》《鄘》《卫》等虞、夏、周以来的音乐，能一一予以中肯评价。接着季札游历齐、郑、卫、晋诸国，先后与晏婴、子产、叔向这些贤人君子交往，分析各国形势，评论政治得失。所言多精辟独到之见，切中要害，使中原人士大为叹服。公元前559年，晋国范宣子指责姜戎首领驹支，不让他参加盟会，甚至扬言要逮捕他。驹支进行了义正辞严的辩驳，最后说："我诸戎饮食衣服不与华同，贽币不通，言语不达，何恶之能为？不与于会，亦无瞢焉！"说毕，"赋《青蝇》而退"②。《青蝇》是《诗经·小雅》篇名，其中有"恺悌君子，无信谗言"二句，驹支以此讽刺范宣子受人挑拨，轻信谗言。范宣子自觉失言，只好向他赔礼道歉，让他参加盟会，以顾全自己"恺悌君子"的名声。从驹支的这番话可以知道，戎族与华夏族在语言文化、经济生活、风俗习尚方面确实不同，民族的区别是很明显的。但驹支却能赋诗言志，而且有很强的针对性，说明他对中原华夏文化有相当深厚的修养，这些都反映出华夏文化影响的扩大。从春秋大国兴起的年代先后看，是文化先进诸国逐渐衰落，大国地位被文化后进国家取代，晋代齐而兴，楚代晋而兴，吴、越又在楚之后兴起。但从文明发展

---

① 《左传》宣公十五年。
② 《左传》襄公十四年。

趋向看，后进诸国兴起过程又是接受先进文化的过程。第三，另外一些更后进的少数族被驱逐，向远离中原的地区发展，因接触减少，他们与华夏诸国的冲突暂时消解了，北狄、西戎、越族、濮族中都有这种情形。

三 华夷之辨

华夷之辨，主要指区分华夏与夷狄，采取不同的办法处理华夏诸国之间的关系和华夏诸国与夷狄的关系。《左传》定公十年记载孔子的话说："裔不谋夏，夷不乱华。""裔"指夏以外的地，"夷"指华以外的人，两者的区分很明显。不过"中国""夏""华"三个名称，最基本的含义界定还是在于文化层面。那些文化高的地区亦即行周礼的地区称为夏，那些文化高的人或族则称为华，华、夏合起来称为中国。对那些文化较低、不遵守周礼的人或族则称为蛮、夷、戎、狄。春秋时期的华夷观强调，华夏诸国是同胞兄弟，夷狄是异族外人，而对夷狄威胁，华夏诸国应当团结一致、共同对敌。当时的人们强调，华夏是"有礼义之大""有章服之美"[1]的文明族类，夷狄是不知礼义、不讲文明的野蛮族类，甚至认为是"禽兽""豺狼"[2]。在诸夏内部应推行德政，对待夷狄则应该以武力压服，称为"德以柔中国，刑以威四夷"[3]。到了春秋后期，孔子一面继续强调"裔不谋夏，夷不乱华"，但另一方面又提出对夷不能单

---

[1] 《左传》定公十年"裔不谋夏，夷为乱华"句孔疏。
[2] 《左传》襄公四年、闵公元年。
[3] 《左传》僖公二十五年。

靠武力压服，应当采取怀柔政策，"远人不服，则修文德以来之，既来之，则安之"①。到春秋末期时，孔子又发展了以文明、野蛮区分华夷的观念，提出华夷可以转化的观念。如杞君朝鲁君，用夷礼，杞被贬为夷；后来杞国朝鲁用周礼，杞又得道，被称为诸夏。此外，中华民族中的华夷之别还包括族源的不同，又都有分合聚散的历史，但华夷之别的主要依据还是文化。春秋时的姬姓戎族与周人有共同族源，而当时的华夏族视其为戎，他们也自认为戎。姜戎酋长驹支说："我诸戎饮食衣服不同，贽币不同，语言不达。"②正是社会生活与文化教育的不同，使其成为有别于华夏的戎族。东南的吴、越也属类似情况，吴公族为周族之后，越公族为夏族之后，源于华夏族，但久处东南与越族同化，语言、习俗皆与华夏不同，春秋时的诸夏视其为夷狄，吴、越贵族也自认为是夷狄。相反的情形也有，舜为"东夷之人"，文王为"西夷之人"③，都被华夏族尊为"圣人"。夏、商、周及姜姓诸侯的子孙"或在中国，或在夷狄"④是历史事实，华夏与夷狄水乳交融早已成为不争的事实。孔子有丰富的历史知识，懂得古代各族历史，因而比同时代人高明，不是以族源而是以文化作为判别华夷的首要标准。他心目中的文化主要是周代的礼乐文明，凡观念、言行体现礼乐文明的均视之为华夏，相反则视之为夷狄。后人认为孔子修《春秋》褒贬得失有一条原则，就是"用夏变于夷者夷之，夷而进于中国则中国之"⑤。

---

① 《论语·季氏》。
② 《左传》襄公十四年。
③ 《孟子·离娄下》。
④ 《史记·秦本纪》《史记·楚世家》。
⑤ 《路史·国名纪》。

即使是华夏之族，如其行为违背礼乐文明则贬其为夷狄，夷狄之行为符合礼乐文明则褒其为华夏。《春秋》定公十二年有"晋荀林父帅师及楚子战于邲"一句经文，被认为是体现孔子华夷观的典型。荀林父为大夫，按孔子编《春秋》的原则，大夫是不应该写出其名的，但这里偏偏写出其名，为什么呢？因为孔子认为邲之战中晋国的作为失掉了礼乐文明，楚国的作为体现了礼乐文明，写明晋大夫荀林父的名字即包含着贬斥晋国行为野蛮、褒扬楚国行为文明的大义。可见春秋时期的华夷之辨主要表现在文化方面，但就种姓与血缘而言，则华夷往往存在着千丝万缕的联系。戎狄中虽有与华夏同源者，却因所处环境和历史机遇不同，终至殊途。在长期杂居、交流的过程中，发达的华夏文明对蛮、夷、戎、狄产生了很大影响，后者的文化也进一步丰富了华夏文明。到春秋、战国之交，进入中原的戎狄诸部绝大部分已融入华夏族当中，楚国、秦国渐渐不再被视为蛮夷即为明证。通过春秋时期的华夷之争，华夏族吸收了大量的新鲜血液，成为更加稳定和分布更加广泛的族群，最终到秦以后形成了统一而有持久生命力的汉民族。

第十二章　区域文化特质

　　文化的发展因各地生态环境的差异和社会结构的相异而风格迥异，即不同的地区有不同的生态条件，其文化发生、发展的道路、状况、趋向就可能大相径庭。周代实行大规模的分封，使中原华夏文化渐次向周边地区辐射传播。经数百年的发展，各地区文化的共同因素在逐渐增加，但文化的地域性差异仍非常突出。所以荀子说："越人安越，楚人安楚，君子安雅，是非知能材性然也，是注错习俗之节异也。"①司马迁在《史记·货殖列传》里即按地区分述物产、经济、民情等各个方面，展示各地的不同风貌。我们知道，文化的发展是具有延续性的，在吸收其他文化因素的同时，其主要倾向也会发生变化，因此，区域文化的格局也是在不断的变化中形成和发展的。

　　春秋时期的地域文化主要有齐文化、鲁文化、晋文化、楚文化、秦文化、吴越文化等，这些文化或兴盛，或衰落，或因为主要

---

①　《荀子·荣辱》。

元素被改变而逐渐消失。

一 齐文化

齐是春秋时的东方大国。据《史记·齐太公世家》记载，周初实行大分封，太公吕尚受封于齐，疆域"东至海，西至河，南至穆陵，北至无棣"，统治范围十分广大，且在政治上享有特权，"五侯九伯，实得征之"，对于违抗王室的诸侯国，齐国还具有征伐的特权，在列国中有着举足轻重的地位。

齐文化的形成是有其深刻的历史渊源的①。首先，齐文化建构于东夷文化基础之上。在姜太公立国之前，齐地主要是东夷人世代聚居的地方。东夷族是我国历史上

青铜齐侯子行匜 春秋早期 浇水器

一个分布很广、历史悠久、文化发达的民族。近年来，众多的学者通过对考古资料和文献史料的综合研究认为，东夷文化是具有独立系统的文化，是中华民族文化重要的源头之一。周定天下，数伐东夷，昔日东夷人聚居的齐、鲁之地，成为太公、周公的分封之地，这既标志着周人对东夷的征服，也象征着东夷文化向周文化的转

---

① 王志民：《齐文化论稿》，济南：山东大学出版社，1995年，第15—18页。

化。然而，东夷文化之所以能在更深广的基础上融入齐文化，成为齐文化建构的重要基础之一，则有赖于两个方面的原因：一方面，太公首封之时，周朝初定，势力虽及东土，但东夷并未完全顺服；他们不但保存着相当的经济、军事实力，活跃于今山东半岛一带，而且得用有利的地理形势进行反抗，使得齐国在建构自己的文化时，不可能也无法将东夷文化排斥在国门之外。另一方面，太公封齐之后，又主动采取了开明的文化政策，保留了东夷文化。《史记·齐太公世家》记载："太公至国，修政，因其俗，简其礼，通商工之业，便鱼盐之利。"这说明，太公建构齐文化，既在意识形态领域保留了东夷文化的基础，又在经济上保留了东夷滨海文化的特点。

其次，齐文化保留了姜炎文化的遗风。齐为姜姓封国。姜姓部族原为一生活于西北黄土高原的民族。其始祖相传为神农炎帝，有自己独立的文化特色，被考古学界称为姜炎文化。姜炎族在发展中沿渭水东下入居中原，但在经历了姜族的内乱和与黄帝族的血战以后，中原渐为黄帝族统治，姜炎族则分散为若干流散转徙的支族。其中一支南徙江汉，一支东移徐淮，又北徙鲁、齐。这种始终处于运动发展状态中的民族，在文化上至少形成这样的两个特点：一是在与其他地域文化的接触、碰撞中，会大大增强其自身的涵摄力，容易吸收、保留、融汇其他文化，齐文化的建立之能以东夷文化为基础，就是这种民族文化特性的具体体现；二是在观念上，会大大增强姜炎族人的开拓、创造意识，齐人尚功利，注重现实的、直接的经济利益，主要就是这种民族意识的再现。

第三，齐文化受到商、周文化的巨大影响。齐作为周的封国，周文化对其决定性影响不言而喻，加之姜姓部族与周族累世联姻，文化自当趋向融合。此外,商文化对齐文化也产生了巨大的影响。如齐地巫风较中原他国为重,《晏子春秋》中即带有较多的巫术迷信色彩,齐地考古发掘出土了大量奢华的殉葬品,东周殉马坑,一次即杀殉战马六百余匹,这都带有明显的商文化特色,足见商文化对齐文化的巨大影响。

第四,从齐文化形成的角度讲,它的创立者姜太公也是一个不可忽视的重要因素。姜太公一生有着传奇般的经历:曾经在渭水之阳以捕鱼为业,也曾经在朝歌以卖肉为生,做过小商贩;在政治上,他早年一事无成,晚年才受文王知遇之恩,佐周灭商,创立功业。这种复杂曲折的人生经历,对他封齐立国、创建齐文化产生着重大的影响。一方面,那种艰难困苦的下层民众生活,使他对社会有更深入的了解,齐文化比较重视挖掘庶民百姓的潜力发展经济,当与此有关;另一方面,姜太公靠艰苦奋斗、事功卓著而受知于周统治者,首封齐国,这就使他建国更注重尚功、尚利、尚贤。应该说,齐文化整个特色的奠基是得力于姜太公其人的。

总之,综观齐文化形成的渊源,从民族学讲,它融合了我国早期东夷、商、周、姜炎等多个民族的文化,是民族文化的多元复合体;从地理文化讲,则融合了滨海文化与内陆文化的特点;而从物质文化的角度讲,则兼具农牧业文化、渔业文化和商业性文化之所长。

齐文化的地域特质主要表现为注重功利。这一特性表现在不同的领域里:

第一,在经济上,表现为齐人往往以获取更多的物质财富、推动经济的繁荣为终极目标和出发点。在具体政策上,则表现为因地制宜、农商并重。太公始封齐国，即针对营丘一带"地潟卤，人民寡"的环境条件，因地制宜提出"劝其女功，极技巧"①"通商工之业，便鱼盐之利"②的经济措施，一改姜炎氏族内陆农牧业的传统生产方式，迅速发展了经济，增强了国力。齐桓公时，管仲针对时弊，大胆改革，实行了"相地而衰征"的经济政策，使齐国实力大大增强，成为春秋时期首霸。其后，历经晏婴相齐、田氏代齐，直至秦统一六国的数百年间，齐始终是以经济、军事上的强国面貌出现的，这不能不说与齐文化的特质有重大的关系。

第二，齐文化重功利的特质也表现在它的用人制度上。《汉书·地理志》记载："昔太公始封，周公问：'何以治齐？'太公曰：'举贤而上功。'"而当太公问周公何以治鲁时，周公曰："尊尊而亲亲。"反映出两国文化的明显差异性。《说文解字》："贤，多财也。"段玉裁注："贤本多财之称，引申之凡多皆曰贤。"看来，在早期人们的眼中，举贤，实际应包括对获取物利的能力的肯定。《说文解字》："功，以劳定国也。"《管子·明法》篇："功者，安主上也，利万民也。"可见，上功，实际也是对利、事功的推崇。太公治国，举贤而上功，充分反映出齐人着眼于功利观念的特点。这种靠人才兴国的政策方略使齐国保持了几十年的霸主地位。太公之后的齐王多因循祖先遗制，往往举贤不避卑贱。如齐桓公擢管仲于商贾、仇旅，结果"齐桓公以霸，九合诸侯，一匡天下"，连司马迁都不得不承认是"管仲之谋也"；晏婴拔囚徒越石父于缧绁之中，

---

① 《史记·货殖列传》。
② 《史记·齐太公世家》。

"延入为上客"①，这种不拘一格用人才的做法无疑为齐国的发展起了良好的作用。《晏子春秋·内问上》记载了晏子"举贤以临国，官能以救民"的话，并且认为"有贤而不知""知而不用""用而不任"是国家的"三不祥"。

此外，齐人在政治上的功利观念，还表现在齐国政治家们对先贤的追慕和对理想政治的追求上。如战国时期齐威王所铸青铜器《陈侯因敦》铭文刻有"高祖黄帝，迩嗣桓、文"，把齐桓公、晋文公作为与黄帝并列的先贤。齐宣王见到孟子时也说："齐桓晋文之事可得闻乎？"②可见他们对春秋时期这两位霸主是多么推崇。齐人公孙丑问其师孟子："夫子当路于齐，管仲、晏子之功可复许乎？"孟子说："子诚齐人也，知管仲、晏子而已矣。"③这里，足见当时管、晏之功业实际已成为齐国后世在政治生活上追求的最高理想，并且大凡齐人均熟知管、晏二贤。另外，齐人十分看重对物质利益的追求。《管子·牧民》就讲"仓廪实则知礼节，衣食足则知荣辱"，足见齐人追求的是一种实在的、直接的物质利益，认为它是一切精神生活的基础，这不能不说与齐地相沿已久的功利观念有关。

二 鲁 文 化

鲁国是西周初年周公的封地，受封之初享有高规格的礼遇，分有"祝、宗、卜、史，备物典策，官司彝器"④，具备周王室的各种

---

① 《史记·管晏列传》。
② 《孟子·梁惠王上》。
③ 《孟子·公孙丑上》。
④ 《左传》定公四年。

文献典籍，成为代表王室镇抚徐夷、淮夷及僻远"海邦"的东方大国。这里是殷的故地，所以备受周王室的重视。春秋时，王室力量衰微，代表奴隶制统治秩序的礼乐制度也日渐崩溃，造成了礼乐队伍和文化典籍的大流动、大流失。在这场特殊的文化动荡中，鲁国却呈现了另一番景象，确立了自己的礼乐正统地位，保存了完备的周朝文化典籍。当时各国如欲了解周的礼乐文化，只能去鲁国，所谓"周礼尽在鲁矣"①，就是时人对鲁文化的由衷赞叹。

与齐文化大相径庭，鲁文化的特点是十分重视礼乐。在鲁国，礼是极重要的社会规范，上自诸侯，下至卿大夫，皆须依礼而动，无论"国之大事"，还是往来小节，都强调要依礼而行，即所谓"君臣、上下、父子、兄弟，非礼不定"②。乐也有极重要的社会规范功能。《礼记·乐记》记载乐可以"合和父子、君臣，附亲万民"，它与礼一刚一柔，发挥不同的社会作用，产生不同的社会效果，"乐者为同，礼者为异，同则相亲，异则相敬"，二者合起来成为教化人民、协调秩序的有力工具。

鲁文化重视礼乐制度的这种特点，是与宗周文化分不开的。事实上，从鲁国分封之日起，就是一个宗周文化的封国。《左传》定公四年记载，鲁公伯禽受封之初的神圣使命就是"以法则周公，用即命于周，是使之职事于鲁，以昭周公之明德"。《史记·鲁周公世家》记载："鲁得郊祭文王。鲁有天子礼乐……"鲁公伯禽去鲁之封地后，对其地"变其俗，革其礼"，强制推行周礼、周俗，都说明鲁文化实际上就是宗周文化的延续，鲁学实际上是周学的传承。

---

① 《左传》昭公二年。
② 《礼记·曲礼上》。

周公所制定的礼乐制度在他的封国得到推行和延续，实在是顺理成章的事。后来以提倡仁义道德为主要思想的儒学之所以在鲁国产生，也是与鲁文化这种特定的文化土壤分不开的。孔子本人就曾讲过"述三王之法，明周昭之业"①"周监于二代，郁郁乎文哉！吾从周"②"如有用我者，吾其为东周乎"③，一再强调自己的学说与宗周礼乐文化之间的关系。

在当时，鲁国能够保存完整的周礼和秉行周礼，成为各诸侯国敬重鲁国的一个重要的原因。据《左传》闵公元年记载：齐欲攻打鲁国，桓公征求大臣仲孙湫的意见，仲孙湫认为不可，原因是鲁国"犹秉周礼，周礼，所以本也。臣闻之，国将亡，本必先颠而后枝叶从之。鲁不弃周礼，未可动也"。周礼成为鲁国立国的一条依据和进行外交斗争的重要工具。

正是鲁国对礼乐文化的格外重视，造就了一批礼乐大师，如臧僖伯、臧哀伯、臧文仲、柳下惠、左丘明等，他们继承和发展了鲁国文化，并最终造就了孔子这样的儒学大师和儒学，使鲁文化呈现出了周、孔之学特有的肃穆、理智风范。

臧文仲的思想中，有明礼、崇德、重民、尊君等明显的周文化特点。他出身贵族，熟知礼仪，立身行事，蹈矩循礼。《左传》文公十八年记载，他曾向季孙行父传授"事君之礼"，并对季孙行父说："见有礼于其君者，事之如孝子之养父母也；见无礼于其君者，诛之如鹰鹯之逐鸟雀也。"他认为统治者要体恤民情，怀保小民，

---

① 《史记·孔子世家》。
② 《论语·八佾》。
③ 《论语·阳货》。

强调"德之不建,民之无援"①。在尊君方面,他本人处处表率。鲁国发生饥荒,他以高龄请行,说:"贤者急病而让夷,居官者当事不避难,在位者恤民之患,是以国家无违。今我不如齐,非急病也,在上不恤下,居官而惰,非事君也。"②《左传》僖公二十一年(公元前639年)记载了这年夏天鲁国发生大旱,鲁僖公以为是巫尪作怪,准备焚烧巫尪以求雨。臧文仲坚决反对,并严肃指出:"非旱备也。修城郭,贬食省用,务穑劝分,此其务也。巫尪何为?天欲杀之,则如勿生;若能为旱,焚之滋甚。"劝人们积极采取措施,努力耕种,节省费用,以减轻干旱所造成的灾害。这种积极有为的政治主张开后世儒家之先风。

柳下惠本名展禽,是鲁国大夫,深明礼仪,其道德行事极为孔、孟等人称许,被视为儒家理想的道德典范。《大戴礼记》说:"孝恭慈仁,允德图义,柳下惠之行也。"《孟子·万章下》说:"柳下惠不羞污君,不辞小官,进不隐贤,必以其道,遗佚而不怨,阨穷而不悯。与乡人处,由由然不忍去也。"总之,柳下惠宽厚仁慈,待人谦恭,侍亲孝顺,不以侍奉坏君为可耻,也不以官小而辞掉。立于朝廷,不隐藏自己的才能,在臧文仲当政时遭"三黜"而仍能按原则办事,遭遗弃不生怨恨,穷困,也不忧愁。这种思想品行成为儒家道德楷模的先驱。诚如清代学者刘逢禄所说:"在鲁言鲁,前乎夫子而圣与仁,柳下惠一人而已。"③

柳下惠的思想品行,是传统的比较典型的鲁文化特点的体现,

---

① 《左传》文公五年。
② 《国语·鲁语上》。
③ 《论语·述而》,见《皇清经解》。

故被孔子、孟子视为圣人。他和臧文仲相比,形成了两种不同的风格。臧文仲体现更多的是一种政治文化趋向,他能适应时代的要求,故他的思想被政界认可;而柳下惠体现更多的是一种道德文化趋向,他对周礼的执着甚或拘泥于周礼,则为道德领域所认可,成为道德范畴的楷模。

进入春秋后期,礼崩乐坏的局面越来越严重,具有深厚礼乐文化积蕴的鲁国对社会政治领域出现的这种变化也有强烈的反响。以孔子为代表的思想家以恢复、维护周礼为己任,大力提倡礼义,力图矫治时弊。孔子为了恢复周代文化传统,网罗天下放佚旧闻,于是广问博访,"子入太庙,每事问"①。他数次到周向老子问礼,也曾学琴于师襄子,访乐于苌弘,集传统文化之大成于一身。之后,他开始兴办私学,广收门徒,删定六经,祖述尧舜,宪章文武,倡仁义礼智,教文行忠信。以六艺作为主要教学内容,对学生进行礼乐文化与军事知识的训练,塑造理想人格,创立了儒学。

《论语·述而》中孔子自称自己是"述而不作",他所"述"的无疑是周公、臧文仲、柳下惠等人所创立和发展的传统,他曾经说过:"甚矣,吾衰矣!久矣,吾不复梦见周公。"说明他一直在周公的鼓舞下行事。孔子所创儒学既是周代礼乐文化的继承、总结、升华,也是鲁文化中深厚的礼乐文化底蕴长期积淀的结果。鲁文化以讲究道德、恪守礼义、讲求原则、追求纯粹的儒学特征呈现,以庄严、肃穆、严谨的风范垂训后人,是与西周、春秋以来的鲁国浓郁的礼乐文化传统分不开的。

---

① 《论语·八佾》。

三　楚 文 化

楚文化是春秋时期的另一种区域文化。早在商、周时期，楚的先祖鬻熊在今湖北荆门一带立国，就与中原发生密切联系。其后熊绎在周成王时被封，立"楚"为国号，其时的楚尚不为中原各国所重视。春秋以降，王室衰微，偏居南方的楚国日渐强大，积极参与争夺土地和人口的争霸活动，一度饮马黄河，问鼎之轻重，在很长时期与晋国平分霸业，几乎控制了整个南中国。

春秋中期以后，楚文化异军突起，标新立异，与中原文化并驾齐驱，在某些方面竟有后来居上之势。张正明在《楚文化史》（上海人民出版社 1987 年版）一书中谈到，自从楚文化兴起后，"华夏文化就分成了北南两支：北支为中原文化，雄浑如触砥柱而下的黄河；南支为楚文化，清奇如穿三峡而出的长江。这北南两支华夏文化是上古中国灿烂文化的表率，而与时代大致相当的古希腊和古罗马文化遥相辉映"。张正明在《楚文化史》一书中，还提到了楚文化的六个主要因素：其一，是青铜器的冶铸工艺；其二，是丝织工艺和刺绣工艺；其三，是髹漆工艺；其四，是老子和庄子的哲学；其五，是屈原的诗歌和庄子的散文；其六，是美术和乐舞。其中许多方面是形成、发展于春秋或者在春秋时奠定了坚实的基础。

楚文化的最大特征是信巫鬼，重淫祀，长于幻想玄思，所以哲学上的老、庄和文学上的庄、骚都产生于楚地，它的玄妙、多辩、虚无、神奇、浪漫给人以永恒的启迪。随着一系列重大考古发现如安徽寿县李家孤堆楚幽王墓、湖南长沙子弹库战国楚墓和湖北江陵张家山楚墓、马山楚墓的发掘，以及大量珍贵文物的重见天日，使人们对具有无穷奥秘和浓郁特色的楚文化得以展开进一步深入研究。尤其是关于什么是楚文化、楚文化的渊源、楚国的宗教信仰、楚文化与世界古文化比较研究以及楚文艺研究等等问题，成为学术界的热门话题。

春秋时期各国均信巫术，但各国的虔诚程度不同。中原地区的陈国巫风很盛行，《诗经》中的《宛丘》《东门之枌》描写的就是陈国男女们聚会击鼓、手持羽毛跳着巫舞的场面。与中原相比，南方的楚国迷信巫术更是有过之而无不及。《汉书·地理志》说楚国"信巫鬼，重淫祀"；《列子·说符》说"楚人鬼，越人礽"；《楚辞章句·九歌序》也说"昔楚国南郢之邑，沅湘之间，其俗信鬼而好祀"。西周初年，楚君熊绎就"桃弧棘矢以共王事"①，也就是用桃木做的弓和棘枝做的箭贡奉周天子以除邪驱灾。熊绎本人就曾亲至巫坛操巫。后世的楚灵王曾亲自拿着羽绂，随着鼓点翩然起舞，把巫引进宫廷，使庙堂之雅与村野之俗、宫廷艺术与民间艺术有机融为一体。据《国语·楚语》记载，由于当时的民间巫者众多，为了区分，楚国把男的叫"觋"，女的叫"巫"。由于楚巫闻名，各国都来迎请其施行巫术。《晏子春秋·第十四》记载，齐景公时曾请楚巫微以祭五帝。景公见到楚巫，叩头于地，令百官供给其斋戒用的物品，送其至住所，非常恭敬。由于楚国虔信巫术，所以不少最高统治者都笃信巫鬼之祀。他们在遇到大敌入侵之时首先想到用巫术、祭祀等方法却敌。如楚灵王在吴国军队攻打楚国的危急关头，仍鼓舞自若，幻想依恃神明福佑保全楚国，结果使吴兵虏获太子、

―――――――
① 《史记·楚世家》。

后妃以下众人。此外，楚君继承人和军队将帅的选定也都以占卜来决定。如楚共王选择其继承人时，曾经"望祭群神，请神决之，使主社稷"①。又如公元前478年，楚发生白公之乱，陈国乘机攻楚，楚惠王以占卜决定统帅，公孙朝得吉兆而当选。楚人相信鬼巫的情况也反映在他们的墓葬中。在湖北、湖南、河南等地的楚墓中，都出土了大量的"镇墓兽"，成为楚墓有别于他国墓葬的一个特征，镇墓兽的作用是辟邪驱鬼，它的普遍采用是楚人深信鬼神巫术的体现。

先秦时期的楚地始终是巫风笼罩的神异世界。巫文化中的巫歌、巫乐、巫舞，祭神巫歌中的神话思维方式，巫歌文化中的抒情特征和审美情趣直接催生了楚辞。早有学者指出，荆楚文化既然融合着巫风，在这种文化环境下诞生的楚文学，其基本精神首先便在于它体现一种极为神秘的神灵崇拜心理。楚地流行的这种原始宗教信仰表现出的是一种超现实思维方式，一种充满巫风色彩和图腾狂热的文化现象。有学者运用比较研究方法指出，楚人在祭祀过程中，神神相恋相爱，经由爱情操纵鬼神，这是楚国所独有的特色。楚辞即是诞生在这种特殊文化背景下的产物。

四 秦 文 化

秦人地处偏僻的西陲，与戎狄杂处，长期处于紧张激烈的生存斗争中，受中原地区文化影响较小，从而使他们的文化具有独特的面貌和特征，那就是重功利、轻伦理。

---

① 《史记·楚世家》。

秦是华夏诸族中一个后起的古代民族。《史记·秦本纪》将秦人的世系追溯到夏代建国以前的舜、禹时期。表明秦人也曾是活动在我国北方的古老部族。但它比较后进，直到西周时期，秦人基本上还是畜牧狩猎经济。秦人的祖先中有不少著名的驭手和牧人，不少人的名字都与畜牧和狩猎有关，

青铜秦公镈 春秋早期 乐器

反映了他们与畜牧经济的密切关系①。直到西周末年，秦襄公因护送周平王东迁有功封为"诸侯"，才与诸侯始通聘享之礼。因此，秦人在建国前没有实行过宗法制度，没有礼乐文化的历史传统。

　　建国后的秦人也没有承袭周人的宗法伦理文化。到春秋时期，当秦人从岐山以西向西周王畿故地发展的时候，西周的典籍部分已经散佚，而留下的那一大部分则保存在遥远的鲁国；各封国诸侯、大夫僭用礼乐的事件层出不穷，周礼已失去了维系社会秩序的作用。《史记·秦本纪》记载："戎王使由余于秦……秦穆公示以宫室积聚。由余曰：'使鬼为之，则劳神矣。使人为之，亦苦民矣。'穆公怪之，问曰：'中国以《诗》《书》《礼》《乐》法度为政，然尚时乱，今戎夷无此，何以不乱，何以为治，不亦难乎？'由余笑曰：'此

---

① 刘宝才：《先秦文化散论》，西安：陕西人民出版社，2001年，第227页。

乃中国所以乱也。'"由余视礼乐为"中国"所以混乱的原因,是春秋时期以礼乐文明自豪的"中国"已经大乱的反映。在这种历史条件下,当时的一些有识之士已经能够公开地对西周文化提出批评,并把目光投向周边的戎夷文化了。在这样的时代背景下兴起的秦国,不可能如周初的诸侯国那样,无条件地接受过时的西周文化。

秦石鼓　春秋晚期

秦石鼓铭文　春秋晚期

此外,秦的立国是在周平王避犬戎之难、东迁洛邑的窘境下进行的,这与西周初年依靠王室力量立国的各诸侯国大不相同。平王封给秦襄公的岐西之地,当时已失于戎人,只是一种虚封。秦国依靠自己的实力驱逐戎人以后,才实际上统治了这个地区。所以,秦人认为他们是"受天命"①立国,而不是受周王的命令;认为他们

---

① 《孟和钟》。

的国君就是"天子"①，而不以为是周室的下属，最多只是名义上承认为周室的诸侯。总之，他们没有理由非要全盘接受西周文化不可。

春秋时期的秦国尤其是秦穆公时期，受西戎文

金啄木鸟　春秋时期　饰件

化影响较大。这其中起过重要作用的人物是由余。《史记·秦本纪》记载："其先晋人，亡入戎，能晋言。"独特的生活经历使他对西周文化和戎夷文化都有深入了解。但他对西周宗法伦理持否定态度，对戎夷氏族部落文化十分推崇，称颂其"上含淳德以遇其下，下怀忠信以事其上，一国之治犹一身之治，不知所以治"，赞美其为"圣人之治"。正是由于这种古朴的戎夷氏族部落文化的影响，使秦国文化呈现出了与众不同的文化风貌——重功利、轻伦理的特点。

秦文化的重功利、轻伦理特征主要表现在秦国的政治和军事方面。如国君的确立就是不论嫡庶，而是"择勇猛者立之"②。秦国自建国起就不得不与戎狄进行殊死搏斗以争夺赖以生存的封地，后来又与东方六国争夺土地。严酷的战争要求国君必须勇猛有力，如果国君只论嫡庶不论才能，很显然不能适合现实需要。嫡长子继承制是西周礼乐文化的核心，秦人虽然在春秋时期大规模地吸收西周礼乐文明，但并没有实行嫡长子继承制，说明了秦人吸收周人文化以

---

① 《石鼓文》。
② 《公羊传》昭公五年。

功利为主要标准。此外，在军事方面，秦人的这种特征也是很明显的。如秦穆公时用离间计劝降由余就是一例。当秦穆公由此发现由余是一位难得的人才时，不惜一切手段，采用内史廖的计谋，以女乐二八送给戎王，以消靡其意志，致其政事荒疏；久留由余不让其归，当戎王耽于女色不能自拔时，才放归由余，然而不论由余如何劝谏，戎王终不得听。由余最终无奈投降秦国。由余降秦后，秦穆公通过由余详细了解了西戎各国山川形势、风土人情等，为讨伐西戎做好充分的准备工作。"（秦穆公）三十七年，秦用由余谋伐戎王，益国十二，开地千里，遂霸西戎"[1]，成就了秦国争霸中原的坚实基业。

五 晋文化

晋国是周初分封诸侯国中较大的诸侯国，是武王之子叔虞的封地。《史记·晋世家》载："晋唐叔虞者，周武王子而成王弟。……武王崩，成王立，唐有乱，周公诛灭唐。……于是遂封叔虞于唐。唐在河、汾之东，方百里，故曰唐叔虞。姓姬氏，字子于。"可知晋亦为姬姓宗室所封，无疑要受宗周文化的影响。这一点可从考古发掘中得到证实。

1979年以来，对侯马遗址共发掘了六百余座西周时期的墓葬。出土铜器早期的组合为鼎、簋、豆、尊、卣、觯，个别有钟；晚期的组合为鼎、簋、盘、匜、壶。发掘四个车马坑。每坑有车一至二辆，每车用马四匹。从以上发掘出土铜器组合变化和随葬车马的制度看，与周原同时期所出土器物组合与葬制相同，说明在西周时期

---

[1]《史记·秦本纪》。

晋文化严格保留着周文化固有的文化传统。侯马遗址是晋国晚期都城新田故都，位于汾、浍之交。调查勘探知由三部分组成：西部有早晚两组古城址；东部是以宗庙建筑群为中心的祭祀遗址，约有12万平方米，建筑遗迹七十多处；浍河南崖的上观、柳家有两处墓地。此都城布局与《周礼·考工记》"左祖右社，面朝后市"的记载相吻合。上马墓地已发掘东周墓葬一千三百余座，其中九成为小型平民族墓葬。墓葬地大、中、小型排列有序，墓穴整齐，是典型西周"族坟制"的反映；其时代早至西周中晚期，一般为春秋末期。其中M13最大，出土一系列鼎、编钟、石磬、壶、鉴、盘、匜、甗等青铜礼器。从出土器物组合特征，特别是墓地严格保留着西周以来氏族宗法制，按血缘关系排列的"族坟墓"来看，春秋以前的晋文化较多地保留了周文化的特色。

春秋时期晋文化得到进一步发展。一方面，随着周王室的进一步衰弱和周礼文化的崩溃，晋文化中西周礼乐文化的成分减弱。晋国公族经历了曲沃代翼①、骊姬之乱等几次大规模的打击公室贵族活动，晋国出现无"公族"的现象。与此对应的是春秋中后期晋国异姓贵族势力进一步发展。晋国新旧势力经过一番生死较量后，终于形成了六卿专政、三家分晋的局面。代表封建新势力的韩、赵、魏三家异姓贵族最终埋葬了腐朽的晋国贵族。另一方面，由于周王室对晋

---

① 曲沃最初是晋文侯庶子成师即桓叔所封之地。翼是指晋国国都。曲沃代翼是曲沃这一支小宗取代大宗翼之意。文侯、昭侯时晋国大宗逐渐昏庸无能，只知横征暴敛，残酷压迫百姓，激起了百姓的反抗。而曲沃的桓叔实行德政，民众都归附于他。于是曲沃这支小宗逐渐强大，并与大宗展开了长期争夺政权的斗争。曲沃这支小宗经历了曲沃桓叔、曲沃庄伯、曲沃武公三代国君六七十年的漫长斗争，最终于公元前678年取代了大宗，掌握了晋国政权。

国的控制和影响进一步减弱，晋国利用此机会大大发展国力，消灭邻国，扩大疆土，并且自晋文公称霸诸侯起开始建立了辉煌一时的霸业。

春秋时期晋文化的基本特征主要体现在创新性和实用性两个方面：

晋文化的创新性这一基本特征是相对周王朝及鲁、卫等诸侯国典型的周礼文化而言的。典型的周礼文化以血缘关系为纽带、以宗法制为核心，表现出"亲亲""尊尊"等特色。但由于特定的社会历史原因，在三晋文化体系中，以血缘关系为纽带的宗法观念是较为淡薄的。

晋自西周晚期即公元前785年晋穆侯死后其兄殇叔自立为君，嫡长子继承制遭到第一次破坏，直到公元前628年晋文公死后，嫡长子继承制才重新得以在晋国确立。这一百五十多年的时间里王位不稳，内乱不断，迫使晋国统治者接受曲沃代翼的历史教训，实行打击晋国公室宗族势力的办法以稳定王位。晋国公室经历了献公灭桓、庄之族以及骊姬逐杀群公子的内乱等两次大规模的活动，使公室宗族势力遭到了毁灭性打击。正因为如此，晋文公才重用异姓卿族，文公之后晋国逐渐形成了其他诸侯国少有的异姓卿族专政的军政合一的政权体制；也正因为如此，晋国政治才具有了尚贤、尚公、尚法、尚义乃至尚侠等地域文化传统。晋国统治者能够不受宗族血缘关系的束缚，在异姓卿族和他国的逐臣、逃臣中选贤任能，出现"楚材晋用"的局面，在晋国大臣中形成了举贤荐才的良好风气。晋文公时，老资格的赵衰避贤让权，极力推荐先轸等贤才担任军政要职；晋悼公时，元老重臣祁奚荐贤，有所谓"外举不避仇，内举不避亲"的表现；晋国的卿族、士大夫等一般不念私怨，不报私仇，不争个人名位，不计个人安危，而是忠于公事，死于公敌，表现出高尚的忠公品格。荀息死于晋献公之托孤；先轸因国事而唾辱晋襄公，并因此而杀身自赎；魏绛冒死戮辱晋悼公之弟杨干之御仆等，都是其中的杰出表现者。此外，我国历史上最早的成文法之一即产生于春秋末期的晋国，并由范宣子铸于刑鼎，公布于众。这一点直接影响了战国时期三晋的变法运动，使晋国成为战国时期法家的摇篮，涌现了早期法家的许多代表人物，如吴起、李悝、西门豹等，使三晋的变法运动起步早而见效多。晋国还有尚义的传统，当公子重耳在逃难途中出现饥饿难行、无处觅食的困境时，介子推为成就主仆之义割肉给公子重耳充饥；当晋景公诛杀赵氏家族，赵氏只剩年仅八岁的孤儿赵武时，曾经受过赵氏恩惠的义士韩厥冒着生命危险极力劝谏晋景公，立赵武为赵氏后嗣，返归其田宅。春秋末期，韩、赵、魏三家联合灭掉智伯之后，智伯的臣子豫让为替主人报仇，竟不惜采取触犯刑律、漆身毁容、吞炭变声等方法三次刺杀赵简子，最后赵简子也被其义感动，允许他斫击自己的衣服以成其义。

　　三晋文化的创新性并不是盲目的创新，而是以实用为基本原则，这就使晋文化带有浓厚的实用性特征。这可从春秋时期晋国君主对待公室宗族和异性贵族的态度等方面得到印证。春秋初期，晋国公室宗族势力强大，并由此而引发了曲沃代翼这一长达六七十年的内乱。内乱结束后，晋献公意识到强大的公室宗族势力是导致君位不稳的主要原因，在这种情况下，他开始疏忌公族，重用异姓贵族，并通过诛杀桓、庄之族和骊姬之乱两场活动打击了公室宗族势力。到灵、成、景、厉时期，晋国异姓卿族势力过于强大，直接威胁到国君的地位，晋景公、晋厉公由此发动了"下宫之役"和"车辕之役"，沉重打击了当时异姓贵族中势力最强的赵氏和郤氏。晋悼公时鉴于异姓贵族势力大减,不利于晋国重新建立霸业的实情,又实行了恢复旧族地位政策。可见,春秋时期晋国君主采取的对待公室宗族及异姓贵族的政策,完全取决于当时的形势需要。此外,晋文化在经济上实行的以农为本,兼重工商业及畜牧业的政策也是其实用性特征的表现。及至战国时期三晋产生的法家、纵横家、兵家乃至名家无一不是实用或功利主义的产物。

六 吴越文化

先秦时期的吴越文化是指以吴、越两国为中心的长江三角洲一带的地域文化。在古代,活动于这一地区的居民,主要有两个部族,即句吴和于越。他们在历史渊源、地理分布、文化传统等方面有许多共同性。只是由于自然地理和人文地理条件上的某些不同,才在以后的繁衍过程中,出现若干并不悬殊的差异,最后形成春秋时期的句吴和于越族。他们共同创造了在历史上具有相当影响的吴越文化。

吴文化的形成和发展,学术界比较通行的看法,是将"太伯奔吴"作为吴文化的开端。太伯是周王古公亶父的长子,他与弟弟仲雍一起来到吴地后,尊崇吴地风俗,断发文身,自号"句吴",并将中原先进的生产技术、先进的管理经验和先进的文化知识带到了吴地,使吴地社会生产、生活发生了巨大的变化,太伯也因而得到了吴人的赞赏与拥戴,成为吴国的开国之君。可见,吴文化是吴地土著文化与周文化的结合,而太伯之后,周文化的影响则逐渐深入到吴文化的各个方面。

自太伯奔吴后,吴有机会接触了较自身文化更为先进的中原文化,吸收了中原文化的精华,不断发展。如中原先进的耕作技术促进了吴地农业的发展,筑城技术推动了吴地城堡乃至日后城市的出现与发展。吴在太伯到来以前,虽有铸造业,但并不发达,工艺也相对落后,只能铸造小型的青铜器。太伯、仲雍为吴带来了先进的铸造技术,使吴的青铜铸造业在周初达到鼎盛。从考古发掘的吴地青铜器来看,既有完全模仿中原的器物,又有一些是中原没有的器种。其中以吸收中原特点而着重彰显本土特色的居多,形成了独特的青铜技艺。

越文化的形成可追溯到夏朝。相传大禹之后,夏少康为了不使祭禹中断,封庶子无余到会稽,建国"于越"。到越王允常时,积极图治,立城郭,开荒田,发展农业、手工业。之后,越为了摆脱吴国的控制,与楚结盟,并在公元前506年袭吴成功,从此摆脱了对吴的从属地位。公元前496年,吴、越战于樵李,越再次击败了吴,吴王阖闾也身负重伤,不久身亡。然夫椒之败使越国再次沦为吴国的附属。越王勾践卧薪尝胆,励精图治,以文种掌内政,以范蠡主军事,使越国日渐强大。为网罗人才,越王礼贤下士,"其达士,洁其居,美其服,饱其食,而摩厉之于义。四方之士来者,必庙礼之"①。在越王勾践的苦心经营下,越国国力大强。公元前473年,越国发动了对吴国的战争,一举攻破吴都,与齐、晋会于徐,周王派使臣封越王勾践为"伯",赐越以"胙",越国的霸业达到鼎盛。

---

① 《国语·越语上》。

越王勾践剑 春秋晚期

吴、越在地域上互为近邻,在族属上同属于一个族群,"同俗共气""同俗拜土",具有许多相同的文化特征;但由于吴、越生活区域的差异,发展状况的不同,所以,在它们的文化体系中又存在着差异。从先秦时期的吴越文化发展的轨迹看,春秋以前,吴、越文化之间的差异相对明显;到春秋前期,吴、越两国的文化面貌已基本一致;到春秋晚期,随着吴越争霸的加剧,战争有力地推动了文化的融合,吴、越文化又进一步走向融合,成为具有统一特色的区域文化——开放性和兼容性。吴越文化是在土著文化的基础上逐渐吸收中原先进的周文化以及周边邻国的先进生产技术、政治制度、军事制度而得以成就霸业的,如以孙武为代表的齐文化、伍子胥为代表的楚文化,都对吴越文化产生了十分深远的影响,使吴越文化得以不断发展壮大,形成了自己的文化特征:

一是,发达的稻作经济和先进的青铜铸造技艺。吴越是我国水稻作物的发源地之一,考古发现早已证实,吴越地区有大量先秦时期的稻作遗存。春秋时,吴越地区的稻谷产量已经很高。文献记载,春秋时,吴、越稻谷即使"十年不收于国,而民有三年之食"。吴王夫差时,越国一次就向吴国借贷稻谷"万石",而且也有能力"复还斗斛之数,亦使大夫种归之"[①]。此外,吴、越的青铜器独具

[①] 《吴越春秋·勾践阴谋外传》。

特色，纹饰细密纤丽，器壁较薄，加之镂空手法的运用，使青铜器显得玲珑剔透，尤其是吴、越的青铜戈剑铸造术，更是驰名天下，名剑"干将""莫邪"就是例证。考古发现，春秋时期的吴式兵器大量出土于北方许多地区，这无疑是吴文化卓越的青铜冶铸技术尤其是兵器制造技术北传中原，对中原文化产生深远影响的证明。

二是，独特的习俗特征。吴、越有共同的图腾崇拜信仰，以龙、鸟作为自己的崇拜物，这种崇拜反映在社会生活的各个方面。与龙、鸟崇拜相关，吴、越人又创造了自己的特殊文字——"鸟虫书"。考古发掘中常见吴、越铜器上刻画有不同的鸟虫铭文。此外，吴、越之地还盛行"断发文身"的奇异习俗，文身图案多为龙、蛇之形，以此表示自己是龙王的子孙，以求免除灾害，得到龙王的保佑。吴、越的这种习俗概与当地湖泊江河比较多的自然环境有关，他们在与大自然的长期斗争中对水的神奇产生了无比的敬畏，从而身体装饰无不与这种观念有关。

三是，先进的军事理论。这是吴越文化对上古华夏文明最深远的影响和卓越贡献。这方面首推吴臣孙武与伍子胥。孙武生于齐，但其一生主要活动于吴。《孙子兵法》一书的形成始于孙子为见吴王而作的十三篇，继而又由他本人及其弟子根据他担任吴将的经验体会及列国军事实践不断修改充实而成。故该书写成于吴，应是吴文化的一部分。由于其高深的军事理论，被班固列为兵书五十三家之首。如果说《孙子兵法》为古代兵权谋家的理论著作，那么《伍子胥》十篇则是兵技巧家的杰作。史传伍子胥曾与阖闾研讨过水师阵式、战法等。《越绝书》与伍子胥兵法相关逸文资料中，就有

"伍子胥水战图"之记载。《汉书·艺文志》亦收有《伍子胥》八篇，可见吴、越的军事思想影响之深远。

特殊的地理环境，独特的物质文化，造就了吴越文化善于吸收、融合、发展的开放性格，从而在先秦时期产生了又一支区域文化的奇葩。

第十三章　春秋时期的士

一　士阶层的出现

夏、商、周时期是中国文化发展的早期阶段,那时的文化政策是所谓的"学在官府",文化教育完全被官府所垄断。执掌文化大权的是"巫""史""祝""卜"等世袭人士,大凡卜筮、祭祀、历史记录、星象观察、文化教育、医药、音乐歌舞、婚庆丧葬等活动,均由他们操纵。章学诚在《校雠通义·原道》中曾经对这种文化现象做过总结:"有官斯有法,故法具于官;有法斯有书,故官守其书;有书斯有学,故官传其学;有学斯有业,故弟子习其业。官守学业,皆出于一,故天下以同文为治,故私门无著述文字。"系统总结了三代时期"学在官府"的独特文化现象。

然而,那时的巫、史、祝、卜处在等级森严的宗法制度下,他们是奴隶主上层贵族的附庸,得不到适宜的生存环境和发展机会,缺乏自由从事文化创造的身份和能力。因而,他们还算不上真正成熟的知识阶层,他们的知识和学问还糅杂着相当浓厚的虚妄色彩,覆盖在官方文化的层层纱幕之下①。

及至春秋时期，随着井田制的瓦解，建立在这种土地制度上的政治制度——以宗法制为核心的封建等级制也随之瓦解，周天子权威一落千丈，旧的奴隶制的社会秩序分崩离析，新的社会关系开始逐步建立。与此同时，随着王纲解组，昔日"礼乐征伐自天子出"的文化局面变成了"礼乐征伐自诸侯出"乃至"自大夫出"的局面。加之春秋时期各国之间激烈的兼并战争活动，需要大量的杰出人才，迫使统治者不得不打破传统的"尊尊""亲亲"的宗法旧制招贤纳士。这一切大大动摇了周代的官学基础，直接冲击着位居社会中流要冲的士阶层。一大批昔日在王宫任职的文化人士依靠"父子相传，以持王公"取得食禄的优裕生活不复存在了，他们被迫走出王宫，除一部分在地方诸侯国就职外，另一部分则日渐流落民间。《论语·微子》曾描绘春秋末期王室乐队四散天下的图景："太师挚适齐，亚饭干适楚，三饭缭适蔡，四饭缺适秦，鼓方叔入于河，播鼗武入于汉，少师阳、击磬襄入于海。"他们既无定主，又无恒产，背井离乡，游走四方，"久处卑贱之位，困苦之地"。为了生存，只好依靠自己的知识和技能以谋生计，故一时间著书立说者有之，聚众讲学者有之，襄礼赞仪者有之，先前传统的学术授受关系发生了变化，开始由官府转向私门。从此，长期被垄断在官府的学术文化逐渐下移，新兴地主、商人、平民子弟，都有了接受教育的机会。贵族对文化教育的垄断被打破，文化知识渗透到社会的不同阶层，得到更广泛的传播和推广。

---

① 郭杰：《巫、史与中国早期文化》，《绥化师专学报》1990年第3期，第54—57页。

到春秋末年时，私立学门的现象已很普遍。如周守藏史老聃"见周之衰，乃遂去"①，著《老子》，创老学。孔子亦兴办私学，亲删《诗》《书》，以六艺教授门徒，相传有弟子三千人，身通六艺者七十二，成为创私学、兴教育方面成绩最大者。又如鲁国乐师师襄子、郑人邓析以及苌弘等，也都收徒授学。

随着私学的兴起和学问的渐次播散，民间甚至于边远少数族地区也都出现了一些精于礼乐的文人。如，身为夷人的郯子居然到礼仪之邦的鲁国大谈礼乐，连鲁人都自愧不如。可见中国文化已经进入了一个崭新的时期，一个具有鲜明文化标志的社会阶层——"士"阶层崛起的新时期。

西周之前，国之大事，唯祀与戎。男人的首要职事是执干戈以卫社稷，所以上古之士，皆为武士。西周之时，士的来源和社会成分发生了变化。除了与夏、商之时相同的亲兵武士之外，周初的士更多是来源于分封制。在嫡长子继承王位、庶子分封的宗法制原则下形成了天子、诸侯、卿大夫、士的宗法序列，士是这个序列中最低的一级，居末位。《左传》桓公二年："卿置侧室，大夫有贰宗，士有隶子弟。"《国语·晋语四》："公食贡，大夫食邑，士食田，庶人食力，工商食官。"这些足以说明士属于低层贵族。所谓"士食田"，是指士享有禄田，与庶人受田耕作的性质不同。西周时期，礼不下庶人。《仪礼》记载先秦名物制度甚详，其《士冠礼》《士昏礼》《士相见礼》《士丧礼》《士虞礼》五篇，皆冠以"士"，可见士在礼乐制度十分盛行的周代是有一定政治地位的。此时的士不仅娴

---

① 《史记·老子韩非列传》。

熟各种礼乐典章,而且还具备一定的射御能力。姚际恒指出:"其实多通大夫以上而言,盖下而为民,上而为君卿大夫,士居其中也。"①这也从一个侧面说明,士是处于大夫之下、一般平民之上的阶层,恰居贵庶的交汇点,他们具有一定的文化素养,熟习典制,身通六艺,是奴隶主贵族中的一个独特阶层。

春秋时期的士阶层中,有一大部分就是王公贵族的庶孽子孙,因为在宗法制和世卿世禄制下,只有嫡长子才有权继承父亲的职位、爵禄。天子的庶子最高只能作公卿,诸侯的庶子最高只能作卿大夫,而卿大夫的庶子一般只能作士。如果每一代都是旁系支庶,那么天子的曾孙也只能是个士。此外,随着井田制的破坏,奴隶制的经济基础被瓦解,大批旧贵族的经济实力急速下降,加之激烈的政治斗争,使他们从政治的高位上跌落下来,降到了士的队伍中。《左传》昭公三年记载了叔向曾论及晋国公室贵族衰亡的情况:"虽吾公室,今亦季世也。……栾、郤、原、狐、续、庆、伯,降在皂隶。"《左氏会笺》卷二十一也记载了叔向的另一段话:"晋之公族尽矣,肸闻之,公室将卑,其宗族枝叶先落,则公室从之。肸之宗十一族,唯羊舌氏在。"十八个大家族中唯羊舌氏在,其余多降为皂隶。杜预注,"皂隶"为"贱官",其身份当为下层贵族的士。

士阶层人数激增还与庶民地位的上升有直接的关系。"三礼"中有不少篇章都提到古代的选士、贡士制度。这些描写与春秋时期的实际情况基本是相符合的。《周礼·地官·大司徒》说:"以乡三物教万民而宾兴之。"又说:"使民兴贤,出使长之;使民兴能,入

---

① 姚际恒:《仪礼通论》卷一,陈祖武点校,北京:中国社会科学出版社,1998年,第17页。

使治之。"也就是把庶人中有贤德、有才能、符合统治者需要的人才选拔出来,让他们担任一定的职务。如并非贵族出身的管仲,由于家庭贫困,曾经和鲍叔牙一起做过生意,"分财利多自与"①。管仲没有受过系统六艺教育,但他凭借自己的才能和智慧,辅佐齐桓公称霸诸侯,成为春秋时期的杰出人物。孔子的先世虽是贵族,但他少时也"贫且贱,及长,尝为季氏史,料量平;尝为司职吏而畜蕃息"②,亦即在季氏手下当过管理仓库和畜牧的小吏。《吕氏春秋·尊师》说:"子张,鲁之鄙家也;颜涿聚,梁父之大盗也,学于孔子。段干木,晋国之大驵也,学于子夏。高何、县子石,齐国之暴者也,指于乡曲,学于子墨子。索卢参,东方之巨狡也,学于禽滑黎。此六人者,刑戮死辱之人也。今非徒免于刑戮死辱也,由此为天下名士显人,以终其寿,王公大人从而礼之。此得之于学也。"文中所提到的儒、墨两家弟子均为社会底层中人,这些村夫、牙商、盗贼和骗子,凭借文化知识得以改变身份,成为孔、墨门下的显学名士,这种现象在贵贱有别、等级森严的礼乐制度盛行之时是不可能出现的。可见在春秋这个社会大转型时期,阶级和等级关系都出现了巨大的变化。"奇辞起,名实乱","贵贱不明,同异不别"③,士的成分是比较复杂的,决不再局限于原来的下层贵族了。但越是如此的复杂,才越有机会成就士阶层这个独特的社会群体的崛起和发展。

---

① 《史记·管晏列传》。
② 《史记·孔子世家》。
③ 《荀子·正名》。

二　士的职守

在春秋时期的社会政治生活中，士阶层逐渐崛起并成为可以左右国家命运的一支中坚力量。这一方面是由于士阶层人数的激增，另一方面是由于他们直接为高级贵族服务，充当着各种重要的角色。按照士的服务对象来划分，他们可以分为天子之士、诸侯之士、卿大夫之士和在基层行政机构中任职的士[①]。天子之士都是命士，而列国之士则有命士和不命士之分。郑玄说："王之上士三命，中士再命，下士一命。"《周礼·春官·典命》记载："小国之君其卿三命，其大夫再命，其士壹命……侯伯之卿、大夫、士亦如之。子、男之卿再命，其大夫壹命，其士不命。"所谓"命"，即官吏的级别单位，"命"数越多，级别越高。西周和春秋时期官吏从一命至九命，大体上相当于后来的九品至一品官。

《周礼·天官·冢宰》记载，直接为周王服务的天子之士主要担任宫正、宫伯、膳夫、庖人、内饔、享人、甸师、医师、酒正、凌人、宫人、掌舍、幕人、内府、外府、司书、司裘、履人、缝人等职。这些士都是在王宫内直接为周王的生活提供各种服务的小官吏。为诸侯服务的士虽然名目没有天子之士那样多，职称也与天子之士不尽相同，但他们的服务范围和天子之士大体上相同。有些士专门负责王室或公室的护卫，相当于后代的禁卫军或羽林军，这些士都是武士。《国语·鲁语下》说："天子有虎贲，习武训也；诸侯有旅

[①] 吕文郁：《春秋时期的士》，《史学集刊》1984年第3期，第11—16页。

贲，御灾害也。""虎贲""旅贲"都是赳赳武夫，平时负责守卫王室或公室，遇到战争，他们就成了军队中的骨干。他们都是王公的亲信，大多数都出身于王族或公族，因而他们往往被称为"国士"。《左传》成公十六年记鄢陵之战："伯州犁以公卒告王，苗贲皇在晋侯之侧，亦以王卒告，皆曰：'国士在，且厚，不可当也。'"苗贲皇又说："楚之良，在其中军王族而已。"可见"国士"确实属于王族或公族。由于他们出身高贵，又担当着极重要的警卫任务，因此，他们的政治地位在士阶层中是比较高的。晏子说："明君之蓄勇力之士也……内可以禁暴，外可以威敌，上得其功，下服其勇，故尊其位，重其禄。"[1]可知这些武士的身份与地位和一般的士大不相同。

卿大夫之士主要是为他们的主人作家臣或管理采邑的。作家臣的通常称为室老或家相，管理采邑的叫作邑宰或邑主。《公羊传》隐公元年说："宰，士也。"《仪礼》郑玄注云："室老，士也"，又云："室老，家相也；士，邑宰也。是家相、邑宰为公士，大夫之贵臣也。"《礼记·曲礼上》说："四郊多垒，此卿大夫之辱也；地广大荒而不治，此亦士之辱也。"这里的"士"，就是指为卿大夫管理采邑的邑宰。《礼记·少仪》载"问士之子长幼，长则曰能耕矣，幼则曰能负薪"，可见，有相当一部分士是负责卿大夫之家的耕耘之事的。

此外，在卿大夫之家还有一些人是凭借着一技之长立足的。如《左传》文公十四年记载，齐国的"公子商人骤施于国，而多聚士，尽其家，贷于公有司以继之"。这位凭借雄厚的经济实力、多次资助齐昭公的公子商人，就蓄养着大批的"士"以佐其政治活动所

---

[1] 《晏子春秋·内篇·谏下》。

需，正是这些人的相助，使公子商人最终取得王位。《左传》昭公二十年记载，公子伍员从楚国来到吴国，对吴公子光说："彼将有他志，余姑为之求士，而鄙以待之。"伍员为吴公子光所求之"士"，虽然身份、来源杳不可辨，然其依靠独特的技艺而服务于卿大夫之家则是无疑的。

在基层行政机构中任职的士数目最多，在士阶层中所占比重最大。据《周礼·地官·司徒》记载，士在地方行政机构中担任的职务主要有乡大夫、乡老、族师、闾胥、比长、封人、舞师、载师、闾师、师氏、保氏、委人、士均、士训、山虞、林衡等。这些繁多的名目虽然未必与春秋时期的实际情况完全相符，但是与此类似的低级职务由士来担任，是完全可信的。

三　士　的　特　点

春秋时期的士阶层主要有如下特点：

第一，就士的阶级地位看，他们基本上属于奴隶主阶级，他们是奴隶社会统治阶级中的一个特殊阶层。但是他们处于统治阶级的最下层，社会地位与庶民阶层比较接近。在奴隶制日趋没落的春秋时期，士阶层是广大庶民的后备军。随着奴隶制度的日益瓦解，他们被大批抛到庶民阶层中去。就政治身份而言，他们属于官，但是在官吏中士的地位最为卑贱。他们在庶民和奴隶面前是官吏，可以说他们是处于官民之间、主奴之间的一个特殊阶层。因而当时社会的动荡和变革对这个阶层的冲击是最剧烈的。

第二，士阶层的经济收入虽然不如奴隶主那样丰厚，但他们的经济生活要比广大庶民和奴隶优裕，只要不失职丢官，他们的物质生活是有保证的。《礼记·曲礼下》："问士之富，以车数对。"说明他们有相当的固定财产。他们用不着参加生产劳动。《荀子·大略》也说："从士以上皆羞言利而不与民争业。"士仅仅凭借自己的专业技能为高级奴隶主效劳，从而在他们那里得到所需。他们的生活状况在很大程度上取决于他们是否效忠主人。而高级贵族对士的要求就是绝对忠于职守。所以《礼记·射义》说："士以不失职为节。"《左传》昭公二十六年："士不滥，官不滔。"杜预注："不滥，不失职。滔，慢也。"《韩诗外传》："大夫擅官，士保职。"《孝经·士章》："忠顺不失以事其上，然后能保其禄位而守其祭祀。"在这种情况下，绝大多数士为了"保其禄位"，只能兢兢业业为主人效劳。《国语·鲁语下》记载："士朝受业，昼而讲贯，夕而习复，夜而计时，无憾而后即安。"可见这些士行为相当忠顺，处事又十分谨慎。士阶层的特殊地位造就了他们的特定性格，那就是在政治上不能完全独立，只能依附于高级贵族。

第三，春秋时期的士阶层开始知识化。周初之士，已开始习文，即书、数、礼、乐。他们是传统的文化教育的接受者，是士走向知识化的开始。春秋时期，随着王官的失守，祝、宗、卜、史这些职掌宗教、文化和历史的文官也降到了士的队伍中。所谓"士竞于教"[①]"士朝受业，昼而讲贯，夕而习复"[②]，《礼记·曲礼下》记载："问士之子，长曰能典谒矣，幼曰未能典谒也。"由此可知，文化传授与迎来送往是士的职守。在传统士人的影响下，具备一定的文化

[①] 《左传》襄公九年。
[②] 《国语·鲁语下》。

知识成为士人的显著特质。很显然，这是传统延续与发展的结果。

四　士与"五霸"

春秋时期列国之间争战不断，为了获取或保持霸主的地位，各国君主不得不招贤纳士，起用一批有才能的士人为自己服务。"夫争强之国，必先争谋"①，一些身怀绝技、智勇双全的俊杰之士成为王侯公卿竞相招揽的对象，他们朝为布衣，夕为卿相，成为春秋时期各国霸主谋取政治地位的有力援助。

齐桓公是春秋时期的五霸之首。在春秋各国不断开展兼并战争的特殊时期，他因时制宜，打破传统的用人办法，广泛向社会搜求各类人才。如管仲出身低微，曾"与鲍叔同贾南阳"②，也曾辅佐于桓公的政敌公子纠。但公子纠死后，桓公却宽宏大量，不计前嫌，委管仲以相任。"齐桓公以霸，九合诸侯，一匡天下，管仲之谋也"。史书关于桓公求贤的故事是很多的。据《韩非子·难一》记载："齐桓公时，有处士曰小臣稷，桓公三往而弗得见。桓公曰：'吾闻布衣之士不轻爵禄，无以易万乘之主；万乘之主不好仁义，亦无以下布衣之士。'于是五往乃得见之。"《吕氏春秋·举难》也记载了宁戚饭牛悲歌，终被桓公重用的动人故事："桓公郊迎客，夜开门，辟任车爝火甚盛，从者甚众。宁戚饭牛于车下，望桓公而悲，击牛角疾歌。桓公闻之，执其仆之手曰：'异哉，之歌者非常人也。'命后车载之……宁戚见，说桓公以治境内；明日复见，说桓公以为天下。桓

---

① 《管子·霸言》。
② 《史记·管晏列传》。

公大悦,将任之。"《国语·齐语》记载了桓公根据管仲的建议,"为游士八十人,奉之以车马、衣裘,多其资币,使周游于四方,以号召天下之贤士"。《韩诗外传》说,齐桓公"设庭燎以待士","四方之士相导而至"。为了发现人才,齐桓公经常召见五属大夫,告诫他们"于子之属有居处为义好学、兹孝于父母、聪慧质仁闻于乡里者"或"拳勇股肱之力秀出于众者"要务必荐举,否则将依罪论处。正是由于齐桓公能够不拘风格录用人才,才使其成就千古霸业。

晋文公是春秋时期的第二个霸主。其雄伟霸业的成就是与其大胆起用一批出身低微的士分不开的。《史记·晋世家》记载:"晋文公自少好士,年十七,有贤士五人,曰赵衰;狐偃咎犯,文公舅也;贾佗;先轸;魏武子。"这些人多数出身寒微却拥有才能。晋文公流亡在外十九年,狐偃、赵衰等人始终跟从他。文公流亡在齐时,一度贪恋声色安逸,"毋去心",赵衰、咎犯等极力劝谏,见无结果,便设计将之灌醉,然后用车载之逃离齐国,免于一场祸乱。文公元年,秦国护送他回国。咎犯说:"臣从君周旋天下,过亦多矣。臣犹知之,况于君乎?请从此去矣。"文公却说:"若反国,所不与子犯共者,河伯视之!乃投璧河中,以与子犯盟。"正是由于文公与咎犯这样一批有才能的人献计献策,肝胆相照,荣辱与共,才使其内可以修政令,外可以御强敌,城濮一役,终于威临列国,成就霸业。

秦穆公称霸,也深得贤士的佐助。百里奚为秦穆公十分重用的大臣,他本为穆公夫人媵臣,曾被穆公以五羖羊皮从楚国赎回,"受之国政,号为五羖大夫"[1],"谋无不得,举必有功"[2]。《史记·

---

[1] 《史记·秦本纪》。
[2] 《太平御览》。

商君列传》记载,百里奚"相秦六七年,而东伐郑,三置晋国之君,一救荆国之祸;发教封内,而巴人致贡;施德诸侯,而八戎来服……功名藏于府库,德行施于后世"。蹇叔也是秦穆公十分信任的大臣,为了能够得到他,"穆公使人厚币迎蹇叔,以为上大夫"①。此外,为秦穆公奠定千古霸业功不可没的还有另一位贤人由余。《史记·秦本纪》记载:"秦用由余谋伐戎王,益国十二,开地千里,遂霸西戎。"李斯在《谏逐客令》中曾对秦穆公的霸业做过分析,他说:"昔穆公求士,西取由余于戎,东得百里奚于宛,迎蹇叔于宋,来邳豹、公孙支于晋。此五子者,不产于秦,而穆公用之,并国二十,遂霸西戎。"②

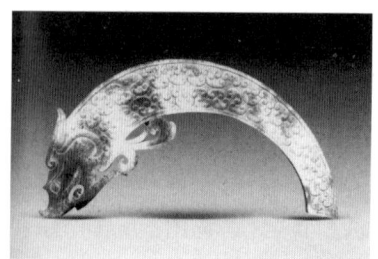 

内钩卷云纹龙形玉佩及虎皮纹玉件

楚国的霸业也与当时的贤才俊杰相佐是分不开的。楚庄王大胆起用了出身低贱而又才能卓越的孙叔敖为相。《吕氏春秋·赞能》篇说:"沈尹茎游于郢五年,荆王欲以为令尹。沈尹茎辞曰:'期思之鄙人有孙叔敖者,圣人也。王必用之,臣不若也。'荆王于是使

---

① 《史记·商君列传》。
② 《史记·李斯列传》。

人以王舆迎叔敖，以为令尹，十二年而庄王霸，此沈尹茎之力也。功无大乎进贤。"《吕氏春秋·情欲》篇说："荆庄王好周游田猎，驰骋弋射，欢乐无遗，尽付其境内之劳与诸侯之忧于孙叔敖。孙叔敖日夜不息，不得以便生为故，故使庄王功迹著乎竹帛，传乎后世。"

春秋时期的士以极其活跃的身影出现在政治舞台上，他们凭借着自己丰富的阅历、敏锐的思想、机警的才智，演绎了一个个动人的故事。随着士阶层的逐渐壮大，蕴藏在这个阶层内部的巨大潜力也随之爆发出来，战国时期诸子之学的兴起，就与春秋时期士的影响分不开，它标志着士阶层在新的历史进程中更进一步走向成熟。

第十四章 法律制度的变化

一 各派法律思想的出现

春秋时期社会的发展与变化在思想文化领域的反映，就是士阶层的兴起与私学的兴盛。代表不同政治集团利益的思想家们，针对当时社会变革所出现的问题，发表意见，提出各自的解决办法。于是，各种思潮纷纷涌现。这股思潮从春秋出现，一直活跃到战国时期，史称诸子"百家争鸣"。

所谓诸子"百家"，西汉的司马谈归纳为阴阳、儒、墨、名、法、道六家①；而刘向、刘歆父子则总结为儒、墨、道、法、名、阴阳、农、纵横、杂九流，外加小说，共十家。其中，与法律思想关系密切的主要是儒、墨、道、法四家，特别是儒、法两家。"百家争鸣"使这个时期的法律思想得到了前所未有的发展，并深入到法理学领域。不少思想家对法律的起源、本质、作用以及法律与社

---

① 《史记·太史公自序》。

会经济、时代要求、国家政权、伦理道德、风俗习惯、自然环境乃至人口、人性等问题，都提出了一系列主张，大大丰富了中国乃至整个世界的古代法学。各家的争论主要围绕"礼治"和"法治"问题展开，而主张"礼治"的儒家和主张"法治"的法家作为对立双方则是各派的代表。

（一）儒家法律思想的出现

儒家法律思想的代表人物是孔子。面对春秋末世"礼崩乐坏"的局面，孔子极力推崇周公，试图挽救和维护传统的"礼治"。他说："夫礼，先王以承天之道，以治人之情，故失之者死，得之者生""治国不以礼，犹无耜而耕也。"①他又说："道之以政，齐之以刑，民免而无耻；道之以德，齐之以礼，有耻且格。"②这说明孔子是把实行礼治作为治理国家的最高准则和基本方法。但他并不主张放纵那些危害统治秩序的犯罪行为，特别是对被压迫阶级的反抗，孔子是主张坚决镇压的。例如，郑国多盗，取人于萑苻之泽，郑国的统治者发兵攻打，"尽杀之，盗少止"，孔子听到这个消息后，高兴地说："善哉！政宽则民慢，慢则纠之以猛。猛则残民，残则施之以宽。宽以济猛，猛以济宽，政是以和。"③此外，孔子又把这种"宽猛相济"的法律思想归结为"一张一弛"。他说："张而不弛，文武弗能也；弛而不张，文武弗为也；一张一弛，文武之道也。"④所谓宽猛相济、一张一弛，实际上构成了孔子法律思想的核心。其

---

① 《礼记·礼运》。
② 《论语·为政》。
③ 《左传》昭公二十年。
④ 《礼记·杂记》。

基本要点就是根据阶级斗争形势的发展变化，礼教与刑罚并用，先从思想上消除被压迫阶级的反抗意识，然后再对少数不听教化的人辅之以刑事镇压。

应当指出，孔子主张礼刑并用、宽猛相济，并不是把礼与刑放在同等的地位。在孔子的学说中，他一贯主张把礼放在第一位，把刑放在第二位，即以礼为主，以刑为辅。从这个指导思想出发，在如何运用刑事惩罚手段上，孔子的具体主张，又可以归纳为以下三点：

首先，孔子主张先礼后刑，先教后杀。他说："不教而杀，谓之虐。"①他认为对人民采用礼义教化的方法，比单纯用刑法来制裁他们有很大的优越性。这样，人民不但有廉耻之心，还会心悦诚服地遵守法律与秩序。

其次，孔子认为对人民不得已而进行惩罚时，则刑罚本身也必须有一个标准与限度，才能发挥刑法的应有效能与作用。他说："礼乐不兴，则刑罚不中；刑罚不中，则民无所措手足。"②"中"字在这里是恰当、合适的意思，就是既无过也无不及。孔子一向批评重刑主义，反对统治者对人民滥施酷刑。他认为刑罚过重，人民则惊慌不已。如果人心思动，社会不安，统治者又怎能安于他的宝座呢？

第三，孔子认为对犯罪者实行刑法制裁的目的，不仅仅在于惩罚个别违法的人，从根本上来说是为了消灭犯罪、消灭刑罚。《论语·颜渊》记载孔子的话："听讼，吾犹人也，必也使无讼乎！"此

---

① 《论语·宪问》。
② 《论语·子路》。

外，还记载了孔子与季康子的一段对话："季康子问政于孔子曰：'如杀无道，以就有道，何如？'孔子对曰：'子为政，焉用杀？子欲善而民善矣。'"《论语·子路》也记载孔子的话说："善人为邦百年，亦可以胜残去杀矣。"①虽然犯罪与刑罚都是阶级社会的产物，有阶级斗争的存在就不能消灭犯罪与刑罚，但孔子提出了消灭犯罪与刑罚的大胆设想，应当说是我国古代法律思想中的精华。

（二）法家法律思想的出现

春秋时期法家的代表人物主要有管仲、子产、邓析等。他们顺应时代发展趋势，要求改革和变法，主张对传统周礼进行改良，并创立新的法令，从而建立了一个全新的社会关系学说。

管仲（公元前723年—公元前645年），在相齐期间，在法律思想方面主张"天道"与法律相结合，改革旧礼与创立新法并举，"修旧法，择其善者而业用之"②。他还主张以法统政，礼法并用，以法律手段推行军事、行政以及商业政策，达到富国强兵的目的。正是由于管仲倡导"法治"，富有革新精神，使之成为齐国法家的宗师，并对战国时期法家思想的形成产生指导意义。

子产（？—公元前522年），郑国贵族，曾长期执掌郑国国政，在内政外交方面都取得出色的成绩。子产是一个刚从奴隶主贵族转化而来的封建贵族，因此他的法律思想具有折中礼、法的特征，在个别问题上带有比较激进的法家色彩。子产注重制定和颁布成文法，坚持用新法来挽救时弊，这为后来法家所主张的"法治"创造了条件。子产又主张以"宽""猛"两手治民。"宽"即强调道德教

---

① 《论语·子路》。
② 《国语·齐语》。

化和怀柔的一手,"猛"即严刑峻法和暴力镇压的一手。子产提出的宽、猛两种治国方法,在后世引起长期的争论。儒家主要继承和发展了他的"以宽服民"的思想,强调"德主刑辅";法家则继承和发展了他的"以猛服民"的思想,并进一步发展成为一套"以刑去刑"的理论。可见其影响之深远。

邓析(?—公元前501年),郑国人,和子产同是郑国大夫。邓析在政治上非常活跃,他坚决反对"礼治",提出了"事断于法"[①]的主张,这正是后来战国时期法家的基本主张。邓析又私自编制"竹刑",聚众讲学,招收门徒,并助人诉讼,在郑国掀起了一股革新浪潮。最后,邓析被郑国贵族所杀,但其"竹刑"却被采用了。

管仲、子产、邓析三人的法律思想存在较大的差异。管仲是奴隶主贵族中最早主张改革的人物,子产代表了从奴隶主贵族转化而来的新的封建贵族,邓析则代表了非贵族的新兴地主阶级。但是,他们三人作为法家的先驱,都主张"以法治国",认为"法"是衡量人们言论和实行赏罚的标准,是人人必须遵守的行为规范。他们已开始强调法律的规范性、公平性以及公开性等,轻视甚至完全否定道德的感化作用,这与儒家思想已形成了鲜明对照,而对战国法家思想产生了深远影响。

(三)道家法律思想的出现

春秋时期道家代表人物是老子。他提出并建立了一个以"道"为核心的思想体系。"道"是老子哲学的最高范畴,也是老子思考政治和法律问题的理论出发点和总原则。道家在强调以"道"作为

---

① 《邓析子·转辞》。

其思想理论的主旨的同时，也强调"法自然"，即人必须顺从自然的制约。道家的法律思想也是以"道法自然"和"无为而治"为中心。他们论法，一是强调以道统法，将法律问题纳入"道论"的体系之中，突出了法律的哲理性，二是抽象地概括出法的基本原则，而不像儒家或法家那样提出了立法、司法的具体主张。因而道家的法律思想主要表现为法哲学。他们将哲学、政治、伦理融为一体，以儒、法、墨等家的主张作为对立面，反对礼义，否定忠孝，抨击法令，排斥兼爱，诅咒战争，向往"小国寡民"的社会，主张"绝圣弃智"的"无为而治"。道家的思想和主张，在当时具有反对剥削、压迫，要求自由的进步意义，但对后世也有消极、持久的影响。

二　春秋时期公布成文法的活动

春秋初期，各诸侯国基本上沿袭西周的法律，到春秋中晚期，经济基础和阶级关系的变化，引起了法律制度的重大变革，以郑国、晋国、楚国为代表的各诸侯国纷纷制定、公布了以保护私有财产为中心的成文法，并由此引发了一场争论。

（一）郑国

春秋时期的郑国曾两次制定法律。第一次是在郑简公三十年（公元前 536 年）。鉴于当时郑国的社会关系发生变化和旧礼制的破坏已经比较严重的情况，执政大臣子产应时而作。《左传》昭公六年记载："三月，郑人铸《刑书》。"杜预注此为："铸《刑书》于鼎，以为国之常法。"这是中国历史上第一次正式公布成文法典。

郑献公十三年（公元前501年），郑国又制定了竹刑。《左传》定公九年："郑驷歂杀邓析而用其竹刑。"竹刑，就是把法律条文写在竹简上。它较之刑鼎，利于携带和流传，在法律发展史上是一大进步。此所谓"竹刑"，原为邓析个人所作，并无法律效力，后来被国家认可，才成为正式法律。

（二）晋国

晋国在春秋时期曾数次制定和修改法律。早在晋献公时晋国就曾制定过士蒍之法。《左传》成公十八年（公元前573年）记载，晋悼公元年，任"右行辛为司空，使修士蒍之法"。据《左传》庄公"二十六年春，晋士蒍为大司空"一条可知，士蒍之法，当即修于此时。按鲁庄公二十六年为晋献公九年（公元前668年），那么，晋国在献公时已经制定过士蒍之法。但士蒍之法的内容则不详。

晋文公四年（公元前633年），晋国又作被庐之法。《汉书·刑法志》应劭注曰："蒐于被庐之地，作执秩以为六官之法，因以名之也。""蒐"，阅兵之意，当时凡重大政事，皆行蒐礼；"被庐"，地名，不详。该法是有关官吏爵秩之法，孔子曾评论该法遵循着晋的祖先唐叔的法度，据此可知，这个"被庐之法"当时还没有公布于众。

第三次是赵盾（即赵宣子）为晋国执政时制定的"常法"。《左传》文公六年（公元前621年）记载，赵宣子"始为国政，制事典，正法罪，辟狱刑，董逋逃，由质要，治旧洿，本秩礼，续常职，出滞淹。既成，以授大傅阳子与大师贾佗，使行诸晋国，以为常法"。显然，这是一场政治和法律改革。其核心内容包括九点："制事典"，指制定办事章程，改革施政方针；"正法罪"，指制定刑罚律令，惩治违法分子；"辟狱刑"，"辟"，理也，指清理诉讼积案，以求政治清明；"董逋逃"，"董"，督也，是指追捕负罪而逃者，以维护法律效力，保护受害者的权益；"由质要"，"由"，用也，"质要"契券也，指根据契书来裁断民事方面的纠纷；"治旧洿"，"洿"，污也，指惩治污秽、腐败；"本秩礼"，指明确贵贱之序；"续常职"，官有废缺，使贤能者任其职；"出滞淹"，指提拔埋没的贤能之人。赵盾的新法典在当时并没有公布。

此外，晋景公时，士会（即范武子）执政晋国，也曾修改过晋国之法。《左传》宣公十六年（公元前593年）载："晋侯……以黻冕命士会将中军，且为大傅。于是晋国之盗逃奔于秦。"同年，景公"使士会平王室，定王享之……武子归而讲求典礼，以修晋国之法"。可见，在晋国早已有了成文的法律，只是还没有公布于众。

晋国正式公布成文法是在公元前513年，是由赵鞅、荀寅铸刑鼎最后完成的。《左传》昭公二十九年记载："赵鞅、荀寅师师城汝滨，遂赋晋国一鼓铁，以铸刑鼎，著范宣子所为《刑书》焉。"范宣子在晋平公（公元前557年—公元前531年在位）时任晋国执政，曾制定《刑书》。据孔颖达疏曰："范宣子制作《刑书》，施于晋国，自使朝廷承用，未尝宣示下民。今荀寅谓此等宣子之书可以长为国法，故铸鼎而铭之以示百姓，犹如郑铸刑鼎。"可见，范宣子所作《刑书》最初可能限于官府使用，并未示之于民，但在公元前513年，作为正式法律条文公之于众。

（三）楚国

楚国在春秋时期曾两次制定法律。第一次是在楚文王时制定仆区之法。《左传》昭公七年记载，芋尹无宇曰："吾先君文王（楚文王），作仆区之法。"服虔曰："仆，隐也。区，匿也。"杜预注："仆区，《刑书》名。"为隐匿亡人之法也。这是楚文王依照周文王"有亡，荒阅"之法而制定的。"有亡，荒阅"，指奴隶有逃亡者要大力搜捕，是严禁奴隶逃亡的法律。仆区法则除此之外，又规定"盗所隐器，与盗同罪"，在内容上较前有所发展。

第二次是楚庄王时作茆门法。《韩非子·外储说右上》云：荆庄王有茆门之法，曰："群臣、大夫、诸公子入朝，马蹄践霤者，廷理斩其辀，戮其御。"茆门，也叫雉门，是宫门之一。廷理，是楚国的最高司法官。依照"茆门法"规定，诸侯、大夫、公子入朝时，随车不得进入宫门，此法主要是为了保障国君的安全。

三　公布成文法引起的争议

新兴地主阶级反对奴隶主贵族垄断法律，坚决要求制定成文法并公之于世，以维护他们的私有财产和其他权利，摆脱旧贵族的压迫和宗法等级制度的羁绊。因此，郑国子产公布《刑书》时，便遭到晋国以叔向为代表的旧贵族的反对。《左传》昭公六年记载，叔向致书子产："昔先王议事以制，不为刑辟，惧民之有争心也。……民知有辟，则不忌于上，并有争心，以征于书，而徼幸以成之，弗可为矣。……肸闻之，国将亡，必多制，其此之谓乎！"他在信中提出，禁御之法对贵族只能"闲之以义，纠之以政，行之以礼，守之以信，奉之以仁，制为禄位以劝其从"，对人民则只能"严断刑法，以威其淫"。这样仍虑不足以为治，他指出，还必须"诲之以忠，耸之以行，教之以务，使之以和，临之以敬，莅之以强，断之以刚，犹求圣哲之上，明察之官，忠信之长，慈惠之师"，人民才可"任使"而不生祸乱。他引证《诗·周颂·我将》"仪式刑文王之德，日靖四方"和《大雅·文王》"仪刑文王，万邦作孚"，认为，要礼治，根本就不需要法律。他反复强调，假如把制定的《刑书》公布于众，"民知争端"，就会"将弃礼而征于书，锥刀之末，将尽争之，乱狱滋丰，贿赂并行"，郑国就要败亡。士文伯也把以后郑的火灾归咎于子产铸《刑书》所致："作火以铸刑器，藏争辟焉。火如象之，不火何为？"针对旧贵族的尖锐批评，子产针锋相对。他在给叔向的回信中明确提出，铸《刑书》的目的是"不能及子孙，吾以救世也"。也就是将郑国新的田制、赋制用法律形式固定下来，保护新兴地主阶级的经济利益，限制、打击奴隶主贵族的特权。

公元前513年晋国赵鞅、荀寅铸刑鼎后，也遭到了孔子的反对。他说："晋其亡乎！失其度矣。"[①]意思是，晋国恐怕要亡国了，失掉原来的法度了。"度"，就是他说的"贵贱不愆，所谓度也"，也就是奴隶社会尊卑贵贱的等级制度不能错乱。成文法的公布，破坏了这种制度。"民在鼎矣，何以尊贵？贵何业之守？"老百姓都要按照鼎上的法律条文为根据，他们哪里再肯尊敬贵人？"贵贱无序，何以为国？"没有贵贱等级次序，还怎么治理国家呢？

叔向所说的"民知有辟，则不忌于上"，孔子所说的"贵贱无序，何以为国"，都是站在奴隶主贵族的立场反对新刑法的制定和公布。其实在西周以至春秋前期，并不真是像叔向所说的"先王议

---

① 《左传》昭公二十九年。

事以制，不为刑辟"。如，《尚书·吕刑》就有"明启《刑书》胥占"的话，并已有墨、劓、剕、宫、大辟等"五刑之属三千"。《逸周书·尝麦解》："维四年孟夏，……王命大正正《刑书》，……太史筴《刑书》九篇，以升，授大正，……再拜稽首，……太史乃藏之于盟府，以为岁典。"《左传》昭公六年，叔向也曾说到"周有乱政，而作《九刑》"。加之上述的仆区之法、茆门之法、被庐之法、赵宣子之法、士蒍之法等，足以说明在郑铸《刑书》、晋铸刑鼎前，早已有了成文的法律，只是还没有公布于众。

孔子在反对赵鞅、荀寅铸刑鼎和范宣子作《刑书》的同时，曾赞扬过晋文公的"作执秩之官，为被庐之法"，认为这是晋文公所以称霸的主要原因。他在《左传》昭公二十九年所载"夫晋国将守唐叔之所受法度，以经纬其民，卿大夫以序守之，民是以能尊其贵，贵是以能守其业。贵贱不愆，所谓度也"之语后接着又说："文公是以作执秩之官，为被庐之法，以为盟主。"为什么孔子对晋文公"作执秩之官，为被庐之法"持赞扬的态度，而对赵鞅、荀寅的铸刑鼎却持反对态度？除去前者是不成文法、后者是成文法之外，必然还有更重要的原因。对此问题，韩连琪在《论春秋时代法律制度的演变》[①]一文中进行了深入探讨。他认为，"作执秩之官，为被庐之法……仍是从西周以来'亲亲''尊尊'为主，以尊贤为辅的旧制，以维护巩固自西周以来在宗法分封制下的奴隶主贵族的等级隶属和榨取关系……依然是巩固西周以来'礼不下庶人，刑不上大夫'的旧法度，所以它仍然是一种秘密法，并没有公布于众。

---

① 韩连琪：《论春秋时代法律制度的演变》，《中国史研究》1983年第4期。

这样它自然就不仅没被守旧派孔子反对,而且受到了他的赞扬"。

而郑国子产铸《刑书》,晋赵鞅、荀寅铸刑鼎,范宣子作《刑书》,就与此大不相同了。因为这都是在春秋后期经济、政治发展变化的新情况下,为适应新的形势需要在法律制度上进行的改革,只是由于郑、晋两国在春秋后期社会矛盾的复杂化,它们在法的内容与立法精神上才有所差异和偏重。关于郑铸《刑书》,应该着重指出的是,它之所以受到叔向的反对,并不是作为一种孤立的单独的政策来反对,而是同子产的整理田制、改革军赋、制造刑法等一系列改革措施作为一个整体来反对的,说明这些改革之间必然是有着密切关联的。《左传》昭公六年,叔向与子产书说:"今吾子相郑国,作封洫,立谤政,制参辟,铸《刑书》,将以靖民,不亦难乎?""作封洫"是子产在田制和田税方面进行的改革。田制方面,是把作为农村公社的井田中原来的"换土易居"制度变为"自爱其处",使农民耕种的土地由定期分配变为永久占有;在田税方面,就是化公田为私田,实行"履亩而税"的征收办法。子产这次对田制和田税的改革,由于其对农民可以刺激他们的生产兴趣,贵族则可以得到更多的收益,所以在三年以后曾得到人民的颂扬。但是在改革之初,也曾遭到守旧派的反对,据《左传》襄公三十年记载,当时舆人诵之曰"取我衣冠而褚之,取我田畴而伍之,孰杀子产,吾其与之"。"立谤政",杜预注即"作丘赋,在四年",就是《左传》昭公四年所说的"郑子产作丘赋"。子产"作丘赋",是为了适应当时形势的需要对军赋实行改革,在扩大了车兵、徒卒等兵役的征收外,又开始了车马兵甲等军费的征收。"制参辟",即子产所制的《刑书》。叔向反对铸《刑书》,所以把它比作是"夏有乱政,而作《禹刑》；商有乱政，而作《汤刑》；周有乱政，而作《九刑》。三辟之兴，皆叔世也"的"三代末法"。而"铸《刑书》"就是把子产制定的"参辟"即《刑书》铸之于刑鼎。叔向在反对子产铸《刑书》时所以把子产所进行的"作封洫，立谤政"同"制参辟，铸《刑书》"等改革联系起来作为一个整体来反对，显然由于这四者是有着内在的联系的。"制参辟""铸刑鼎"，就是为了解决他在经济政治改革中所引起的新的矛盾和斗争。它说明子产所铸《刑书》的内容和立法精神，除刑法所具有的镇压人民的共同性质外，必然就是为了维护和巩固子产在田制和赋税等方面的改革制度。

子产所铸《刑书》，其具体内容，已不能详。《左传》昭公二十年记，子产临终前告诫儿子时曾说过："我死，子必为政。唯有德者能以宽服民，其次莫如猛。夫火烈，民望而畏之，故鲜死焉；水懦弱，民狎而玩之，则多死焉，故宽难。"看来，子产像以后的法家一样，是主张严刑峻法的，其所以如此，概与当时新旧势力斗争的剧烈相关。

至于晋铸刑鼎、范宣子所作《刑书》，其立法精神和内容，可从当时的晋国形势进行分析。春秋后期的晋国，已经出现了"政令在家"的局面，公族的势力行将崩溃，异姓世卿力量完全把持了晋国的政治。在这种政治形势下，赵鞅、荀寅所铸刑鼎的立法宗旨应当是十分明确的，那就是为这种新形势服务，破坏原来自西周以来宗法分封制下的世卿世禄制和奴隶主贵族"贵贱不愆"的旧的等级制度，并用以维护新的等级制度。从范宣子所作《刑书》中已不见有自西周以来以"亲亲"为主、维护宗法分封制下旧的奴隶主贵族等级秩序的痕迹可以看出，新的成文法已经成为以尚贤为主、巩固和加强新的等级制度、等级秩序的工具。这对站在旧的奴隶主贵族立场上的孔子看来,自然是"失其度"的所谓乱制了。

四 成文法公布的意义

成文法的公布,在中国法制史上具有划时代意义。

首先,它宣告"刑不可知,则威不可测"的中国奴隶制法律形态的结束。正如叔向所说,过去先王们都是根据习惯法来定罪的,因为害怕百姓们有争执之心,所以不颁布刑法规定,以便于奴隶主贵族对罪行进行擅断。而新法的公布,使定罪量刑有了一个公开的、统一的标准。因此,成文法的公布标志着奴隶制社会下以习惯法为主要形态的秘密法传统被打破,法律的神秘主义色彩消失了,从而完成了法制史上从习惯法向成文法的转化,使法律真正成为调整人们行为的社会规范。

其次,它打破了奴隶制社会礼刑结合的法律体系,开始了以法制代替礼制的新局面,弱化了礼在社会生活中的规范作用,为战国时期的法家立法和法治主义精神的形成奠定了基础。新法的公布,打破了"刑不上大夫"的传统量刑原则,明确了种种限制贵族特权的法律条文,从而也就否定和限制了贵族的旧有特权,为摆脱宗法等级制度的羁绊铺平了道路。

最后,公布成文法这一做法,代表的是新兴地主阶级的要求,保障的是新兴地主阶级的根本利益,因此,对正在发展中的封建生产关系的建立起了有力的促进作用,从而推动了社会历史前进的步伐。

第十五章　思想文化的过渡性质

一　官学与私学

　　夏、商、周时期是官学时代，相传有"庠""序""校"等三种类型的学校，对贵胄及其子弟进行礼乐和军事训练，使之明君臣之义、长幼之序。周时学校分为国学与乡学两种，国学又分为小学与大学两个阶段，由周天子的史官担任教师，"三代盛时，天下之学，无不以吏为师，《周官》三百六十，天下之学备矣"①。由于教师身份的特殊性，学校又只允许贵族子弟入学，庶人百姓被剥夺了受教育的资格。春秋时期，王室衰微，周王室的许多官吏失去了昔日的地位，那些原为周王室服务的文化官员各奔前程。有的贵族还带着图书出奔，或为保全文献而转移外地；一些贵族降为士庶，他们掌握的文化科学知识亦随之下移到了民间；有些庶民为了提高自己的政治地位，要求掌握文化知识，他们通过拜师求学，成为有文化的

---

　　① 《文史通义·史识》。

士人；一些士阶层为了捞取政治资本，便建立学派，除了本身致力于学术研究，还要培养一批学生继承和发展他的思想学说，实现他的政治意图，扩大社会影响。于是，"学在官府"的教育垄断局面被打破，私学兴起。

"学在官府"局面的打破，使学术下移，促使政治与教育的分离，官吏与教师的分离，从而使教育成为一门专业，教师成为一种职业，这无疑为教育的发展创造了良机。此外，有教无类的教育方法的推行，使教育对象不断扩大，促进了文化知识的传播，使地方教育和社会经济得到迅速发展；原来被统治阶级垄断的文化知识开始普及到社会上的平民阶层，也即"国人"之中。经过较长一段时间的延续以后，社会上开始出现了一批接受过《诗》《书》《礼》《乐》《易》《春秋》"六艺"教育的新的阶层。这个阶层在当时的历史舞台上开始活跃，他们为新思想的兴起和传播，为随后诸子百家的形成奠定了社会与阶级基础，甚至在中国从奴隶制向封建制的转变中发挥了重大的作用。出于巩固政权、总结得失以及摸索统治经验等各种目的，各诸侯国对"士"也给予了宽容的环境，允许其自由地著书立说，四处奔走，宣传各自的思想及主张，并不受当时统治思想的束缚。正如《汉书·艺文志》所说，"王道既微，诸侯力政，时君世主……蜂出并作，各引一端，崇其所善，以此驰说，取合诸侯"，开了思想解放、学术自由争鸣之先河。

二 "天人之辩"思潮的兴起

商、周两代的统治者都强调，王权的合法性和至高无上的权威性皆来自"天命",即"王权"须靠"神权"来保证。所不同的是,西周提倡"以德配天"的观念,故统治者须"敬德"才能获得天命。进入春秋时期,随着社会的变革,天命神权思想发生了深刻的动摇。这时,朴素唯物主义的自然观和朴素辩证法观点已和无神论相联系,在神民关系和天人关系问题上,相继提出"重民轻神"和"天人相分"的思想,从而兴起了一股影响深远的"天人思辨"的时代思潮。

春秋时期由于政治的混乱和战争、自然灾害造成了人间苦难的加深,引发西周末到春秋初"变风""变雅"大量出现,抱怨神对人间灾难的冷漠,怀疑神的公正性,已经成为社会思潮。接着,在人神关系方面出现了重人轻神的思想,怀疑天命神学已经从社会情绪深化为理性思考。一些有识之士,在继承周初"敬德保民"思想的基础上,加以改造、发挥,提出了"重民轻神"的进步观点。《左传》桓公六年记载随国大夫季梁的话:"夫民,神之主也。是以圣王成民而后致力于神。"明确指出了"民"是"主"而"神"是它的从属关系。他指出,若使国力强盛不受别国侵犯,并不在于祭祀神的物品是否丰厚,对神是否虔诚信从,而关键在于人事,"民和"神就会降福,如果民心不一,鬼神不知所从,只会招致失败。

据《左传》庄公三十二年载,虢公贪得无厌,压榨人民,听说有神降到莘这个地方,就向神献祭,企求神能多赐土地。魏国史嚚对此进行了强烈抨击:"虢其亡乎!吾闻之:国将兴,听于民;将亡,听于神。神,聪明正直而壹者也,依人而行。虢多凉德,其何土之能得?"史嚚在这里仍承认神是"聪明正直"的,但所强调的却是"依人而行",神的意志须服从人的意志。他认为,国之兴亡,其根本在于能否体现民意,若只听信于神,肆虐百姓,不仅得不到土地,甚至导致国家灭亡。史嚚这种强调神意要以民意为转移的观点,比季梁更进一步地看重了人的作用,反映出一些进步的思想家对于民众在社会变革潮流中显示的强大作用的关注。虽然他们没有否定神的作用,但他们一致认为神是依据人民的愿望行事的,人民一致希望国家兴旺,神就会让国家兴旺,所以治理国家应该把修政和人民摆在第一位。传统天命神学认为神主宰人,他们认为人主宰神,把传统的人神关系颠倒过来。这种思想没有超出天命神学的神的作用与人的作用统一的观念,而是将侧重点从神的一面转移到人的一面。

与神民关系相联系,这时对天人关系也展开了论辩,把"神"弃置一旁,宣布"天人"无干。据《左传》僖公十六年记载,当时自然界出现了一次奇特现象:有五块陨石自天而降落于宋国,又有六只鹢鸟倒退着飞过宋国都城。宋襄公把此看作是吉凶的预兆,问周内史叔兴是吉是凶。叔兴认为此乃"阴阳之事,非吉凶所生也。吉凶由人"。他把自然界出现的奇特现象,看作是自然界本身所固有的阴阳二气交互作用的结果,和天的兆示无关,至于人事的吉凶是由人们自己的行事所决定的。这就否定了当时流行的、把自然灾异和社会人事吉凶相比附的神秘主义观点。之后,《左传》僖公二十一年又记载了这年夏天,鲁国发生大旱,鲁僖公以为是巫尪作怪,准备焚烧巫尪以求雨。鲁大夫臧文仲坚决反对,并严肃指出:"非旱备也。修城郭、贬食省用、务穑劝分,此其务也。巫尪何为?天欲杀之,则如勿生;若能为旱,焚之滋甚。"在这里,臧文仲一方面从信赖人力、不信"天命"出发,对历来作为沟通"天"与

"人"桥梁的巫的神秘作用提出了否定的看法。他认为，只要人们力耕省用，即可减轻干旱所造成的灾害，而神巫则是无能为力的。另一方面，他又从逻辑上去反驳"天命"，指出其不可信："天"既要杀人，就应当不生人；如果具有一定神灵威权的神巫确能使天大旱，如用火烧，岂不是会逼得他们更加作怪。这种运用逻辑分析的方法，抓住神权迷信的自相矛盾而予以有力反驳，是中国无神论思想史上的一个特点，也是中华文明的优良传统之一。

可见，这一时期已较普遍地把人间的吉凶祸福看作与"天"无关而是"人"自己的事。如《左传》襄公二十三年记载申繻的话："妖由人兴也。人无衅焉，妖不自作。人弃常，则妖兴，故有妖。"昭公十八年则记载闵子马的话："祸福无门，唯人所召。"到了春秋后期，郑国执政子产进一步提出"天人相分"的观点。据《左传》昭公十八年记载，当年五月的一天傍晚，火星出现，丙子日刮起风来。鲁国大夫梓慎和郑国占星家裨灶均认为此系上天垂象，显示将要发生火灾。后来，宋、卫、陈、郑四国碰巧发生了火灾。于是，裨灶建议郑国拿出宝物来祭神，并警告说："不用吾言，郑又将火。"然而，子产针锋相对地进行了辩驳："天道远，人道迩，非所及也，何以知之？灶焉知天道？"并坚持不举行祭祀，郑国终"亦不复火"。在子产看来，天道、神意渺茫，难以稽考，而现实社会的人事却迫在眉睫，真真实实，与天道毫不相干。至于占星家的所谓应验，不过是多言偶中而已，不足为信。虽然子产尚未直接否定神秘的"天"或"天道"，但却割断了"天"与"人"、"天道"与"人道"的神秘联系。子产的"天人相分"思想，具有无神论的思想倾向。

总之,"重民轻神"和"天人相分"思想的兴起,表明这时人们已试图通过对自然界自身变化的原因和对天人关系的探索来排斥和否定灾异迷信,进而明确地肯定了"天"与"人"、"天道"与"人道"的差异和各不相干的原则。同时,在揭露神权迷信的矛盾中,显示出人们运用逻辑分析的思维方法,体现了"人"的地位上升和"神"的权威下降这一时代思潮兴起的特征,从而为后来的哲学思想和理论思维的发展开辟了广阔的前景。

三 朴素辩证思维的发展

春秋时期,一些思想家发展了西周以来的朴素辩证法思想。齐国大夫晏婴发展了西周末年史伯的"和实生物,同则不继"的观点。他在与国君谈论"和"与"同"这对范畴的差异时,以饮食、音乐、政治为事例,论述了任何对立的事物都是"相济""相成"的辩证道理。

晏婴认为:饮食烹调要讲究各种佐料、火候等的相互交融,味道才能鲜美;音乐也必须有"一气、二体、三类、四物、五声、六律、七音、八风、九歌",又要有"清浊、大小、短长、疾徐、哀乐、刚柔、迟速、高下、出入、周疏以相济"[①]才能悦耳动听;政治上也是一样,君臣上下要相济相成,才能"成其政"。而且,他还认为事物都存在着矛盾,如清浊、大小、短长、刚柔等等都是事物矛盾的具体表现,但由于它们又具有相济相成的同一性,才能相互

---

① 《左传》昭公二十年。

依存而构成事物的统一体。所以他十分强调"济其不及",才能达到"相济""相成"。这说明晏婴对于事物的对立统一的辩证关系的认识,已比史伯有所深化,这是他对古代朴素辩证法思想的继承和发展。但由于晏婴在继承发展史伯的"和实生物"的观点时,更多地强调了相济相成的一面,因而表现在政治上,往往带有调和论的色彩。

蔡墨,是春秋末年晋国史官,故又名史墨。据《左传》昭公三十二年记载,鲁昭公被臣下季氏所逐,流亡在外,客死于乾侯。晋大夫赵简子就此事问及史墨,"季氏出其君,而民服焉,诸侯与之"是何原因?史墨的回答并不就事论事,而是对过去的历史经验加以总结,并把它升华到哲学高度予以分析,提出了一些颇有见地的哲学观点:

其一,蔡墨在继承《易经》和伯阳父阴阳矛盾学说的基础上,指出自然界和社会中事物的发展过程中总是存在着对立的矛盾双方,而事物之所以变化发展,其原因就在于事物自身的矛盾因素。他回答赵简子说:"物生有两、有三、有五、有陪贰,故天有三辰、地有五行、体有左右,各有妃耦。王有公,诸侯有卿,皆有贰也。"他提出了"物生有两""皆有贰"的富有创见性的哲学命题,以此来分析和概括事物自身和事物之间的矛盾对立关系,并将它看作为事物的普遍法则,这个观点无疑是深刻的。这样,蔡墨就把以往人们对自然和社会带有规律性的认识向前推进了一步。

其二,蔡墨还初步接触和猜测到事物的矛盾对立面有主次关系,并且具有相互转化的辩证之理。他说:"天生季氏,以贰鲁侯,为日久矣,民之服焉,不亦宜乎?鲁君世从其失,季氏世修其勤,民忘君矣,虽死于外,其谁矜之?社稷无常奉,君臣无常位,自古以然。……三后之姓,于今为庶,主所知也。"他认为鲁国之所以造成君臣易位,不仅在于季氏是鲁君的"陪贰",而且还在于季氏"世修其勤",得到民众的拥护,而鲁君却"世从其失",终于被民众所抛弃。这说明,蔡墨已觉察到事物矛盾的双方在一定条件下有相互转化的必然性。所以他又从夏、商、周灭亡的事例得出了"社稷无常奉,君臣无常位,自古以然"的政治结论,从而肯定了鲁国政权由国君转移到大夫的合理性,否定了依据血缘宗法确定的永恒不变的等级秩序。蔡墨的矛盾发展观,不仅批判了当时反对社会变革的形而上学观点,也是对古代辩证思维的发展,达到了自《易经》以来的朴素辩证法的最高水平。

其三,蔡墨还引用《易经》中的"大壮"卦象——"震"在上、"乾"在下的所谓"雷乘乾",即用"雷"与"乾"两种对立交感关系来概括自然界和社会中对立面的转化现象,并认为它是"天之道也"。这样,就对《易经》中属于占筮迷信的卦象作了哲学意义的理解。这对于哲学从宗教中分离出来,是有重要意义的,意味着中国古代哲学开始向建立相对独立的哲学思想体系的时代前进。

四 "气"的学说雏形和"物精"说的出现

西周末年伯阳父的早期阴阳说首次赋予"气"以朴素唯物主义的概念。到春秋时,人们即从对于天地的对立统一的观察中赋予"气"以更深的内涵。"气"的概念较之"地""五材"("五行")

等更具有深刻的哲学意义,即所谓"则天之明,因地之性,生其六气,用其五行。气为五味,发为五色,章为五声"①。这表明了天的"六气"和地的"五行"具有内在联系,地上的五行和其属性(五味、五色、五声等)皆是由天的"六气"所降生和散发。"气"不但对天地万物之构成给予较完整而深刻的说明,而且以六气配四时,即以阴阳风雨等配冬夏春秋,所谓"冬无愆阳,夏无伏阴,春无凄风,秋无苦雨"②,在这样较为隐晦的形式中,暗示了空间(天地)与时间(四时)的统一,蕴含了四时五行的宇宙结构构想。人们就是从天地对立统一的观察中,形成了"气"的学说的雏形。"气"不但总摄天地万物的构成,而且能说明自然万物的变异。这就克服了以一种或多种固定形态的物质来说明宇宙万物的物质形态和统一性的局限,为后来朴素唯物主义"气"的学说奠定了基石。

子产还曾用所谓"物精"说来阐述人的灵魂和精神起源。他说:"人生始化曰魄,既生魄,阳曰魂。用物精多,则魂魄强,是以有精爽,至于神明。"③他认为,人之所以产生所谓"灵魂"和精神现象,是来源于人这个物质中有所谓的"精",即最精粹的部分。子产这一说法,虽然简略,不可能说明精神思维只是人脑这一物质发展的最高产物,但却排斥了"天"的神秘外力作用,而是把精神归之于物质所固有。子产的"物精"说是一种对精神起源的朴素唯物主义的说明,对后人起了积极的启发作用。

春秋时期的"重民轻神""天人相分""物生有两"以及"气"

---

① 《左传》昭公二十五年。
② 《左传》昭公四年。
③ 《左传》昭公七年。

的学说雏形和"物精"说等进步思想,已不是个别的偶然现象,而是一股时代的思潮。这思潮不仅在许多邦国里有不同程度地存在,而且在其他社会领域中也有体现。

五 礼治思潮

春秋时期伴随着"天道"观念的变化,沿袭两千多年集政治、伦理和道德于一体的周礼第一次受到了冲击。士大夫中滋生出对礼的怀疑与不满,提出对礼重新认识、重新解释的呼声,于是,一股汹涌激荡的礼治思潮涌现了出来。体现在当时的各种文献中关于礼的论述非常之多。如据杨伯峻统计,仅《左传》一书关于礼的文献记载就达四百六十二次之多,在《春秋》经记事的二百四十二年间,不论政治、经济,还是军事、外交举措,一切皆依礼来权衡、规度。礼在继承旧有传统文化观念的基础上被赋予了新的诠释。

首先,礼是天道的体现,具有神圣的秩序性。《左传》文公十五年记载季文子说:"礼以顺天,天之道也。"礼是天道的人间体现。昭公二十五年则记载了子产的话:"夫礼,天之经也,地之义也,民之行也。天地之经,而民实则之。"礼是天道之常、地利之宜,落实到人间,老百姓实行之,便是礼义。礼是一种天经地义的体现,是沟通天、地、人三者的媒介。昭公二十六年则记载晏婴的话:"礼之可以为国也久矣,与天地并。……(礼)先王所禀于天地,以为其民也,是以先王上之。"礼之治国的功用是由来已久的,与天地同在。先王之所以尚礼,是因为礼是禀受于天地而为人所践履的。

其次，礼有治国安邦的重要作用。《左传》昭公五年记载晋国女叔齐的论礼，他说外交上郊劳、赠馈之类的事是"仪"不是"礼"，"礼所以守其国，行其政令，无失其民者也"。在女叔齐看来，礼是国家的政治生命所系，其根本的目的在于维护国家的稳定，使政令畅达，社会安定，民众归服。类似的认识在当时极为普遍，如《左传》襄公二十一年记载晋国叔向的话："礼，政之舆也；政，身之守也。怠礼失政，失政不立，是以乱也。"即，政须礼而行，政存则身安。《左传》庄公二十三年记载曹刿的话："夫礼，所以整民也，故会以训上下之则，制财用之节；朝以正班爵之义，帅长幼之序；征伐以讨其不然。诸侯有王，王有巡守，以大习之。非是，君不举矣。"诸侯的举动应当合乎礼，这样才能成为万民之表率，进而治理人民。卫国的北宫文子说："礼之于政，如热之有濯也，濯以救热，何患之有？"①礼对于国家政治成为不可或缺的东西。《左传》昭公二十六年记载晏婴的一段话，对礼的内涵及治国作用做了精辟的阐释："君令臣共，父慈子孝，兄爱弟敬，夫和妻柔，姑慈妇听，礼也。"他认为礼不仅能够调理人际关系，还能够治理国家的动乱，维系政权的稳固。当齐景公问有何良策可以挽救齐国政权的危急时，晏婴回答说："唯礼可以为之。"并认为，只要施行了礼，就会"民不迁，农不移，工贾不变。士不滥，官不滔，大夫不收公利"。这席话，说得景公连称"善哉"，并说："吾今而后知礼之可以为国也。"

另外，礼还是安身立命的基本规范和要求。《左传》昭公二十

---

① 《左传》襄公三十一年。

五年记载郑国子大叔的一段话:"礼,上下之纪,天地之经纬也,民之所以生也,是以先王尚之。故人之能自曲直以赴礼者,谓之成人。"认为礼可以制好、恶、喜、怒、哀、乐六志,一个人要想成人就需要"赴礼",时刻按照礼的要求去做,而"赴礼"便须经"曲直"。"曲"者委屈其情性以合于礼,"直"者本其情性以合于礼。最终以礼为依归完成、完善自己的人生。所以,礼是想"成人"必须践履的人生法则。鲁国孟僖子因为不习礼而深为遗憾,临终时吩咐后人说"礼,人之干也。无礼,无以立"[①],嘱其子师从孔子以学礼。楚大夫申叔时说:"信以守礼,礼以庇身,信、礼之亡,欲免得乎?"[②]许多贵族之所以循规蹈矩而不愈礼,目的在于"庇身"。郑国的贵族子臧因"好聚鹬冠"[③],违背了冠服之礼,即被郑文公派人杀掉。春秋贵族将恪守礼制看作是安身立命的根本。

尽管如此,春秋时期的"礼"治思潮主要的分歧集中在"礼"与"仪"上。

关于"仪",据当代学者考证,它的出现很早,本来是与经济生活和秩序紧密相关的规范,是可以损益的,如"麻冕,礼也;今也纯,俭,吾从众"。但是礼乐文化中那些有关上下、长幼、尊卑等涉及宗法关系根本的规定,是不能因时代改变而变化的,故"拜下,礼也;今拜乎上,泰也。虽违众,吾从下"[④]。这说明孔子透视到了礼乐文化作为社会经济和政治组织(宗法)工具的实质。正因

---

① 《左传》昭公七年。
② 《左传》成公十五年。
③ 《左传》庄公二十四年。
④ 《论语·子罕》。

为如此，他像春秋许多人一样，看到了礼的流于形式、具文，也有意识地将礼区分为"礼之质"和"礼之仪"，但他反对将两者对立起来，反对当时十分流行的将礼仪形式看得无足轻重的观点。他主张"立于礼"①。这里"立"不但包含了精神、人格层面的含义，更强调借助一定的礼仪形式，使人在礼乐的学习和实践中达到很高的人生境界。他本人就坚持"事君以礼"，以致"人以为谄也"②。《论语·乡党》就记述了他在日常生活中一丝不苟恪守礼仪的细节。当然，孔子是更重"礼之质"的，《论语·阳货》记载说："礼云礼云，玉帛云乎哉？乐云乐云，钟鼓云乐哉？"明确指出礼乐不在外表，非外在仪文、容色、声音，而是整套制度。

西周时期的礼是和权力、财产的再分配结合在一起的，与政治、经济、文化的联系至为密切。所谓大礼三百、小礼三千，从吉、凶、军、宾、嘉礼到日用起居，莫不以礼的形态进行交往；大到国家政治制度，小到民间礼俗，无不由礼做出具体而严格的规定。正如荀子所说："礼者，人道之极也。"③配合这些严密而完整的礼，还有与之相应的舞乐。在庄严肃穆的鼓乐声中完成细致入微的仪礼，使人们的思想与行为在这种特殊的仪礼下趋向一致，走向和谐。

但到春秋时期，世衰道微，礼崩乐溃。表现在贵族们对礼乐制度的条文、仪节多有遗忘，对礼乐文化的详细内涵也缺乏了解。据《论语·八佾》记载，鲁哀公就不知道制作祭祀土神的社主神牌位

---

① 《论语·泰伯》。
② 《论语·八佾》。
③ 《荀子·礼论》。

应用何种木料；一般贵族则对孔子"入太庙，每事问"的关注礼乐的认真态度冷嘲热讽。《史记·历书》记载："幽、厉之后，周室微，陪臣执政，史不记时，君不告朔，故畴人子弟分散。"《论语·微子》说得更具体："太师挚适齐，亚饭干适楚，三饭缭适蔡，四饭缺适秦，鼓方叔入于河，播鼗武入于汉，少师阳、击磬襄入于海。"这里记载了鲁君身边的乐师都相继走散，流向四方，说明礼乐制度在鲁的废弃。《史记·孔子世家》载："孔子之时，周室微而《礼》《乐》废，《诗》《书》缺。"孔子之时，作为礼乐文化载体的《诗》《书》《礼》《乐》已缺失严重，可见春秋时期贵族对礼乐文化传统的淡漠与忽视。例如，《左传》昭公七年记载，鲁国的孟僖子到邻国出访，却不懂出访的礼节。昭公二十五年则记载晋国的赵简子居然不知礼为何物。春秋后期贵族甚至周王都不知先王之礼。昭公十五年则记载了晋曾派荀跞到周王室参加葬礼，以籍谈为助手。籍谈之祖主管典籍，因此为氏，且世世典守。但在周王举行的宴会上，周王谈到"礼"和晋的历史时，荀跞不知，籍谈也不知。周王于是批评籍谈"数典而忘其祖"。籍谈回来之后对叔向讲了此事，叔向不以为然，反批评周王不知礼。叔向指出，周王室一年之内丧二人（王太子寿与穆后），应服三年之丧。可是周王却举行宾宴，又向诸侯求礼器，这不符合先王之礼，故曰"非礼也"。

春秋时期礼乐崩溃的表现之二是贵族对礼乐文化的日常践履越来越趋于敷衍，许多严肃的礼仪越来越流于形式。如《左传》昭公五年（公元前537年），鲁昭公朝晋，自郊劳至于赠贿等揖让周旋之事都循规蹈矩，完成得很好。晋平公赞扬鲁昭公善于礼，然而女叔齐则认为鲁昭公不知礼。他指出，自郊劳至赠贿诸事，"是仪也，不可谓礼。礼，所以守其国、行其政令，无失其民者也。今政令在家，不能取也。……为国君，难将及身，不恤其所，礼之本末，将于此乎在？而屑屑焉习仪以亟。言善于礼，不亦远乎？"《左传》昭公二十五年记载：子大叔见赵简子，简子问揖让之礼。子大叔对曰："是仪也，非礼也。"简子又问何为礼，子大叔对曰："……夫礼，天之经也，地之义也，民之行也。天地之经，而民实则之。……乃能协于天地之性，是以长久。"如果一味注重礼的仪式，虚与委蛇，而不注重礼之守其国、行其政令而为民之则的作用，如同只剩空壳的坚果，失去了最有价值的内核，这样的礼仪当然不足为训了。

当然，我们在注重礼所蕴含的内在价值的同时，也不能忽视礼正是通过仪这样的形式才得以弘扬推广，礼之要义正是在礼仪庄严肃穆的氛围中得以实现。一部《左传》宣扬礼仪的地方非常之多。如昭公九年记载："服以旌礼，礼以行事，事有其物，物有其容。今君之容，非其物也；而女不见，是不明也。"成公十三年记载刘康公的话说："吾闻之：民受天地之中以生，所谓命也。是以有动作礼义威仪之则，以定命也。能者养以之福，不能者败以取祸。"襄公三十一年记载，卫国的北宫文子见楚令尹围之威仪，判断令尹围"虽获其志，不能终也"，向卫侯发了一大通议论。他说："《诗》云：'敬慎威仪，惟民之则。'令尹无威仪，民无则焉。民所不则，以在民上，不可以终。"并进一步阐发威仪就是"有威而可畏谓之威，有仪而可象谓之仪"。足证礼仪关乎礼者甚大。此外，先秦文献如《诗经》《仪礼》等重视礼仪的文字颇多，亦可说明礼仪之重要性。

礼乐制度既已崩溃，何以为治就成为当时政治家和思想家必须回答的问题。依逻辑而论，礼崩乐坏标志着周代政治文化模式核心部分的裂变,由此极有可能出现两种相反的主张:废弃礼乐制度,或恢复礼乐制度。前者以西戎贤人由余为代表。他在回答秦穆公问西戎"何以为治"时提出,"《诗》《书》《礼》《乐》法度"是"中国"大乱的根源。"夫戎夷不然,上含淳德以遇其下,下怀忠信以事其上,一国之政犹一身之治,不知所以治,此真圣人之治也。"① 但是,废弃了"《诗》《书》《礼》《乐》法度",是否会出现由余所谓的"圣人之治"呢?春秋的社会现实就是证明。又如何能达到"一国之政犹一身之治"的理想之治呢?后者以孔子为代表。他承续了周人"立德于礼"的统绪,由"亲亲"而言仁,由"尊尊"而言义,用正名分重新稳定君君、臣臣、父父、子子的主从隶属关系,从而确立了礼的新意义体系,使礼经由新义的阐发而得以加强。

孔子对礼的正名,不仅承继了礼作为人道的功能,而且看到了其内在的道德伦理意义,他将"仁"与"忠恕"当作礼的精神核心,肯定了礼的精神价值,这是孔子对礼文化的一大拓展。孔子为"恕"所下定义是"己所不欲,勿施于人"②,"仁"则是"己欲立而立人,己欲达而达人"③。这两条若不能做到,就是"人而不仁"④。这样,孔子提出了道德的崇高境界,作为纲纪人伦目标,进而为礼的人伦本体奠定了基础。

---

① 《史记·秦本纪》。
② 《论语·卫灵公》。
③ 《论语·雍也》。
④ 《论语·八佾》。

第十六章 孔子及其学说

一 孔子及其生平

孔子(公元前551年—公元前479年),名丘,字仲尼,鲁国陬邑(今山东曲阜东南)人,出身下层贵族。但他从小就受到鲁国礼乐文化的熏陶,对礼乐文化具有独特的见解,自幼就陈列俎豆,做模仿祭祀的游戏,少年时代便立志学习礼乐。他说"不学礼,无以立"①,指出礼是一个人的立身之本。为了寻找礼乐文化之真谛,他四处游学,学无常师,曾五次问礼于老子,并向苌弘学乐,向师襄子学琴。中年时开始招收门徒,创办了中国历史上第一所私学。与此同时,孔子也开始从事政治活动,因其提倡"克己复礼",力图恢复西周社会的政治礼仪制度,与当时的社会发展形势不相适应,故其政治主张得不到统治者的呼应,政治上极不得意。鲁昭公二十五年(公元前517年),鲁国内乱,孔子离开鲁国前往齐国。

---

① 《论语·季氏》。

一年后返鲁。定公九年（公元前501年），孔子先后出任鲁国的中都宰、司空、大司寇等职。当时，鲁国三家专权，孔子提出"堕三都"以裁抑三家势力，未果，于是在定公十三年（公元前497年）离鲁去齐。以后他周游列国，先后到过卫、曹、宋、陈、蔡、楚等国，宣扬自己的政治主张，终不能够见用。鲁哀公十一年（公元前484年），他六十七岁时返回鲁国。以后主要从事教育，相传经他整理和删定的古代文献就有《诗》《书》《礼》《易》《春秋》等，授徒三千多人，其中精通六艺的就有七十多人。鲁哀公十六年（公元前479年）孔子去世，卒年七十三岁。

孔子像

孔子及其思想自汉代以后备受列朝封建帝王的重视和礼遇，孔子被尊为"圣人"，他与后继者形成的儒家学派及其思想学说经历代补充改造，成为两千多年封建社会的文化主流、正统，构成中国传统文化的重要组成部分。20世纪80年代以来，儒学与中国现代化建设的关系越来越受到关注，人们又赋予了儒学以新的时代要求和现代价值。因此，我们必须对其进行具体的历史分析，才能更好地吸取儒学的精华，为现代化建设服务。

二　孔子及其思想研究状况

20世纪是孔子及其思想的研究得到进一步深入和发展的时期，出现了许多重要的专著、论文及论文集。

关于孔子及其思想的重要专著有：王荫铎的《孔子的学术思想》（湖北人民出版社1957年版）、严北溟的《孔子的哲学思想》（上海人民出版社1959年版）、陈景磐的《孔子的教育思想》（湖北人民出版社1981年版）、蔡尚思的《孔子思想体系》（上海人民出版社1982年版）、杨景凡的《孔子的法律思想》（群众出版社1984年版）、王棣棠的《孔子思想新论》（兰州大学出版社1988年版）、吴龙辉的《原始儒家考述》（中国社会科学出版社1996年版）、陈来的《古代宗教与伦理——儒家思想的根源》（三联书店1996年版）、杨向奎的《宗周社会与礼乐文明》（人民出版社1997年版）、潘富恩等的《孔子思想研究》（上海古籍出版社1999年版）、钟肇鹏的《孔子研究》（中国社会科学出版社1983年版）、杜任之的《孔子学说精华体系》（山西人民出版社1985年版）、杨焕英的《孔子思想在外国的传播与影响》（教育科学出版社1987年版）、张秉楠的《孔子传》（吉林文史出版社1987年版）、匡亚明的《孔子评传》（南京大学出版社1990年版）、曲春礼的《孔子传》（山东友谊书社1990年版）、陈升的《孔子传》（河北人民出版社1996年版）、陈卫平的《孔子评传——儒家第一人》（广西教育出版社1997年版）等。内容涉及孔子的政治思想、哲学思想、教育思想、法律思想、伦理思想体系以及儒家的起源和礼乐文明与儒家思想的历史渊源关系等，见仁见智，对孔子的思想做了全面深入系统的研究。总的来说，20世纪80年代以来，伴随着学术界对传统文化价值的再评价和再认识，对孔子及其开创的儒家学派的认识和研究趋于客观准确。

关于孔子思想的重要学术论文集有：中国科学院山东分院主编的《孔子讨论文集》（山东人民出版社1961年版），山东大学历史系编的《孔子及孔子思想再评价》（吉林人民出版社1980年版），中华孔子研究所编的《孔子研究论文集》（教育科学出版社1987年版），罗祖基主编的《孔子思想研究论集》（齐鲁书社1987年版），曲阜师范学院、孔子研究所编的《孔子教育思想论文集》（湖南教育出版社1987年版），中国孔子基金会学术委员会编的《近四十年来孔子研究论文选编》（齐鲁书社1988年版），山西省孔子学术研究会编的《孔子思想研究文集》（山西人民出版社1988年版），中国孔子基金会主编的《儒学国际学术讨论会论文集》（齐鲁书社1989年版），康明轩主编、山西省孔子学术研究会编的《孔子思想研究文集（二）》（山西高校联合出版社1991年版）。这些书收集了有关孔子研究的重要学术成果。

20世纪关于孔子及其思想的重要文章有：章太炎的《原儒》（见章太炎《国故论衡》，国学讲习会1910年版）对儒的起源进行了探讨；胡适的《说儒》（见《胡适学术文集·中国哲学史》，中华书局1991年版）探究什么是儒及儒的起源问题，用新的方法对包括儒法在内的传统文化进行了梳理；冯友兰的《原儒墨》（见《三松堂学术文集》，北京大学出版社1984年版）对儒、墨两家的起源及其思想进行了分析研究；侯外庐的《孔子批判主义社会思想底研究》(见《侯外庐史学论文集(上)》,人民出版社 1987 年版)对孔子的思想进行了深入、系统地研究;此外,关锋、林聿时的《论孔子》(见《春秋哲学史论集》,人民出版社 1963 年版)、李泽厚的《孔子再评价》(见《中国古代思想史论》,人民出版社 1986 年版)、徐中舒的《论甲骨文中的儒》(见《徐中舒历史论文选辑》,中华书局 1998 年版)都对孔子及其开创的儒家学派提出了各自的看法。

三 孔子的思想内容

(一) 孔子的伦理思想

孔子的伦理思想就是仁学。对于"仁"的含义,孔子多有阐发。《论语》中或释为"忠",或释为"恕",亦有其他解释。但携其要旨,则为"爱人"。《论语·颜渊》说:"樊迟问仁。子曰:'爱人'。""仁"是古代已有的道德观念。段玉裁在《说文解字注》中释"仁"为"独则无耦,耦则相亲",认为"仁"所表示的是一种人与人之间的相亲关系。《国语·周语》记载:"言仁必及人。"指出凡讲"仁"必涉及人与人之间的关系。《国语·晋语》释"仁"为"爱亲之谓仁"。《左传》成公九年记载:"不背本,仁也。"把父子、兄弟、夫妻之间的相亲相爱看作为"仁"。由此可见,"仁"所指的"相亲"即具有"爱人"的含义。这为孔子的"爱人"说提供了思想上的依据。同时,"仁"所指的是一种人与人之间的复数关系,"爱人"是指爱自己以外的其他人,是一种相互的爱。

此外,孔子的仁爱学说也是原始社会氏族血亲之爱的反映。氏族社会是以血缘关系为纽带的,血缘之爱成为维持氏族内部关系及该群体赖以存在的基础,"仁"的初始含义就反映了这种血亲之爱的关系。到孔子的时代,原始社会的血缘关系在社会上依然存在,氏族血亲之爱依然流传,在一定程度上依然起着支配人际关系的作用,尽管与原始社会有质的不同。氏族血亲之爱的遗留,无疑为孔子"仁者爱人"说提供了社会历史依据,或者说是孔子把"仁"释为"爱人"的原点。尽管如此,支配氏族公社的血亲关系毕竟发生了变化,这种变化是随着周代分封制的实行而展开的。周王朝建立之初,大规模实行分封,社会结构随之发生变化,表现在氏族通过分封的形式与地域结合了起来,出现了一种血缘、地域二合一的社会政治单位。在这个社会政治结构中,有血缘氏族,也有异姓氏族。血缘已不再是社会结构中的唯一存在。这种社会变化,决定了孔子的"仁"学既要对氏族血亲加以肯定,同时又必须有所突破和发展,把"仁者爱人"扩大到整个社会人际关系中,这是孔子"仁"学产生的时代要求。孔子的"仁"学顺应了时代的需求,将血亲之爱扩大、延伸,变成了人际关系的普遍原则。如原本是血亲之爱的兄弟亦被阐释为"四海之内皆兄弟"[①]。而毫无血亲之爱的朋友之间,则用"信"的道德规范去要求,使之成为"仁"的重要内容之一,赋予之"爱人"的含义。《论语·阳货》记载:"能行五者(恭、宽、信、敏、惠)于天下为仁矣。"这些新的解释均说明孔子的"仁者爱人"已突破旧的血亲界限,扩大到了整个社会群体。

孔子的"仁者爱人"主要包括下列道德内涵:

---

① 《论语·颜渊》。

首先，孔子认为，"爱人"是人的一种本性，是与生俱来的。《礼记·中庸》记载孔子曾言："仁者，人也。"意即"仁"是人的本质属性，"仁"所表现出的普遍的道德精神，成为人有别于动物的标准。而且，既然"仁"为人的本质属性，那么，"仁"的根芽就是人先天具备的，只需要后天的培养与扩张，就可以充分发育成长。"仁者，人也"的阐释，说明了"仁"是人的一种固有的本质，很显然其"爱人"的内驱力来自人自身，正如孔子在《论语·颜渊》中所说的"为仁由己，而由人乎哉"。可见，"爱人"是每个人的自觉行为，也是一种责任，离开了"爱人"，人将不成其为人，社会将不成其为社会。

其次，"仁者爱人"强调个人对社会自觉地履行道德责任。孔子曾把"仁者爱人"释为人与人之间相互承担的一种义不容辞的道德责任，《论语·雍也》谓之"夫仁者，己欲立而立人，己欲达而达人"。凡事都要推己及人，将心比心，自己希望别人怎样对待自己，就以同样的心去对待别人；自己所不愿意要的，就不要加之于别人；自己希望在社会上自立、通达，也帮助别人自立和通达。这样一来，每个人付出与得到的是互相补偿的等同代价，整个社会就会出现一种共生共荣的局面。孔子的这种认识包含着对人的尊重、关心，体现出对人的爱。孔子说这就是为"仁"的方法、为"仁"的第一步，也是应当终身履行的原则。

再次，孔子的"仁者爱人"强调行为主体要具备克己的高度自觉的精神。他说"克己复礼为仁"，就是要使自己的一言一行都符合礼的规定。《论语·颜渊》记载"非礼勿视，非礼勿听，非礼勿言，非礼勿动"的要求，是判定言行是否合于礼的基本标准，也是

"仁"与"不仁"的根本标准。具体地说,最重要的是要做到孝悌。在当时的封建宗法制度下,国家的政治结构建立在宗法制度的基础之上,天子与诸侯、诸侯与大夫的关系,同时也就是父子、兄弟的关系。孝悌正是规范父子、兄弟关系使之和谐而不受破坏的道德要求。所以"其为人也孝悌,而好犯上者,鲜矣;不好犯上而好作乱者,未之有也"①。人做到了孝悌,也就不会犯上作乱了。所以说孝悌是"仁"的根本。"克己复礼"和"孝悌",都反映了孔子想恢复西周礼制秩序的理想。

"克己"的另一层面是利人。孔子认为执政者如果能克己,多关心人民疾苦,减轻人民负担,会得到人民的支持与拥护。《论语·尧曰》提到,"君子惠而不费,劳而不怨,欲而不贪,泰而不骄,威而不猛"为君子的五种美好品德,但这些品德要通过"克己"的方式才能实现,因为不贪、不骄、不虐是需要克制自己的私欲的。可见,孔子是把利人与"克己"等同对待的,始终强调以道德原则为指导来克制其私欲。此外,在孔子看来,克制一己私利是"克己"的一般要求,为实现"仁"而不惜牺牲自我的精神才是"克己"的更高层次的要求。《论语·雍也》记载:"回也,其心三月不违仁,其余则日月至焉而已矣。"做一个真正的"仁"者并不容易,像颜回这样的贤人都难做到,何况他人乎?孔子本人对能否实现"仁"也有所顾虑,"若圣与仁,则吾岂敢"②。《论语·卫灵公》记载:"志士仁人,无求生以害仁,有杀身以成仁。"为了实现道德理想,纵然以生命为代价也是值得的。本来,道德与物质欲望

---

① 《论语·学而》。
② 《论语·泰伯》。

的关系是伦理学的基本问题之一，两者对人的属性而言是等价的，不可或缺。前者能实现德行的规范化，从而保障社会秩序的稳定；后者则使人从社会规范中获得个体的自由。正确处理两者间的关系，是社会发展的需要，也是人自身本质发展的需要。孔子以独特的睿智，提出用"克己"的道德原则实现此两者关系的和谐共处，实现了政治原则远远达不到的效力。

（二）孔子的哲学思想

春秋时期是中国由奴隶社会向封建社会的过渡时期。孔子的思想中即体现了两种社会制度交互影响下的自身矛盾。孔子继承了殷、周以来传统的天命观，有时甚至将"天"视为人世间的主宰者和人格神。《论语·八佾》记载："王孙贾问曰：'与其媚于奥，宁媚于灶，何谓也？'子曰：'不然，获罪于天，无所祷也。'"《论语·季氏》记载："子曰：'君子有三畏，畏天命，畏大人，畏圣人之言。'""获罪于天"是说得罪了上天，祈祷也是没有用的。天能够作威作福，故使人敬畏。董仲舒解释"畏天命"三句话时说："彼岂无伤害于人，如孔子徒畏之哉？以此见天之不可不敬畏。犹主上之不可不谨事。"[①]他把"天"与"主上"对比，正表明孔子所说的"天"是一个人格神。

孔子对于传统宗教观念中的鬼神，并不公开持否定态度，但也不是传统的迷信态度，而是持一种比较清醒的怀疑态度。《论语·八佾》记载了孔子在祭祀祖先和鬼神时说的话："祭如在，祭神如神在。"《论语·雍也》记载了孔子对鬼神的态度是"敬鬼神而远

---

① 《春秋繁露·郊语》。

之,可谓知矣"。《论语·述而》明确地记载:"子不语怪、力、乱、神。"《论语·先进》则记载了孔子在生与死、人与鬼等问题上的谨慎态度:"季路问事鬼神。子曰:'未能事人,焉能事鬼?'敢问死?曰:'未知生,焉知死?'"从孔子在祭祀鬼神时连用两个"如"字来看,孔子是持怀疑态度的,但他又没有完全否定鬼神,只是较为谨慎地谈论这些问题,甚至于采取一种回避的态度。如何才能解释孔子思想所呈现出的这种矛盾呢?早在20世纪80年代初,就已经有人指出"孔子注重人伦关系,重人事而轻鬼神,所以虽然他在理智上怀疑鬼神的存在,但是涉及祭祀鬼神的传统习惯,他就把这一问题提到人伦关系上来考察了"①。孔子主张祭祀并不是因为他真的认为有鬼神存在,而是从人伦关系的基本观点出发来考虑祭祀问题。如《论语·阳货》记载孔子回答宰予问三年服丧期是否长久时说的话:"予之不仁也!子生三年,然后免于父母之怀。夫三年之丧,天下之通丧也,予也有三年之爱于其父母乎?"祭祀只是儒家伦理思想中"孝"道的一种扩充,把生前的孝父母推广到死后,就是敬祀鬼神,目的是报本返始、崇德报功。孔子强调祭祀的真正落脚点是现实社会中的人伦关系,表明孔子是以天和鬼神作为统治的工具,而在主观方面则不一定相信它们的真实性和权威性,故多犹豫怀疑之辞,而他注重和强调的则是人力。

在认识论上,孔子肯定世界是可知的,他不仅认为应当"知仁""知礼""知言""知人",并且对于带有神秘性的"命"和"天命",也认为是可知的。《论语·为政》记载孔子的话说:"五十而

---

① 钟肇鹏:《孔子研究》,北京:中国社会科学出版社,1983年,第64页。

知天命。"《论语·尧曰》中则记载:"不知命,无以为君子也。"他认为社会历史的发展也是可知的。《论语·为政》说:"子张问:'十世可知也?'子曰:'殷因于夏礼,所损益可知也;周因于殷礼,所损益可知也;其或继周者,虽百世可知也。'"认为社会历史的发展变化是可知的。孔子虽把人分为"生而知之"和"学而知之"的,可是他却承认自己的知识是后天学习得来的。在《论语·述而》中,他明确地讲"我非生而知之者,好古,敏以求之者也",并且论述了"学而知之"的过程是"多闻,择其善者而从之;多见而识之,知之次也",把认识过程分成了"多闻""多见""择善""识之"几个过程,坚持认识进程的客观性,尤其强调"毋意、毋必、毋固、毋我"①,重视"行"在认识过程中的作用。孔子还认为,评价人要"听其言而观其行"②"讷于言而敏于行"③,宣扬理论与实际相结合的思想。

在实践中,孔子反对"过"与"不及",主张"中庸"之道,也就是掌握"中"的原则。表现在哲学思想上,他主张"和而不同"④;在感情上,他主张"乐而不淫""哀而不伤"⑤;所谓"礼之用,和为贵"⑥。至于是否达到"中"的标准,则以"礼"来衡量,"约之以礼"⑦。孔子所提倡的"中庸",实际上就是他认识到任何事物的发展变化都有各自的一定限度,强调处理事情时应该把握这个

---

① 《论语·子罕》。
② 《论语·公冶长》。
③ 《论语·里仁》。
④ 《论语·子路》。
⑤ 《论语·八佾》。
⑥ 《论语·学而》。
⑦ 《论语·雍也》。

度，否则容易导致偏激和片面，走向极端。

（三）孔子的政治思想

在政治思想方面，孔子继承了西周以来重人道、重德治的传统，反对苛政、暴政，提倡德政。他在《论语·为政》中说："为政以德，譬如北辰，居其所而众星共之。"他认为德的核心是"仁"，统治者对老百姓要有爱心，做到"惠而不费，劳而不怨，欲而不贪，泰而不骄，威而不猛……因民之所利而利之"[1]，关心人民疾苦，根据民众利益而制定政策，给其施以恩惠，确保人民生活安乐，这样政治才会昌盛，国家才能久治，强调以道德为礼制的基础、以道德教化作为治国的基础。同时他也认识到德与礼对于为政的重要性，主张两者结合。在《为政》中他讲道："道之以政，齐之以刑，民免而无耻；道之以德，齐之以礼，有耻且格。"意思是说，用政策来管理、领导，用刑罚来整治、规范，民众只求免于受罚，心中并无耻辱的感觉，用德行来管理，用礼制来规范，民众有耻辱感，且内心认同而自愿归依，所以要唤醒人们的道德意识，让人们自觉地遵守社会秩序。孔子主张用德与礼相结合的办法为政，亦即行"德政"，使人心悦诚服，从外在行为到内心世界都追求一种自觉向善的道德境界，从而实现和谐有序的文明秩序。因此，他主张用礼制来整治、规范社会关系和行为方式，实现社会秩序的安定和人际关系的协调。

在孔子看来，德治的具体办法就是"正名"与礼让。在《论语·颜渊》中，孔子明确地指出，"正名"就是"君君、臣臣、父

---

[1]《论语·尧曰》。

父、子子",各阶层的人都要各安其分,各守其位,严守等级之间的界限。"礼"则是孔子用来"正名"的工具。《礼记·曲礼上》记载:"道德仁义,非礼不成;教训正俗,非礼不备;分争辨讼,非礼不决;君臣上下、父子兄弟,非礼不定……是以君子恭敬、撙节、退让以明礼。"为了使礼成为人们社会生活中自觉遵守的规范,孔子极力强调周礼的功用,推崇周礼为万世不易之大经大法,从而被许多人认为政治思想上具有复古倾向。事实上,孔子所谓的"礼",是一种经过改造的礼,它所追求的是一种非法律维持的文明秩序,敬让是其要义。如《论语·里仁》记载孔子的话说:"能以礼让为国乎,何有?不能以礼让为国,如礼何?"刘宝楠《论语正义》说:"让者,礼之实;礼者,让之文。先王虑民之有争也,故制为礼以治之。礼者,所整壹人之心志,而抑制其血气,使之咸就于中和也。"让是礼之实,是礼之主,是礼的具体内容和精神实质所在。孔子给古老的"礼"注入了"仁"的精神之后,使礼充满了仁爱,能从思想深处激发人们互尊互爱的道德意识,自觉地限制自己的行为举止,这样也就达到了"正名"的要求。

(四)孔子的教育思想

孔子是我国古代著名的教育家,一生中有大量的时间从事教育事业,教出了许多有才干的学生,在教育实践中取得了丰富的经验,同时对于古典文献的整理具有相当贡献。

西周以来的文化教育为奴隶主贵族所垄断,只有贵族子弟才有权利接受教育,这叫官学。当时的学校有小学与大学。小学所学的是礼、乐、射、御、书、数,主要是技艺、仪节及文化基础教育,称为六艺。大学学习的课程是《诗》《书》《礼》《乐》《易》《春秋》，主要是理论学习，也叫六艺。小学到大学的学习是由艺而达于道、由节文而至于成德的过程，受教育者从掌握技术、仪节开始，最终成为德、行、道、节兼备的人才，这是西周贵族教育培养的目标。

孔子是我国历史上第一个创办私人讲学的人。他主张"有教无类"①。在《论语·述而》中他坦然地讲："自行束脩以上，吾未尝无诲焉。"与此同时，他还提倡"学而优则仕"②，认为学好了本领，就可以入仕，参与国家的治理。这不仅突破了西周以来贵族教育的局限，而且在一定程度上打破周朝世官世禄下对做官人员身份的限制，具有积极的意义。

孔子长期以来从事教学实践，在人才的培养和教育方法上总结出许多可贵的教学经验。如孔子注重因材施教和循序渐进的启发教育，注重对学生性格的了解和培养。在教学过程中，注重采取引导式的启发教育，使学生掌握学习的方法和技巧，以便学生可以触类旁通、举一反三。在教育思想上，孔子强调言行的一致。他认为对一个人的观察要通过他的行动来检验。《论语·子张》谓"君子耻其言而过其行"，他要求学生"敏于事而慎于言"③，多做少说。孔子还十分注重学习和思考的统一。《论语·卫灵公》记载孔子曾讲："吾尝终日不食，终夜不寝以思，无益，不如学也。"但是只是读书，而不开动脑筋，也会使人迷失方向，在《论语·为政》中他也强调"学而不思则罔，思而不学则殆"，把学习与思考的过程看作

---

① 《论语·卫灵公》。
② 《论语·子张》。
③ 《论语·学而》。

是一个完整连续的认知过程。

此外，孔子也强调学习态度的端正性与教学态度的严肃性。他在《论语·为政》中明确提出要坚持"知之为知之，不知为不知，是知也"的求实原则；在《论语·述而》中则提出要坚持"学而不厌，诲人不倦"的教学精神。孔子这些闪烁着我国古代教育思想智慧结晶的理论，一直在后世的教学实践中发挥着积极的作用，对我国的教育事业起了重要的推动作用。

孔子在长期从事教育事业的过程中，对学生所用的教材进行了整理与修订。《史记·孔子世家》记载："孔子以《诗》《书》《礼》《乐》教，弟子盖三千焉。"可见《诗》《书》《礼》《乐》是孔子教一般学生的教材。至于《易》《春秋》，都是孔子晚年才开始研习和整理的。孔子认为二书甚过精深，不宜作为普通教材，只有少数弟子才精通的，所以才有"身通六艺者七十有二人"的说法。经过孔子编辑加工整理的六艺，成为后世儒家的经典著作，被称之为"六经"，对中国的政治、经济乃至思想文化、教育事业产生了重大而深远的影响。

第十七章　老子及其学说

一　《老子》的成书时间及思想源流

老子（约公元前580年—公元前500年），道家学派的创始人，姓李名耳①，字聃，楚国苦县（今河南鹿邑东）人。"周守藏室之史也"②。班固在《汉书·艺文志》中曾说："道家者流，盖出于史官，历记成败、存亡、祸福、古今之道，然后知秉要执本，清虚以自守，卑弱以自持，此君人南面之术也。"他提出了道家学派乃起源于史官，正是由于史官的特殊职业与身份地位，才使其纵横古今、以古喻今，更具备客观总结、概括人类社会发展规律的优越条件。作为道家学派核心的"道"，也因而成为总结历史上统治者的"成

---

①　关于老子其人及其生平、生活年代，历来都有争议。司马迁在著《史记》时，对老子其人的年代、经历已不十分肯定，客观地记述了当时即有三种说法：一说是周烈王时见过秦献公的周太史儋，一说是楚老莱子，一说是孔子曾经向他问礼的老聃。今人较多赞成第三种说法。如张岱年认为："老子就是春秋末年的老聃，与孔子同时。"（见王博：《张岱年先生谈荆门郭店竹简〈老子〉》，陈鼓应主编：《道家文化研究》第17辑，第23页。）

②　《史记·老子韩非列传》。

老子像

败、存亡、祸福"变化的自然规律。

事实上,在春秋时期,中国的政治思想界逐渐形成了一个"道"的概念,用"道"来对社会现象和自然现象进行某种总结概括,进而把握事物发展变化的自然规律,提出了在政治斗争中以弱胜强、欲夺先与、审时度势等一套应对策略。如公元前595年楚国围攻宋国,次年宋向晋告急,晋景公要出兵救宋,大夫伯宗劝谏说:"天方授楚,未可与争。虽晋之强,能违天乎?谚曰:'高下在心。'川泽纳污,山薮藏疾,瑾瑜匿瑕,国君含垢,天之道也,君其待之。"① 伯宗认为,当敌人强大时,必须采用暂时忍辱、委曲求全的策略来对付,这是符合"天之道"的。这个委曲策略后来为老子所继承而发挥,《老子》七十八章说:"是以圣人云:受国之垢,是谓社稷主。"既然称为"圣人云",分明是继承前人的见解。到春秋中后期,这个"天之道"越来越多地为许多士绅大夫所接受、认可。据《左传》昭公十八年(公元前524年)记载,子产在驳斥神灶的天人感应的星象时说:"天道远,

---

① 《左传》宣公十五年。

人道迩，非所及也，何以知之？灶焉知天道？是亦多言矣，岂不或信？"子产把天象（自然界）的运行与人事（人类社会）的兴废概括为天道与人道，是对道的丰富内涵的进一步发挥。公元前484年，当吴王夫差放弃对强敌越国的防范而北上伐齐时，伍子胥以死劝谏，坦言"吴其亡乎！三年，其始弱矣，盈必毁，天之道也"①，把"盈必毁"看作是"天之道"。越王勾践的大臣范蠡也多次进谏，请越王按"天道"行事，劝曰："上帝不考，时反是守，强索者不详。得时不成，反受其殃……无过天极，究数而止……必顺天道，周旋无究。"越王终究未听，伐吴失败，不得不在吴国"卧薪尝胆"三年，才等来了伐吴的机会②。《史记·越王勾践世家》记载了范蠡等人为勾践出谋划策时说的话："臣闻兵者凶器也，战者逆德也，争者事之末也。阴谋逆德，好用凶器，试身于所末，上帝禁之，行者不利""汤系夏台，文王囚羑里，晋重耳奔翟，齐小白奔莒，其卒王霸。由是观之，何遽不为福乎？"可见，子产、范蠡、伍子胥等人所说的"道"，是总结历史经验教训后得出的结论。老子身为王室的守藏室之史，精通三代历史，对当时的社会现实有深刻的体会，以古鉴今，高瞻远瞩，在把握自然规律、人类社会发展规律方面形成自己独特的见解，这也是老子所创学派以"道"做为整个思想体系的核心原因所在。

据《史记·老子韩非列传》记载，老子晚年因看到周室衰微而隐去，途经函谷关时，在守关令尹喜的要求之下"乃著书上下篇，言道德之意五千余言而去，莫知其所终"。流传至今的我国古代哲

---

① 《左传》哀公十一年。
② 《国语·越语下》。

学著作《老子》(又称《道德经》)，相传即是老子所作。

关于《老子》的成书年代，学术界历来意见不一，有春秋说、战国说等①。今人较多赞同春秋说。如顾德融指出：早在西汉时司马迁就说过，成书于战国时的《庄子》一书"其要本归于老子之言"。魏晋玄学兴起后，《庄子》一书才得以与《老子》并为道家所宗，"老庄"才得以并称。1993年在湖北荆门战国中期的楚墓中出土了竹简本《老子》，比马王堆帛书本《老子》要早一百二三十年。根据抄写年代应早于墓葬年代推论，简本《老子》的传抄约在战国中期或更早。而推断它的成书年代，当在春秋时期②。我们认为，由于时代的局限性，古代文献著作从一开始出现到最后定型都有一个相对缓慢的过程，《老子》一书也是如此。1993年郭店楚简《老子》甲、乙、丙三组文献的出土，本身也说明《老子》一书在传承了老子思想的基本核心内容的同时，仍在不断地补充与完善发展，因此很难把它断定在具体什么时间成书。即便是《老子》晚出于春秋之后，也必须承认其基本思想反映的是春秋末期的老子的思想核心。老子与《老子》之间有着不可分割的关系。

关于《老子》一书的版本，目前可见的有三种：一是传世的文

---

① 关于《老子》一书的成书年代，侯外庐断定成书于孔、墨之后，其关键性的论据主要有两点：一是老子的道家思想显然是对孔、墨的批判发展；二是古代私人学术创始者必须有他的信条，而不能一开始就出现怀疑哲学（参见侯外庐、杜守素等：《中国思想通史》第1卷下册，第九章《老子思想与其历史价值》，北京：三联书店，1951年）。杨宽断定《老子》成书于战国初期，其主要依据是从其对战国中期黄老学派有重大影响来看（杨宽：《战国史》（增订本），上海：上海人民出版社，1998年，第475页）。胡适则主张春秋说（《胡适学术文集·中国哲学史》，北京：中华书局，1991年，第742页）。曹大林认为《老子》成书于孔、墨之后的战国，但它的基本思想源于春秋末年曾做过周朝守藏室之史的老聃（曹大林：《中国传统文化探源——先秦儒墨法道比较研究》，长春：吉林人民出版社，1998年，第330页）。

② 顾德融、朱顺龙：《春秋史》，上海：上海人民出版社，2001年，第382页。

献本;二是1973年湖南长沙马王堆汉墓出土的两种帛书本;三是1993年湖北荆门郭店楚墓出土的简本。其中前两者在内容上基本相同,仅有某些篇目在排列顺序上有所不同。如文献本是《道经》在前、《德经》在后,而马王堆的帛书本则是《德经》在前、《道经》在后,次序正好相反。简本《老子》分为甲、乙、丙三组,它的绝大部分文句与今本《老子》相近或相同,但不分《道经》与《德经》,文章的章次也与今本不相对应,其内容散见于通行本《老子》的三十一章中。从词义上看"简本丙更接近帛书本,而简本甲则与帛书本相去较远"①。简本的思想内容在一些关键性的字句上与通行本、帛书本有较大的差异,为研究早期道家思想提供了新的资料。

同道家源流的争论相联系,中国思想史学界和哲学界对《老子》一书的思想价值及历史地位的评说就更加有分歧了。但主流是评价过低。从20世纪50年代末起一直到20世纪70年代,出于政治斗争的需要,理论界把《老子》一书当作没落奴隶主阶级的反动世界观而加以批判。80年代以后,这种情况开始有了根本性的改变,对老子做全面的、历史的、实事求是的分析,老子及其学说的历史地位和现代价值开始受到了学人们越来越多的关注和重视,对《老子》一书的评价,渐趋公允与准确。有学者指出:"无论在中国思想史上还是在世界哲学史上,《老子》一书都是一座瑰丽的丰碑。"②在中国思想史上,是《老子》一书第一次哲学地考察包括自

---

① 彭浩:《郭店一号墓的年代与简本〈老子〉的结构》,陈鼓应主编:《道家文化研究》第17辑,第17页。
② 曹大林:《中国传统文化探源——先秦儒墨法道比较研究》,长春:吉林人民出版社,1998年,第332页。

然界和人类社会在内的世界总体，并初步地提出世界的物质统一性问题，为以后中国两千多年的哲学发展奠定了发展的方向；也是《老子》一书第一次多方面地提供了认识包括自然界和人类社会在内的整个世界的辩证思维方法，在两千多年中成为中国辩证思维的一个典范，一直到近现代西方更高级的辩证法传入中国后，才打破了这种局面；同样是《老子》一书提出了不同于儒、法的治国方略，成为中国封建社会统治阶级在一定历史条件下，调整政策、安定社会、发展经济的一种重要的理论依据。1993年郭店楚简的出土，为早期道家学说的研究提供了新的资料，进一步促进了道家早期学说研究的深入，推动了一大批学术专著涌现。如：福建人民出版社2002年出版了熊铁基的《二十世纪中国老学》一书，对20世纪中国老学做了全面的述要，对老子的思想做了新的诠释，并对五六十年代的老子学术大讨论做了认真回顾和评价，同时对新时期老学研究的发展状况做了总结，是20世纪中国老学研究的重要成果之一；此外，上海文艺出版社2002年出版了郑鸿的《老子思想新释》一书，该书以全球文化的眼光和现代学术的方法，对老子的思想进行了系统的梳理与讨论，展现了一幅老子思想的新画卷；南京大学出版社2001年出版了陈鼓应的《老子评传》一书，对老子其人及其思想进行了深入的研究，提出了许多新的见解，是近年来老学研究的一部非常重要的著作；生活·读书·新知三联书店1999年出版了陈鼓应主编的《道家文化研究》第17辑，收集了当时对简本《老子》研究的相关重要文章，标志着中国的老学已迈入了一个新的发展阶段。

二 《老子》思想学说

(一)《老子》的"道"

"道"是《老子》思想体系的最高范畴,具有两重意义:一方面,"道"是至高无上并产生宇宙万物的根源;另一方面,"道"是作为万物的本质和运行规律。这两重意义是相互依存的,是一个存在物的两个方面。

作为万物起源和本质的道具有以下特质:

第一,道是天地万物之母。《老子》四十二章记载:"道生一,一生二,二生三,三生万物。万物负阴而抱阳,冲气以为和";简本《老子》甲组的记载为:"有道混成,先天地生……可以为天下母。未知其名,字之曰道,吾强为之名曰大",两者的思想是一致的。可见,在老子那里"道"是先天地而生的天下之母,是产生宇宙万物的根源。

第二,道是没有具体形态的东西。《老子》十四章记载了道是一种"视之不见""听之不闻""搏之不得"的东西,是"无状之状,无物之象,是谓惚恍"。但《老子》二十一章则记载:"道之为物,惟恍惟惚。惚兮恍兮,其中有象;恍兮惚兮,其中有物;窈兮冥兮,其中有精;其精甚真,其中有信。"也就是说,尽管道是一种无具体形状的、人的感官不能感知的物体,然而它并非虚无,"其中有物","其中有象",无具体性状的道中有生成天地万物的潜在性状。如三十二章中所言"道常无名,朴虽小,天下莫能臣",进一步说明道是生成万物的始基之物。朴虽然不具任何木器的形态和性能，但所有木器及其使用价值都是由朴产生的；朴虽然微不足道，甚至于连名称也没有，但它却是天下万物之母、之始。

第三，道是无欲、无为的自然之物。《老子》三十七章说："道常无为而无不为。"道无为是无意作为而不是不作为；正因为道无意作为，道才无不作为而生成万物。第五十一章中又提到，道"生而不有，为而不恃，长而不宰"。道生长万物而不据为己有，有所作为而不居功自傲，有所成长而无意成为主宰，这就是道的性质。第三十四章说："大道氾兮，其可左右。万物恃之以生而不辞，功成而不有。衣养万物而不为主，常无欲，可名于小；万物归焉而不为主，可名为大。"大道生成和养育万物是不知不觉的，也没有什么目的，道的"常性"（本质）是无欲的，因此可命名为小；万物都包容于其中，它也无主宰万物的意念，因此也可命名为大。正如第二十五章所说"故道大，天大，地大，人亦大。域中有四大，而人居其一焉。人法地，地法天，天法道，道法自然"，也就是第三十七章所说的"万物将自化"。

最后，道是永恒的、无限之物。在老子看来道生成万物，而万物复归于道，如此循环反复，以至于无所不包。该书第二十五章记载："吾不知其名，强字之曰'道'，强为之名曰'大'。大曰逝，逝曰远，远曰反。"因为道包容万物，所以"大"；道生万物，从空无变成实有，远离了空无，所以"远"；万物生长变化的结果又"各复归其根"，所以"返"。

作为万物本质和运行规律的道，是一种无知无欲、不以神或人的意志为转移的，并且包容包括人在内的天地万物的永无止境不停自化的自然存在。在《老子》一书中它有以下几种内涵：

第一，道生万物出于自然。一方面，道无知无欲、无意作为，道生成万物出于自然本性；另一方面，道是母，道生出万物、包容万物，却没有任何先于它或高于它的东西来生成它或运转它。《老子》第四章记载："道冲，而用之或不盈。渊兮，似万物之宗。挫其锐，解其纷，和其光，同其尘。湛兮，似或存。吾不知谁之子，象帝之先。"这说明，道是绝对的，道产生万物，即使有所谓天帝，也是在道之后，是道的产物。

第二，道的规律性作用于万物，产生了万物的规律性。该书第四十章中提出"反者道之动"的原理。"反"即向相反的方向发展，而发展到了相反的方向以后，又要向相反的方向发展，回到原初的状态，因此，"反"是发展的总规律。《老子》一书中的"反"具有对立转化和返本复初的含义。第二章中"有无相生，难易相成，长短相较，高下相倾，音声相和，前后相随"，即是对"反"的这个总规律的说明。此外，《老子》一书把动与静紧密地联系在一起，认为道在静时包含着动，动时包含着静，道在动的过程中产生了无穷无尽、广大无边的万物。但是这些千差万别的万物最后又必然消失，回归到没有具体形态的道中，具有返本复初的规律。书中第十六章说："夫物芸芸，各复归其根。归根曰静，静曰复命。"阐述了归根复命是芸芸众物的规律。第二十三章说："故飘风不终朝，骤雨不终日。孰为此者？天地。天地尚不能久，而况于人乎？"万物有生有灭，而道则不然。第二十五章记载道的特征是"独立而不改，周行而不殆"，第五章对道做出比喻："天地之间，其犹橐籥乎？虚而不屈，动而愈出。"道如同风箱和管笛一样，看来其中是空虚的，但鼓动起来时，其中的气是无穷无尽的。道所以具有这种永恒的性质,是因为它在动的过程中生成了万物,而万物却在静的过程中又返还于道。道的永恒性在于道是一个永远不能完结的过程,因为它永不完结,所以可以视为静;然而天地万物乃至人则有生有灭,最后无一不复归于没有具体形态的道中。

第三,作为道的体现的万物是一个由生到灭的自化过程,包括一切的道从整体上看虽然永恒不变,但由其生成的万物则无一不处在自化之中。《老子》一书据守雌性与崇尚柔弱的特征是很明显的①,因为雌性的生育现象表现为一种循环往复,雌性代表着新生命的孕育。作为万物之母的道,其永恒性与无限性无不与其守雌特性有关。书中第四章记载:"道冲,而用之或不盈。渊兮,似万物之宗。"第五十一章记载:"故道生之,德畜之,长之育之,亭之毒之,养之覆之。生而不有,为而不恃,长而不宰,是谓玄德。"道生出万物,并且继续养育万物,使万物得以生长成熟直至灭亡,完全是天地之母的形象。《老子》一书崇尚柔弱而轻视强壮是因为强壮标志着万物走向衰亡,柔弱则是万物生成的开始。第四十章指出:"反者,道之动,弱者,道之用。"指出了无具体形状的道由静而动,生成万物。第七十六章记载:"人之生也柔弱,其死也坚强。草木之生也柔脆,其死也枯槁。故坚强者,死之徒;柔弱者,生之徒。……强大处下,柔弱处上。"柔弱会变成坚强,幼小会变成强大,但强大、坚强意味着走向死亡。生、长、死亡是万物不可避免的自化过程。

(二)《老子》的政治思想

虽然《老子》一书是一部关于宇宙生成的哲学著作,但它也是

---

① 刘宝才:《先秦文化散论》,西安:陕西人民出版社,2001年,第256页。

一部关于政治得失和道德善恶的政治著作。有别于先秦其他学派的是，老子是站在否定古代流传下来的和当时刚刚建立或各学派极力争取建立的政治制度及道德观念的立场上来讲政治和道德的，他主张的是同任何一种积极政治和强制性道德标准相对立的无为政治和自然道德。老子反对法治，认为法令滋彰反而造成盗贼多有；反对有为而治，认为老百姓所以难治，是因为统治者"有为"；反对多征租税，认为苛捐杂税是老百姓饥饿的原因；反对墨家和法家的"尚贤"，认为尚贤容易引起老百姓的纷争；反对战争，认为战争带来无穷的灾难；也反对儒家主张的"礼治"，认为"礼"已成大乱的祸首。老子提出的理想政治模式和社会模式是"无为而治"和"小国寡民"。

老子从"道"的学说出发，对"无为而治"做了系统论述。《老子》第五十一章记载："道生之，德畜之，物形之，势成之。是以万物莫不尊道而贵德。道之尊，德之贵，夫莫之命而常自然。故道生之，德畜之，长之育之，亭之毒之，养之覆之。生而不有，为而不恃，长而不宰，是谓玄德。"道是万物获生的根源，而作为社会休征的德则使自然生长的东西按其本性得到繁衍、发育、养护、结果；统治者不去占有、把持和主宰社会成果，真正体现道法自然的无欲无私的精神，才是最高尚的、同于大道的德行。第二十五章说："人法地，地法天，天法道，道法自然。"第十七章说："功成事遂，百姓皆谓我自然。"第二十三章说："希言自然，故飘风不终朝，骤雨不终日。"统治者治理国家的最好办法是效法"自然"，"自然"就是"希言"——少施政教，少发号令。苛烦的政令犹如暴风骤雨，是不能持久的。"道"和"德"之所以尊贵，就是因为顺任自然而不干涉。理想的统治者——圣人，应该从中解脱出来，顺任自然界而不要有所作为。

《老子》第八十章中十分细致地描述了"小国寡民"理想社会模式："小国寡民，使有什佰之器而不用，使民重死而不远徙。虽有舟舆，无所乘之；虽有甲兵，无所陈之。使民复结绳而用之。甘其食，美其服，安其居，乐其俗。邻国相望，鸡犬之声相闻，民至老死不相往来。"老子的社会模式是一个舍弃文明而守其朴素的社会，是和《礼记·礼运》记载的孔夫子所喟叹的"大道之行"的大同社会一样，都是理想化了的原始公社，是不切实际的幻想。

为了实现这个不切实际的幻想，《老子》一概反对原始公社解体后的社会变迁，特别是反对在春秋战国之际的变革中应运而生的儒、墨、法三家的仁、义、法。第三十八章记载："故失道而后德，失德而后仁，失仁而后义，失义而后礼。夫礼者，忠信之薄而乱之首也。"《老子》把道、德、仁、义、礼这些既属于道德也属于政治的范畴看成是一个先后演化的过程：在人类社会最初阶段是"道"统治的，一切顺任自然，完全的"无为"；第二阶段是"德"统治的，也是"无为"的；第三阶段是"仁"统治的，"为之"却出于无意；第四阶段是"义"统治的，"为之"且出于有意；第五阶段是"礼"统治的，"为之"却得不到响应，于是就伸出手臂来使人强就，即用强力使人服从。老子对社会历史的这种描述，反映出古代思想史上"德""仁""礼""义"几个范畴产生的历史顺序，客观上是一个重要贡献。但是他认为每后一阶段与前一阶段相比，离"无为"越远，美的东西越少，丑的恶的东西越多。尤其是由周初流传下来的孔子要为其注入改革新内容的礼治，更是等而下之，视为一切祸乱的罪魁祸首。为了做到像大自然那样"无为"，在第三章中老子提出了"是以圣人之治，虚其心，实其腹，弱其志，强其骨。常使民无知无欲，使夫智者不敢为也，为无为，则无不治"的观点。

围绕"无为而治"这个总的纲领，《老子》提出了许多的政治方针和策略思想。归纳起来有以下几方面：

第一，柔弱胜刚强。老子把世界上事物发展变化的自然规律，称为"天之道"或"道"。他认为事物之间普遍存在对立的矛盾，矛盾着的双方经常向它的反面运动变化，这是变化的自然规律，所以他说："反者道之动。"正因为事物经常向它的反面转化，掌握和运用这个规律，可以制定防止失败、争取胜利的斗争策略。然而，他对这个自然规律的认识存在着严重缺点，他把事物的运动变化看作不是上升前进的而是循环反复的过程，因而他制定的斗争策略，把柔弱的、卑下的一面看作根本的一面，只有站在这根本的一面才能保证立于不败之地。因为原来刚强的到了饱和点就会转向衰弱，归于失败；而原来柔弱的可以坚持斗争，逐渐增强，反而能够取得胜利。书中第四十三章记载："天下之至柔，驰骋天下之至坚。"第七十六章说："兵强则不胜，木强则折。"第八章记载："上善若水。水善利万物而不争，处众人之所恶，故几于道。居善地，心善渊，与善仁，言善信，正善治，事善能，动善时。夫唯不争，故无尤。"水有利于万物，万物须臾也离不开水；但是水又是天下最柔弱的东西，它流归大家谁也不愿去的低洼不毛之地，没有任何利益争夺。这是从正面要求统治者多做好事，少行强制和争抢，这样就会减少人民的怨尤，人民会像离不开水那样离不开统治者，从而使统治者的地位得到巩固。

第二,提倡节俭,减轻人民负担。第六十七章记载:"我有三宝,持而保之。一曰慈,二曰俭,三曰不敢为天下先。慈故能勇;俭故能广;不敢为天下先,故能成器长。今舍慈且勇,舍俭且广,舍后且先,死矣。夫慈,以战则胜,以守则固。天将救之,以慈卫之。"要求统治者抑制贪婪成性,在经济上减轻剥削。只有对人民慈惠,节俭办事,不抢人之先、大事铺张,给人民以安稳的生活条件,才能得到人民的拥护,永保社稷江山。

第三,顺应自然和民心。第二章记载:"是以圣人处无为之事,行不言之教。万物作焉而不辞,生而不有,为而不恃,功成而弗居。夫唯弗居,是以不去。"第四十九章记载:"圣人无常心,以百姓心为心。"反复强调统治者要顺应民心,以百姓心为心,而不自以为是,一意孤行。同时强调要顺应自然,常处无为之间,反对有为政治。

《老子》无为而治的政治思想如同当时其他政治学派一样,是为统治阶级绘制的治国蓝图,但在其思想的展开中却也揭露了当时社会的种种弊病,如第七十五章中就明确地指出:"民之饥,以其上食税之多,是以饥;民之难治,以其上之有为,是以难治;民之轻死,以其上求生之厚,是以轻死。"深刻揭示了统治者与被统治者之间在经济上剥削与被剥削的对立关系,在政治上"有为"与"难治"的斗争,指出老百姓铤而走险的根本原因是由于统治者贪得无厌。第五十三章中则说:"朝甚除,田甚芜,仓甚虚;服文采,带利剑,厌饮食,财货有余,是为盗夸。非道也哉!"把统治者比作是强盗头子,咒骂他们无道,在一定程度上代表了人民的立场。

同时，它也反映了人民为了维持生存而希望统治者能够减轻剥削、顺应民心、关心人民疾苦的强烈愿望。无为而治与有为政治在表面上看俨然不同，然而其治国安邦的最终目的是完全一致的。抨击时弊是为了纠不良之风气、扶大厦于将倾，然其体恤民情、要求统治者放松压迫、减轻剥削的思想，在一定程度上可以让人民得到休养生息，客观上有利于社会经济的恢复和发展，所以其学说在汉代以后受到历朝历代统治者的重视，对中国的为政方策产生了深远的影响。

（三）《老子》的辩证法思想

老子把世界上事物发展变化的自然规律称为"天之道"或"道"。他认为事物之间普遍存在对立的矛盾，矛盾着的双方经常向它的反面运动变化，这是变化的自然规律，所以他说："反者道之动。"①这一观点，在《老子》一书中多有表述，内容有涉及自然和社会一般现象的，也有涉及政治得失的，甚至有关于军事策略和伦理道德等多方面的。如，第二章"有无相生，难易相成，长短相较，高下相倾，音声相和，前后相随"，第二十二章"曲则全，枉则直；洼则盈，敝则新；少则得，多则惑"，第三十章"物壮则老，是谓不道，不道早已"，第四十一章"大方无隅，大器晚成，大音希声，大象无形"，第五十八章"祸兮福之所倚，福兮祸之所伏"，第六十六章"江海所以能为百谷王者，以其善下之，故能为百谷王。是以欲上民，必以言下之；欲先民，必以身后之。是以圣人处上而民不重，处前而民不害。是以天下乐推而不厌。以其不争，故

---

① 《老子》第四十章。

天下莫能与之争",第七十六章"人之生也柔弱,其死也坚强。万物草木之生也柔脆,其死也枯槁"等等。

《老子》一书从当时所能接触到的各个方面考察和反映了天地万物以及人类社会对立面之间的不可分割和各自向自己的反面转化的事实,成为中国古代辩证法思想的集大成者。近年来,随着老学的进一步深入发展,关于老子的思维模式或思维方法成为学人们关注的热点。有的学者指出:孔子走的是一条以血缘亲疏关系为基础的人伦主义道路,在思维方法上,则提出了一个名为"中庸"的最高标准;老子走的是一条"致虚观复的思维路线",一种更能反映客观世界真实性的思维方法,他的思维方法是以整个世界的有和无、动和静、永恒和变化、有为和无为这些对立面的总体性的相互转化为基础展开的[①]。上面所举事例就是整个世界矛盾运动的具体表现及其在思维方法上的反映。可以说,老子的辩证法思维方法是对古代中国人相习悠远的中庸主义的一次革命,它具有使中国人摆脱不偏不倚、适可而止的传统道德观念和思维方式的束缚,如实地认识客观世界对立统一的矛盾运动,并创造条件使矛盾按照有利于人类的方向解决的巨大潜力。

但是不可否认,《老子》的最大弱点在于它的道说是一个循环的封闭体系,对立面的相互转化不具有发展的性质——道生出宇宙万物,而万物又复归于道——这就难免使其失去辩证法的丰富性。书中第五十二章记载:"天下有始,以为天下母。既得其母,以知其子;既知其子,复守其母,没身不殆。"似乎人只要静观了道与

---

① 曹大林:《中国传统文化探源——先秦儒墨法道比较研究》,长春:吉林人民出版社,1998年,第358页。

万物之间的永不间断的相互转化——循环往复，就可以无所不知了。老子的"无为而无不为"取消了不断深入认识世界的必要性，如此的思维方法当然也就难有总体上的指导意义。但是也不可否认，《老子》的思维方法在社会生活的某些领域中曾发挥过重要的作用，尤其是治国方略和军事战略指导思想方面。如第三十六章"将欲歙之，必固张之；将欲弱之，必固强之；将欲废之，必固兴之；将欲夺之，必固与之"，就是辩证法在政治斗争、军事斗争上最巧妙地运用例证。

第十八章　科学与技术

春秋时期由于生产力的发展，使我国科学技术的发展进入第一个高潮阶段。

一　天文历法的进步

天文与历法是中国科学史上最悠久、最辉煌的成就之一。

中国古代的人们相信，天体和人间社会可以相互感应，天象的变化乃是上天对人间祸福的警示。这种独特的文化心理不仅使历代统治者垄断了一切天文占验，而且还促使他们设立专门的机构、安排专职人员认真地观测天象，以便寻找天象和人事的某种联系，因而中国古代天文学具有与政治联系紧密、为历代统治者所重视的特征。

春秋时期，由于战争频繁，水旱灾害也不断发生，人们生活很不安定，因而占星术十分盛行，中国早期的天文学家几乎都是占星家。通过占星活动去不断观测和研究天象，预测五星的运动方位和日食、月食的发生，为我国天文资料的积累以及天体运动的揭示创造了有利条件。

在天象观测方面，这一时期留下很多珍贵记录。从鲁隐公元年（公元前722年）到鲁哀公十四年（公元前481年）的二百四十二年中，仅《春秋》一书就记录了三十七次日食。这三十七次记录中，至少有三十五次已证明是确定无疑的。《春秋》一书的记录是在当时条件下相当完整的大食分的观测记录。例如，最早的一次是鲁隐公三年二月己巳日（公元前720年2月22日）的日全食，比西方的记录早了一百三十五年。又例如，鲁昭公在位三十二年，在鲁国当时的都城曲阜可以见到的日食《春秋》基本上全有记载[1]。《春秋》鲁文公十四年（公元前613年）秋七月记"有星孛入于北斗"，天文学家公认这是世界上最早的关于哈雷彗星的记录，比欧洲的记载早了六百七十多年。《左传》中"夏四月辛卯，夜恒星不见，夜中星陨如雨"[2]，是公元前687年3月16日发生的流星雨现象，这是世界上关于天琴座流星雨的最早记录。《春秋》僖公十六年记有"陨石于宋五"，是最早的陨石记录。

春秋时期，我国已掌握了相当的星宿知识。《左传》昭公元年载："昔高辛氏有二子，伯曰阏伯，季曰实沈，居于旷林，不相能也，日寻干戈，以相征讨。后帝不臧，迁阏伯于商丘，主辰。……迁实沈于大夏，主参。"这里所说的参、辰分别指商星和参星两个星座。在我国天文学发展史上占重要地位的二十八星宿体系，就形

---

[1] 详见张培瑜《〈春秋〉、〈诗经〉日食和有关问题》，《中国天文史文集》第3集，北京：科学出版社，1984年，第111—115页。

[2] 《左传》庄公七年。

成于这一时期。二十八星宿的顺序是：东方七宿（苍龙）：角、亢、氐、房、心、尾、箕；北方七宿（玄武）：斗、牛、女、虚、危、室、壁；西方七宿（白虎）：奎、娄、胃、昴、毕、觜、参；南方七宿（朱雀）：井、鬼、柳、星、张、翼、轸。二十八星宿是把黄道附近的星象划分为二十八个不同的星区部分，每个部分即为一宿，其中部分星宿的名称在《诗经》《夏小正》等书中也有记载。

春秋时期，我国已能用立圭表测日影的方法精确测定冬至时刻，较准确地推求回归年的长度。《左传》中有两次冬至时刻（当时叫日南至）的记录，一次在鲁僖公五年（公元前655年）正月辛亥，一次在鲁昭公二十年（公元前522年）二月己丑，这是我国观测冬至时刻的最早记录。春秋中期以后，古人已能推定一个回归年长度为365.25日，一个朔望月为29.5308日，十九个回归年正好为二百三十五个朔望月，于是发明了十九年插入七个闰月的方法，这就是所谓的"四分历"。《左传》中记载的一百三十三年中设置了四十九个闰月即是证明。我国的四分历在当时的世界上是很先进的，它标志着我国的历法制定已走向成熟，而这种历法制定的基础则是对回归年和朔望月的准确测定。以太阳一年四季的变化周期为依据制定的历法叫阳历，而以月亮的阴晴圆缺变化周期为依据制定的历法叫阴历。我国古代的四分历，则是将以太阳的周年运动的回归年与以月亮的朔望变化周期结合为一体的阴阳合历，并巧妙地安排了十九年七个闰月的方法，使设置七个闰月之后的二百三十五个月与十九个阳历年的日数6939.69日几乎相等，这种精妙的设计无疑是一个进步。

这时的历法制定虽然还没有一定的规则，但是已实行一年十二个月的历法制度,每隔两年或三年插入一个闰月用以调节寒暖季节,在一个朔望月内,以日月合朔的那一天为"初一"或"朔日",最后一天则为"晦日"。春秋初期,闰月一般安排在十二月之后,为第十三个月;到春秋后期,闰月就不一定安排在十二月后了。

为了更精确地反映季节的变化,古人还创立了二十四节气,就是把一年平均分为二十四等份,平均十五天左右设置一个节气,它反映了太阳一年内在黄道上运动的二十四个特定位置。较早记载完整的二十四节气的文献有《逸周书·周月》和《逸周书·时训》及《淮南子·天文训》。有学者认为,《逸周书》诸篇系春秋鲁襄公前后的作品①,所以,二十四节气的形成在春秋时期大约不会有异议。二十四节气作为我国古代历法的重要组成部分,一直对农业生产起着重要的指导作用。世界上实行阴阳合历的国家不少,但唯有我国创立了二十四节气。

春秋时期,由于各诸侯国都用本国国君在位年数纪年,这就给各国之间的交往带来不便,于是这时还创立了岁星纪年法。岁星(即木星)在恒星星座中的位置是逐年移动的,循环一个周期大约需要十二年。当时的人们便把沿着赤道的周行天数划分为十二等份,即星纪、玄枵、娵訾、降娄、大梁、实沉、鹑首、鹑火、鹑尾、寿星、大火、析木十二"次",以每年岁星在某一"次"的天文现象来纪年。例如《国语·周语上》的"岁在鹑火""岁在星纪"等。这样在列国之中就可有一个统一的纪年。

---

① 黄怀信:《〈逸周书〉源流考辨》,西安:西北大学出版社,1992年,第111—115页。

二　数学方面的成就

春秋时期，由于社会生产力的发展，人们已经能够比较熟练地运用数学知识于生产和生活实践之中，但那还只是一些数学知识的运用，尚未形成数学体系。

万以上的大数计数，这时已经出现，进位制有十进制和万进制两种。《国语·郑语》记有史伯对郑桓公说的话："合十数以训百体，出千品，具万方，记亿事，材兆物，收经入，行姟极。"这里的万、亿、兆、经、亥都从十进。《管子·海王》"钟二千，十钟二万，百钟二十万，千钟二百万。万乘之国，人数开口千万也"则从万进。

四则运算方法春秋时已趋于完备。古代的乘法口诀，从"九九八十一"开始，至"二二如四"止，共有三十六句。因开头是"九九"，故"九九"成为乘法口诀的简称。《韩诗外传》记载，齐桓公时人们就已经认为"九九"是不足为奇的"薄能"，其曰："齐桓公设庭燎，为鄙人欲造见者，期年而士不至。于是东野有鄙人以九九见者，桓公使戏之曰，九九足以见乎？鄙人曰……夫九九薄能耳，而君尤礼之，况贤于九九者乎？……桓公曰'善'，乃因礼之。期月，四方之士相导而至矣。"足见当时"九九"之术的普及，也说明当时乘除运算已开始流传。《左传》还记载，鲁襄公三十年（公元前 543 年），晋国有人问某个老人的年龄，老人没有直接回答，只说"臣生之岁，正月甲子朔，四百有四十五甲子矣，其季于今三之一也"。问者不懂，问诸卿大夫，师旷说，这老人"七十三年矣"。史赵说："亥有二首六身，下二如身，是其日数也。"士文伯说："然则二万六千六百有六旬也。"可见这个老人和师旷、史赵、士文伯均能熟练地进行乘除法的运算。

筹算是我国独特的以算筹为计算工具的一种计算方法，它的产生也应该在春秋以前，在春秋时也已成熟。《老子》第二十七章说："善算，不用筹策。"可见，在春秋晚期筹算已相当普遍。

分数在春秋时期已被经常使用。如古四分历的回归年和朔望月的长度都不是整日数，其奇零部分是用分数表示的。在当时的著作《考工记》中对各种器具的制造规格，就不但大量使用了分数，而且有了分数运算。比如"殳"的规格是"凡为殳五分其长以其一为之被而围之，叁分其围取其一以为晋围，五分其晋围以其一为首围"。《考工记》中还有"十分寸之一谓之枚"的说法，这就是后世所用的单位"分"。《管子·地员》提出了"三分损益法"的乐律计算法，说明当时已经有了指数的初步概念。

《考工记》一书还有勾股定理的具体运用，比如："冶氏为杀矢，……戈广二寸，内倍之，胡三之，援五之，倨句中矩，与刺重三锊。"意思是说，如果三边的比例是2∶3∶4，那么4的对角大于90度，故称"倨句外博"；如果三边的比例是3∶4∶5，那么5的对角等于90度，故称"倨句中矩"。

春秋时期，人们已经能够熟练地运用数学知识于城市建筑、土地测量及赋税征收等方面。《左传》昭公三十二年记载，各诸侯国为周王筑城，动工前士弥牟"计丈数，……物土方，议远迩，量事期，计徒庸，虑材用，书糇粮，以令役于诸侯"。意思是说，对王城的长、宽、高，连沟洫在内的土石方以及人工、材料，甚至各国劳力的往返里程和所需干粮的数量，都计算得精确周到，使工程得以提前完成。《左传》襄公二十五年还记载了楚国的大司马蒍掩奉命整治军赋，他"书土田，度山林，鸠薮泽，辨京陵，表淳卤，数疆潦，规偃猪，町原防，牧隰皋，井衍沃，量入修赋"。蒍掩对不同类型的田土、山林、水泽等做了精密的测量和计算，然后依据收入确定军赋的数额。这些都说明了当时数学知识的应用情况。

三　物理学知识的产生

春秋时期，我国物理学知识的水平如何？可以从《管子》和《考工记》中得到了解。

《管子·地数》载："山上有慈石（磁石）者，其下有铜金。"这是世界上有关磁石的最早记载之一，说明这时我国人民已对磁石的性质有所了解。

《考工记》中记述了三十多项手工业生产的设计规范、制造工艺等技术问题，是一部有关手工业技术规范的汇集。可贵的是，《考工记》对手工业生产的若干技术环节还进行了科学概括，蕴含着丰富的物理学尤其是力学知识。

《考工记·轮人》谈制造车轮的要求，认为轮的制造"欲其朴属而微至"。所谓"朴属"就是牢固，所谓"微至"指车轮和地面的接触面微小。因为"不微至，无以为戚（疾）速也"。这里提出了滚动物体（车轮）的滚动速度与滚动接触面积的关系，认为接触面小则滚动快。怎样才能做到接触面积小呢？《轮人》说："取诸圜也。"即将车轮做得正圆。这是有关滚动摩擦理论的萌芽。

《考工记》还记载了利用水的浮力检查木材的质量是否均匀的知识。《轮人》说:"揉辐必齐,平沈必均。"就是说,全部车辐制成后,必须把它们放到水里测量,看它们的沉浮情况是否相同,沉浮情况相同,它们的质量才算均匀。《考工记》还把这种知识运用于箭杆的制造。《矢人》说:"参(三)分其长,而杀其一;五分其长,而羽其一。以其笴厚,为之羽深。水之辨其阴阳,夹其阴阳以设其比,夹其比以设其羽。参(三)分其羽。以设其刃,则虽有疾风,亦弗之惮矣。"这是说:先把箭杆前部三分之一削好准备装箭头,再把后部五分之一做好准备装配羽毛;要根据箭杆的厚薄来决定装配羽毛的深浅;其关键在于用水来测量,要把按比例制作好的箭杆投入一定装置的水中,测定它的沉浮情况,然后根据它的沉浮情况来装置箭杆末端的"比";按照"比"的装置情况在周围装配羽毛,根据装配羽毛部分长度的三分之一来装配锋刃的箭头,这样发射时即使遇到大风,箭的运动也会保持稳定而不受影响。这段文字表明,当时的人们不但能够利用水浮力测量箭杆各部位的比重以准确地装配箭杆,而且认识到在空气中运动的物体各部分的制作比例一定要恰当才能使它的运动保持稳定。《矢人》还进一步研究了箭矢在空中飞行时因重心和羽毛设置不当引起的各种不正常情况:"前弱则俯,后弱则翔,中弱则纡,中强则扬,羽丰则迟,羽杀则躁。"这是说:箭杆前轻或后轻影响箭飞行的高低,中部轻则会使箭飞行迂曲不直,中部重则会使箭飞行轻飏不定;羽毛太多则会飞行缓慢,太少则飞行不准。这是我国古代关于飞行物体的重心、形状同重力、空气阻力之间的关系以及箭矢飞行轨道的早期探索,是空气力学的萌芽。

虎鸟纹阳燧 春秋早期

春秋时，我国人民早已会熟练地使用"阳燧"（即凹面镜）聚焦阳光取火，这是人类最早利用太阳能的一种方法。《周礼·秋官·司烜氏》即记："掌以夫燧取明火于日。"夫燧，即阳燧。考古工作者已经在河南三门峡市上村岭虢国墓地中出土过春秋时期的阳燧实物[①]，为铜制凹面圆镜，在阳光照射下能反射聚焦而引火，证明《周礼》的记载是可信的。这一取火工具在世界上其他地区较晚才被认识。如在地中海地区，一般认为阳燧形反光镜是罗马帝国时代才发明的，比我国晚了至少半个世纪以上。

春秋时期，我国已开始使用天平和砝码，在湖南长沙春秋至战国的楚墓中出土过大量当时的天平和砝码[②]。

四 医学的发展和传统医学理论的确立

西周乃至以前，我国传统医学尚未从巫术中完全脱离出来，迷信的色彩很浓。到春秋时期，医学进一步发展，并逐渐摆脱巫术而

---

① 中国科学院考古研究所：《上村岭虢国墓地》图版38，北京：科学出版社，1959年。
② 高至善：《湖南楚墓中出土的天平和砝码》，《考古》1972年第4期。

独立，传统医学理论也在这一时期得以确立。

　　望、闻、问、切，合称"四诊"，是我国传统医学诊断实践中最基本、最重要的方法。《左传》昭公六年记春秋时期秦国名医医和语："天有六气，降生五味，发为五色，征为五声。"其中的五色和五声即为后来治病时望和闻的内容。《史记·扁鹊仓公列传》记春秋时的名医齐国人扁鹊（秦越人）"切脉、望色、听声、写形，言病之所在"，扁鹊应用这种方法周游列国给人治病，治愈了许多疑难病症。他还兼通内、妇、五官、小儿等科，治病时随俗而变，在赵为"带下医"（妇科），在周为"耳目痹医"（五官科），在秦又做"小儿医"（小儿科）。扁鹊精通砭石、针灸、按摩、汤液、熨帖、手术、吹耳、导引等治疗方法，而且能针对不同的病情采用综合疗法。虢国太子得急病暴卒，扁鹊发现他耳朵里有声音而鼻翼扇动，两股内侧还有温度，断定是"尸厥"（类似现今的休克、假死）之症，就用针法、熨法和汤剂结合治疗，二十天后太子果然康复。扁鹊主张尽早发现病情，及时加以治疗。他几次见到齐桓侯，曾根据齐桓侯的气血变化判断他病情由腠理发展到血脉、骨髓，忠告他及时治疗，齐桓侯不以为然，延误了治疗，终于不治而亡。扁鹊不仅医术高超，而且还著有医书。《汉书·艺文志》著录有《扁鹊内经》九卷、《外经》十二卷，西汉名医淳于意说他曾从老师处接受过"黄帝扁鹊之脉书"。这些著作今已亡佚，但从出土和传世的医书中仍能看到其影响。

　　春秋时期，秦的医学比较发达，据《左传》成公十年记载，公元前581年，晋景公病重，向秦求医，秦桓公委派秦国名医医缓赴晋，医缓确诊晋景公的病"在肓之上膏之下，攻之不可，达之不及，药不至焉"。这一精辟的分析，使自感病愈无望的晋景公也不能不称赞他"良医也"。医缓首次提出了"膏肓"这一医学概念，对中医学理论做出了贡献。"病入膏肓"亦作为成语广泛流传至今。前面所提的秦国名医医和，提出了阴、阳、风、雨、晦、明"六气"的病理理论，是后来形成的风、寒、暑、湿、燥、火"六淫病源"说的基础。他的"阴淫寒疾，阳淫热疾"说法，是后世"阳盛则热，阴盛则寒"的病变学说的先导。他提出的富有辨证色彩思维的"六气"平衡论，后经医家发展，成为中医临床实践的指导理论。当时秦国由于医学的发达，吸引了关东各国的名医纷纷前来观摩、切磋、交流医术，名医扁鹊也曾两次入秦，死后也葬在了秦地。

五 地理学的初创

春秋时期是我国地理学的初创时期，我国最早的地理著作《禹贡》就产生于这一时期。

《禹贡》假托是大禹治水时期的作品，其实写成于春秋初期①。由"九州""导山""导水""五服"四个部分组成。

"九州"部分主要依据自然条件中的河流、山脉和大海的自然分界，把所述的广大地区划为冀、兖、青、徐、扬、荆、豫、梁、雍等九州。这种区划具有明显的地理学意义，带有自然区划思想的萌芽。这部分还记载了分区的物产、民生以及交通状况，又根据土

---

① 金景芳、吕绍光：《尚书·虞夏书新解》，沈阳：辽宁古籍出版社，1996年，第290—297页。

壤的颜色和性质,将九州的土壤分为白壤、黑坟、赤埴坟、涂泥、青黎、黄壤、白坟、坟垆等类别,具有一定的科学价值。

"导山""导水"两部分专论山岳和河流,开创了我国古代地理学分区域、分部门研究的范例。"导山"按照从北到南的顺序,采取列举山名的方式,把我国的山系分为由西向东延伸的四列,四列再细分为九段,即"导九山"。"导水"部分按照先南后北、先上游后下游、先主流后支流的顺序,叙述了九条河流的水源、流向、流经地、所纳支流和河口等内容,使人对"九州"之内河流水系的分布概况一目了然,是我国水文地理的先声。

"五服"部分以帝都为中心,将天下分为五类地区。帝都五百里之内的地带为"甸服"(王畿),再向外五百里为"侯服"(诸侯领地),再向外五百里为"绥服"("中国"文化所及的边境地区),再向外五百里为"要服"(结盟的外族地区),再向外五百里为"荒服"(未开化地区)。并且指出我国东临大海,西北为沙丘移动的沙漠,南方濒临大海。《禹贡》作为我国地理学著作之祖,对后世地理学的发展产生了深远的影响。

六 第一部总结手工业技术的专著——《考工记》

《考工记》是我国第一部总结手工业制作经验的书,或可视为一部关于手工业技术的专著,为春秋末年齐国人所撰。

该书以大量工艺技术方面的内容为主,也包括与此相关的自然科学知识。书中对当时的车辆制造、弓箭和乐器制作、染色及皮革加工、金属冶炼、城市和宫室的规划设计等,有非常详细的记述。

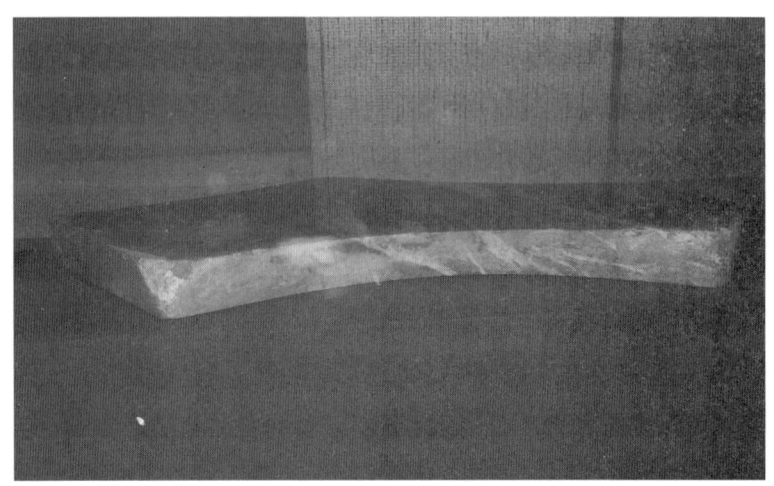

秦石磬

书中对当时盛行的乐器如钟、鼓、磬的制作技术也有记述，明确指出钟声由钟的震动所致，钟声的频率高低、音品则与钟的厚薄、形状、大小及合金成分有关，这比欧洲同样内容的论述要早一千五百多年。书中所记载的丝麻毛纱等织物的多次浸染套色法，直到近代还被我国染色手工业应用。有关"金有六齐"的规律，较准确地反映了青铜器的性能、用途及铜锡比例之间的关系，是世界上最早的合金配比的经验性总结，对后世金属合金材料的定向生产和应用具有指导意义。《考工记》中所记载的城市规划和宫殿建筑，与近年发现的春秋战国城市遗址基本相同，可作为研究古建筑、古文化的珍贵资料。